本书获得江西省教育厅科学技术研究项目（编号：GJJ190281）、江西省博士后科研择优资助项目（编号：2020ZY059）、江西省"十三五"社会科学基金项目（编号：20YJ18）的资助

企业财务危机评价新径探究

A NEW APPROACH TO THE EVALUATION OF ENTERPRISE FINANCIAL DISTRESS — BASED ON INTELLIGENT OPTIMIZATION AND GEOSTATISTICAL ANALYSIS

——基于智能优化算法和地统计分析

温有栋 ◎ 著

经济管理出版社
ECONOMY & MANAGEMENT PUBLISHING HOUSE

图书在版编目（CIP）数据

企业财务危机评价新径探究：基于智能优化算法和地统计分析/温有栋著.—北京：
经济管理出版社，2022.7
ISBN 978-7-5096-8618-8

Ⅰ.①企…　Ⅱ.①温…　Ⅲ.①企业管理—财务管理—危机管理—研究　Ⅳ.①F275

中国版本图书馆 CIP 数据核字（2022）第 129731 号

组稿编辑：杜　菲
责任编辑：杜　菲
责任印制：黄章平
责任校对：张晓燕

出版发行：经济管理出版社
　　　　　（北京市海淀区北蜂窝 8 号中雅大厦 A 座 11 层　100038）
网　　址：www. E-mp. com. cn
电　　话：（010）51915602
印　　刷：唐山昊达印刷有限公司
经　　销：新华书店
开　　本：720mm×1000mm/16
印　　张：18.5
字　　数：305 千字
版　　次：2022 年 9 月第 1 版　　2022 年 9 月第 1 次印刷
书　　号：ISBN 978-7-5096-8618-8
定　　价：98.00 元

前　言

　　市场经济孕育了众多的发展机遇，但也暗藏着无尽的风险和危机。企业的经营总是充满风险，风险在给企业带来收益的同时也将无数企业带进了财务困境甚至破产。企业财务风险是客观存在的，当财务风险累积到一定程度，突破了企业的承受和处置能力时，将转变为财务危机。根据沪深交易所资料，我国仅 2018 年就有 172 家上市企业被实施 ST 或 *ST 处理，创下了历史新高。企业如果不能及时地通过财务危机预警系统对财务危机进行识别、分析、控制和管理，将难逃破产重组的厄运。

　　现有的财务危机评价方法存在着一些难以克服的缺陷，如模型对数据的要求较为严苛，多种模型在实际操作过程中主观因素的介入程度较高并且评价结果的逻辑性和连贯性不强。传统的企业财务危机评价方法体系容易走向两个极端：采用 Logistic 回归则只能得到某企业是否会陷入财务危机的结论，并不能指出其严重程度如何；采用 Z 值分析法或主成分分析法对企业进行综合评价，得到的评价值不能准确地区分出无财务危机企业和陷入财务危机企业，若评价值位于"灰色地带"则无法对企业财务危机的严重状况进行判断。

　　本书借鉴了"门诊医疗"的科学逻辑，并将其运用于企业财务危机评价研究中。"医生问诊"等同于从多维度收集企业财务危机评价特征数据，"化验检查"等同于使用评价模型对企业财务危机评价特征数据进行处理，"病情确诊"等同于分类预测模型的输出结果，"病程评估"等同于回归测度模型的输出，"治疗方案"等同于给出微观或宏观层面的对策建议。

　　信息技术和人工智能的快速发展为企业财务危机评价新径的探索提供

了良好的契机。本书尝试探究企业财务危机评价新径，在使用最新的变量降维图技术对评价特征进行选择的基础上，构建了基于"门诊医疗"思路的 OEFD（Outpatient Evaluation of Financial Distress，企业财务危机评价）方法。OEFD 方法把企业财务危机的评价维度分为平面维度和空间维度，分别对应了微观层面和宏观层面的企业财务危机评价。OEFD 平面维度评价的功能定位是对企业财务危机进行预警，包括了分类预判和回归测度两个递进子层。具体来说，分类预判是通过本书构建的人工智能评价模型对企业是否会陷入财务危机以及陷入财务危机的具体类型做出分类预测：如果某企业的预测结果为"否"，则评价终止；如果某企业的预测结果为"是"，则对其进行回归测度。回归测度是通过本书构建的人工智能评价模型对其财务危机 PPfdv（Financial Distress Value Based on Projection Pursuit Comprehensive Evaluation Method）值进行预测，并评估其严重程度。OEFD 空间维度评价的功能定位是对 OEFD 平面维度评价中预测将会陷入财务危机企业的空间分布规律进行分析，将各企业的财务危机 PPfdv 值作为其空间属性值，然后利用地统计分析的一系列方法剖析其空间分布集聚趋势，判断其是否存在空间自相关并进行插值分析。OEFD 企业财务危机评价方法为后续的实证研究提供了框架指导，厘清了企业财务危机评价的根本任务，本书按照 OEFD 企业财务危机评价方法展开研究。

本书还验证了所构建的基于"门诊医疗"思路的 OEFD 方法的有效性，该方法严格遵循了"先分类预判后回归测度"和"先平面评价后空间评价"的逻辑顺序，使用智能优化算法优化了支持向量机和反向传播神经网络等优秀的统计学习算法，并进行了模拟预测。

与以往学者不同的是，本书在使用 OEFD 方法得到评价结果后，结合企业财务危机的相关理论系统提炼出了企业财务危机发生的机理，再分别从微观和宏观的视角给出相应的对策建议。经济衰退、金融市场动荡和通货膨胀、经济产业政策是企业发生财务危机最重要的外部因素，战略管理、制度缺陷、财务管理和经营风险则是企业发生财务危机最重要的内部因素。从微观视角上，对单个企业提出了应根据自身所处的行业背景和业务领域构建出一套适合自身的财务危机内控体系等建议。从宏观视角上，对沪深交易所等国家管理部门提出了使用 OEFD 方法对预测将陷入财务危机的企业进行重点监控等建议。

本书主要的特色在于：在系统总结出现有财务危机评价方法的不足后，探究企业财务危机的评价新径，借鉴"门诊医疗"的诊断逻辑，提出了企业财务危机评价方法；使用最新的变量降维图技术对企业财务危机评价特征进行选择，再科学和系统地融合工科领域的一系列智能优化算法独立构建了 19 种人工智能组合评价模型；使用投影寻踪综合评价法定义和测算了企业财务危机 PPfdv 值，该值可以用来反映企业财务危机的严重程度，并尝试对地统计分析的方法进行跨学科运用，重点剖析历年已经陷入财务危机的样本企业的空间分布特征是否与随机模式有显著差异，是否存在全局或者局部空间自相关，最后运用地统计分析的最新模块（插值分析）量化企业财务危机，建立预测曲面图，从而做出一次有意义的学术探索。

在本书的撰写过程中得到了众多学者朋友的指导与支持，在此表示衷心感谢。由于水平有限，编写时间仓促，书中错误和不足之处在所难免，恳请广大读者批评指正。

温有栋
2021 年 12 月于蛟桥园

目　录

第一章
绪论

第一节　研究背景与研究意义

一、研究背景

马克思和恩格斯指出，货币在转换为生产条件并从静止状态中的资本的形成转入生产过程时，会遭受生产过程的风险，这是任何生产过程都会遭受的风险，不管这个过程具有何种社会形式。它现在要遭受商品第二次转化成货币的风险，遭受包含在商品使用价值中的价值转化为同一价值的货币形式的风险，这是任何商品生产都会遭受的风险，而不管它是不是资本主义的商品生产。经济风险是商品经济和市场经济的必然产物，风险和利润共同存在，商品生产的目的就是追求利润。马克思分析了资本主义社会经济危机产生的根源就在于一旦劳动的社会性质表现为商品的货币存在，从而表现为一个处于现实生产之外的东西，独立的货币危机或作为现实尖锐化的货币危机就不可避免。由唯物辩证法的观点可知，任何事物之间都是相互联系的，风险的产生不仅仅是由于某一种原因造成的，而是由多种因素共同作用的结果，因此需要从多角度、多方面来认识、分析和评价风险。自然世界客观规律的无限性于个人的认知能力的有限性而言，自然人在进化过程中孕育了风险产生的实践基础。马克思从商品出发，详细论述了商品在生产、交换、分配等过程中可能导致的经济风险，而经济风险是其他风险产生的主要原因。危机是风险积累到一定程度的产物，其蕴含着"质量互变"的哲学规律。在危机爆发前，风险不断地进行积累，从而形成量变，当量变的规模超过一定的阈值时就会引起质变。企业是指以营利为目的，运用各种生产要素进行生产，向市场提供货物或服务的实体。马克思以唯物史观为基础对企业理论进行阐述，深刻揭示了资本主义企业的内在规律，将企业作为资本主义经济运行过程中的一个环节和生产的微观载体，研究了资本主义的企业起源、规模发展和治理结果，给出了资本主义生产方式的完整图景。企业在生产经营过程中由于各种难以预料或控制的因素影响，导致财务状况出现不稳定，使企业具有承担损失的可能性，这种可能性就称作企业财务风险。

财务风险是客观存在的，只要企业的状态为存续就不可避免。企业财务危机是企业财务风险的一种极端表现，陷入财务危机的企业必然面临较大的财务风险，但是具有财务风险的企业未必会陷入财务危机（刘珣，2017）。当企业陷入财务危机后，企业的正常经营活动将受到剧烈冲击甚至导致破产，严重威胁着企业的持续发展。我国仅 2018 年就有 172 家出现财务状况或其他状况异常的上市企业被沪深证券交易所实施 ST（Special Treatment）或者 *ST 处理，这些企业不能正确面对财务危机的出现，及时调整战略扭转盈亏，最终将难逃退市的厄运。

2017 年和 2018 年的政府工作报告中都提及了"人工智能"一词，强调要从战略意义层面重视人工智能的发展，做大做强新兴产业集群，实施大数据发展行动，加强新一代人工智能研发应用，发展智能产业，拓展智能生活，运用新技术、新业态，大力改造提升传统产业。[①] 人工智能是一

---

① 资料来源：http://www.gov.cn/guowuyuan/2018-03/22/content_5276608.htm。

个新兴领域，吸引了众多研究者，运用领域主要在机器翻译、智能控制、专家系统、执行化合生命体无法执行的或复杂或规模庞大的任务等。

　　毕马威是全球四大会计师事务所之一，主要提供审计和涉税业务，为广大资本市场所熟知。2018年11月，高人伯以毕马威中国南方区管理咨询合伙人的身份在第二届首席财务官（CFO）峰会上发表了题为《先进技术与商业未来》的演讲，指出人工智能技术的高速发展促进了商业模式的迭代更新，同时也向企业财务人员提出了新的挑战，促使其积极关注和寻求变革。① 自2018年开始，毕马威就已经开始使用人工智能审阅信贷产品，帮助其在处理银行客户审阅信贷文档时节约了大量时间。以往"四大"事务所在处理同样的审计业务时，由于涉及的资金规模在千亿元以上，至少需要花费一半的时间在文档审阅上。而借助人工智能的自然语言处理技术，毕马威就可以高效地发掘信贷审阅档案，提示风险内容。此外，人工智能技术还适用于除财务外的人力、合规等中后台运营流程，为企业节约人工成本和提高工作效率，并显著降低操作风险。无独有偶，德勤会计师事务所在2017年10月推出了自己的财务机器人"小勤人"，经过实际业务流程检验后"小勤人"的工作完成得十分出色。例如，已然成为财务流程自动化进程中瓶颈之一的发票管理和进项税确认申报工作总让财务人员感到筋疲力尽，但是"小勤人"却只需要接收扫描到的增值税发票信息，剩下的一系列流程将会自动完成。这些流程主要有：通过云助手对发票的真伪进行查验、上传税务部门云平台、根据发票清单自动匹配和自动判断发票是否可以认证抵扣等。"小勤人"7×24小时的工作机制大幅提高了企业财务工作人员的工作效率，有效地帮助其从日常简单而繁杂的重复性工作中解脱出来，将精力花在财务战略部署以及财务风险防控等更重要的工作内容上。

　　人工智能技术聚合的实践子集中最重要的是机器学习，其定位是用算法分析数据，并且在这一过程中训练模型进行学习，最终用于评价和预

① 资料来源：https://baijiahao.baidu.com/s? id = 1617004931500938475&wfr = spider&for = pc。

测。基于以上的研究背景，针对企业财务危机评价问题，我们不禁产生以下思考：机器学习技术是否可以用来评价企业的财务危机？数据分布特征有悖于前提假设的传统统计模型应用在企业财务危机评价时有哪些弊端？采用了智能优化算法优化后的机器学习算法建模和一般的机器学习算法建模相比，对企业财务危机评价的性能是否更优？机器学习的评价特征概念与传统统计方法的指标概念，二者之间如何进行辨析？如何进行变量的筛选和重要性刻画？机器学习方法是否可以提供新思路解决这个建模前必须面对的高维数据灾难问题？传统的企业财务危机评价研究集中在单个企业或者某些行业的企业，并没有从空间分布规律的角度进行评价，引入地理信息系统分析技术进行企业财务危机空间评价是否能发现一些聚集趋势？为此，展开了本书的研究，以期解决上述困惑。

二、研究意义

牛津大学教授维克托·迈尔·舍恩伯格和肯尼斯·库克耶在合作编写的《大数据时代》一书中明确指出："人们总是受到现有测量和认知工具的局限，我们明天使用的工具很可能比今天的强大数倍甚至上千倍，我们现在所拥有的知识较之明天就显得微不足道了。"（邱东，2014）统计学是关于认识客观现象总体数量特征和数量关系的科学，主要通过收集、整理和分析数据探寻现象数量规律性的方法论科学。① 计算机和网络的飞速发展完全改变了人们的生活、工作和学习方式，智能化是计算机研究开发的主要目标之一，通过几十年的实践证明，统计学习②方法是实现这一目标的最有效手段。统计学习是计算机学和统计学交叉融合的一门重要学科，机器学习算法模型通常需要统计学理论的支撑，如朴素贝叶斯法、决策树、支持向量机等，统计学习主要运用计算机基于数据构建概率统计模型

---

① 资料来源：https：//baike. baidu. com/item/% E7% BB% 9F% E8% AE% A1% E5% AD% A6/1175？fr=aladdin。

② 统计学习的全称为统计机器学习，亦可简称为机器学习，在不同学科领域名称存在一些差异，下同。

并对数据进行分析和预测（李航，2012）。因此，就方法论本身而言，统计学习作为统计学较前沿的发展分支，在经济领域的实践中具有重要的应用价值。

1. 理论意义

（1）本书研究丰富了企业财务危机评价研究的理论与方法体系。不确定性、客观性和普遍性是风险的普遍特征，在企业成立时风险就相伴而生，一旦发生财务危机将直接影响企业的存续发展。国内外学者针对企业财务危机进行了大量的研究，取得了较为丰硕的成果。但关于企业财务危机评价研究的各种理论和方法各成体系，自成一派，相互之间并未有机结合，甚至不同的方法之间还存在相互矛盾之处，未能形成一套完整的评价体系。企业财务危机评价尚存进一步研究的空间，其理论体系需进一步完善，评价方法也需进一步改进和更新。因此，本书借助"门诊医疗"先确诊再评估严重程度的诊疗逻辑，吸收了人工智能、统计学习、智能优化算法、地理信息系统分析等理论的精华，尝试跳出传统统计建模评价路径的固有思路，独立探究出一套包含财务危机评价特征、体系搭建和评价特征数据集选择，智能优化算法与支持向量机及极限学习机组合下的企业财务危机分类预判模型，智能优化算法与反向传播神经网络组合下的企业财务危机回归测度模型，地统计分析下企业财务危机空间评价等多维度的、循序渐进的、从平面到空间的评价新径。

（2）本书研究拓宽了企业财务危机评价特征降维路径。统计在经济领域的应用目标主要是评价，而评价离不开评价指标体系；指标体系由一系列紧密相关的指标按照某种评价机制组建而成。最初的指标体系通常不会直接用来进行评价建模，当指标进入到模型分析时会被重新命名为变量，在构建模型前往往需要对所有的变量进行共线性检测。在大数据时代，相比构建最先进的预测模型，更具挑战性的是寻找数据背后内核的作用机制，通常是指变量的影响程度，即哪些预测变量对预测结果具有相对更显著的影响。传统的贝叶斯分离器方法不能对变量进行量化，而随机森林和梯度提升决策树可以通过一种自然的方法来量化每个评价特征的重要性或相对影响。在面对大型的观测数据库时（这些数据可能不会满足传统统计技术所提出的严格假设，如同方差性和正态性），可以使用神经网络和支持向量机等较复杂的监督学习算法来进行预测分析，但是这些方法在对输出结果进行解读时仍存在较大困难。变量降维图是一种前沿的降维技术，通过绘制图形的方式让用户更好地理解模型输出和预测变量之间的关系，且对于解释"黑匣子"模型的输出尤其有效。指标或者变量在统计学习领域通常被称为评价特征，在对企业财务危机进行评价时，引入统计学习领域的降维技术对特征进行选择，拓宽了变量降维的路径。①

2. 实践意义

（1）就微观角度而言，企业可以通过本书建立的企业财务危机人工智能评价模型对自身的财务危机情况进行评判和预测。算法建模的优势在于可以不断训练模型并对样本进行监督学习，将筛选后的企业财务危机评价特征作为输入，将企业的财务危机等级（分类）作为输出，在学习中不断修正模型的预测精度和提高模型的泛化能力。当企业将自身的信息输入到经过训练的模型后，模型会输出企业的财务危机预判分类，可以根据输出的结果进行更有效的危机预警，及时排查企业可能存在的隐患，提升企业财务危机防范效率。从理论上看，如同已经产业化的人工智能产品一样（百度机器人、小冰机器人），只要对模型不断进行训练并进行修正，模型的预测结果就会越来越精确。因此，借助统计学习和智能优化算法构建企业财务危机评价模型可以有效地帮助企业对自身的财务危机进行科学、合理的评价和预判。

（2）就宏观角度而言，证监会等有关部门可以通过本书建立的企业财务危机人工智能评价模型对上市企业，尤其是对重点关注的问题企业进行实时监测和预警，当某企业财务危机的严重程度被模型预判为较高时，应及时关注该企业的财务报表和信息披露情况，谨防企业为了自身利益造假，进而对股权持有者造成不可逆转的危害。此外，通过对历年财务危机

---

① 变量、指标和特征的含义不同，变量的范围最大，指标通常是相对于统计总体而言的，特征则是统计学习领域的术语，在一定程度上等同于变量。下同。

严重程度较高的企业进行地理信息系统分析可以发现企业财务危机的空间分布规律，对位于危机程度较高的集聚区域内的企业应重点关注，及时剖析危机产生的原因，阻止财务危机的进一步扩散和蔓延。

第二节 文献综述

企业财务危机的评价问题从企业这一"概念"被提出时便存在，只不过在不同历史发展阶段，企业对财务危机的识别、评价和控制的方式不同。随着信息时代的高速发展，在计算机学科的促进融合下，跨学科领域技术得到了广泛应用。学者对企业财务危机的认识不断加深，评价方法多样，研究成果层出不穷。本节将研究涉及的智能优化算法、地统计分析等方法以及企业财务危机评价的相关研究成果进行了文献整理与评述，以便能够更好地借鉴和吸收前人的研究成果，为后续研究打下坚实的基础。

一、智能优化算法的相关研究

1. 基于基础算法的机器学习研究

机器学习是从已有大量数据中不断自我学习和自我提升并优化性能的方法（李运，2015）。常见的机器学习功能定位主要是分类、回归和聚类。从是否知道样本的输出值而言，机器学习可以分为监督学习和无监督学习。监督学习包括分类与回归，无监督学习则主要指聚类。

由于机器学习能够处理海量的高维数据，包含的算法种类较多，且泛化性能优良，因此有大量的学者进行了应用和深度研究。在贝叶斯网络算法的运用上，程华等（2014）为解决航班延误的机场运营管理难题，根据航班数据特点构建了C4.5决策树方法的航班延误预测模型；对比现有的贝叶斯网络及普通的贝叶斯方法，其实验设计的模型正确率得到了进一步的提升；还分析了影响模型效果的因素。翁小雄等（2018）提出了一种基于朴素贝叶斯分类器的轨道交通网络客流分配模型，该模型基于充分分析轨道交通形成的时间组成的要素及分布特性；利用已知数据对行程时间参数进行估计，利用模型进行概率分类，将每名乘客划分到后验概率最高的某条路径，得到轨道交通 OD 间每条有效路径的客流；其仿真研究结果表明，该模型能够较好地预测每条有效路径的客流分配比例。在随机森林算法的运用上，赖成光等（2015）为了评价洪灾风险，依据流域灾害系统理论，选择了以致灾因子、孕灾环境和承灾体为主要因素的 10 个评价特征，构建了基于随机森林的洪灾风险评价模型；其仿真研究结果表明，该模型参数设置简单，能够评价特征的重要性程度，为管理决策者提供了更有价值的信息；相比其他模型，该模型的预测结果更准确，数据挖掘能力更强；该模型结合了 GIS 进行空间分析，能够发现洪灾风险的内在规律和空间格局，具有良好的适用性。在支持向量机算法的运用上，陈唯实等（2018）为防范机场鸟击风险、完善管理水平，提出了一种基于支持向量机的机场智能驱鸟决策方法；该模型主要由训练和测试两部分组成，训练部分根据大量的历史鸟情信息，结合专家知识，通过数据的预处理和模型训练建立了策略分类模型，测试部分则主要对模型进行持续修正与优化；通过仿真研究发现，智能驱鸟决策模型具有较高的决策正确率，能够通过自身修正与优化应对各种新问题，克服了鸟类对驱鸟设备的耐受性问题，极大地提升了驱鸟效果。在 Adaboost 集成算法的运用上，庞建华和姚鹏（2014）提出了一种基于 Adaboost 的虹膜状态检测和定位算法，能够快速地检测出图像中眼睛部分缺失、睁开程度不够、斜视、运动模糊等问题；其仿真研究结果表明，该算法不仅具有较强的鲁棒性，而且检测速度快、检测率高，能够达到实时的要求，解决了制约虹膜识别中的难点。在回归算法的比较中，孟生旺（2012）针对关注度日益上升的汽车保险索赔频率预测问题，基于一组实际的车险损失数据，同时将线性回归模型、广义线性模型（泊松回归、泊松—逆高斯回归、负二项回归）、回归树模型、神经网络等模型进行拟合分析；其研究结果表明，神经网络模型的拟合效果优于其他模型，并且广义线性模型（泊松回归的拟合效果最好）优于回归树模型，而回归树模型的拟合效果略好于线性回归模型。在马尔科夫算法上，朱晓东等（2017）构造了一种基于连续隐马尔科夫模型的预警方法，旨在对石油钻井过程中发生的事故进行预警；模型构建的原理是，利用参数的长短期均值构造反映原始参数趋势变化的特征量，通过历史数据训练模型，经前向算法得出匹配概率。再计算预警系统的阈值，对于每一种故障给出包含了若干参数的预警结果判定策略；其仿真研究结果表明，连续隐马尔科夫模型预警模型能够更加有效和及时地对钻井异常情况作出预警。

以上针对机器学习常用的算法应用进行了简单列举，尽管基础的机器学习算法相比传统的统计模型能够更有效地拟合回归模型或者提高分类预测正确率，但是仍然存在一些缺点。例如，决策树的单棵树模型容易过拟合；支持向量机需要占用大量的内存进行运算，如何选择正确的核函数需要足够的技巧，不适用较大的数据集；K均值算法需要确定集群的数量，而K值的选择通常不容易确定，如果训练数据中真实集群的形状不是类球状，会导致聚类结果出现一些较差的集群。因此，有学者针对如何提高机器学习算法的性能展开了深度研究。

针对决策树算法性能的提升，尹儒等（2018）为了克服采用递归方法构建决策树算法的训练效率低、容易过度分类导致过拟合的缺点，提出了一种决策树加速算法，具体步骤为：先在训练集上采用基尼指数递归生成一棵不完全决策树，然后使用一个简单分类模型对其中的非纯伪叶节点进行分类，最终生成模型决策树。相比传统的决策树模型，该方法在提高决策树的训练效率时不损失或者损失很少一部分的算法精度。其仿真研究结果表明，该决策树比传统的决策树在速度上明显得到了提升，具备更好的抗过拟合能力。Magniez等（2016）提出了一种复杂的零误差随机决策树新算法，即改进了该算法的上界，采用一种新的两递归算法的"交错"。

针对随机森林算法性能的提升，Yang等（2017）发现天气雷达被包括中国在内的许多国家广泛运用于定量降水估算，但其性能并不能令人满意。研究者为了提升预测模型的精度，根据地形获取了子区域，通过基于特征与降雨率之间的相关系数计算特征权重来改进经典的随机森林算法，得到改进后的新方法——基于地形的加权随机森林算法（Terrain-based Weighted Random Forests，TWRF）。对 2014 年中国杭州地区进行仿真测试，结果表明，与传统的雨量计算网络相比，TWRF 方法可以提高雷达定量降水估算的精度。Hu 等（2018）提出一种有效的类增量学习算法，称为类增量随机森林（Class Incremental Random Forests，CIRF），以使现有的活动能够识别新的活动。活动识别是一个非常活跃的研究课题，旨在自动识别人类活动。新的学习算法设计思路是基于分离轴定理的分裂策略来插入内部节点，并采用基尼指数或信息增益来分割随机森林中决策树的叶子。通过这两种策略，在增量学习阶段允许插入新节点和拆分叶子。其仿真研究结果表明，CIRF 与其他先进的方法相比，能够以更好的性能连续识别新的类数据。

针对支持向量机算法性能的提升，Kumar 等（2016）提出了将近端支持向量机（Proximal Support Vector Machine，PSVM）用于金融预测系统。由于输入系统的评价特征是一个关键因素，会在很大程度上影响系统的预测性能，因此如何选择评价特征显得尤为重要。研究提出了线性相关（LC）、秩相关（RC）、回归救济（RR）以及随机森林（RF）的组合 4 种特征选择技术，因此构建了 LC-PSVM、RC-PSVM、RR-PSVM、RF-PSVM 4 种组合预测模型。其仿真研究结果表明，通过对 12 种不同的股票指数进行评估，所有组合预测模型的性能都优于单个的 PSVM 模型；并且不同的评价特征的重要性程度不同，对模型预测的贡献程度不一致。

针对贝叶斯算法性能的提升，Liu 等（2017）开发了一个综合框架，即将加权朴素贝叶斯、地理信息系统和遥感技术相结合的洪水灾害空间概率估计方法。选择澳大利亚昆士兰州菲茨罗伊河盆地北部为研究区，其极端降水、蒸发蒸腾、净水指数、土壤保水、高程、坡度、排水接近度、密度等环境评价特征由代表气候、土壤、植被、水文、地形的空间数据生成，利用基于统计的熵法对这些评价特征进行加权，将加权指数输入基于加权朴素贝叶斯的模型绘制区域洪水风险图，以表示洪水发生的可能性，并利用中分辨率成像光谱义图像提取的最大淹没范围验证了所得图的有效性。该评价结果包括洪水灾害分布图的绘制和评价，对指导该地区的洪水淹没灾害响应具有指导意义。

针对 Adaboost 算法性能的提升，Sun 等（2016）为了克服 Adaboost 算法导致过度拟合的缺点，尤其是对于标记错误的噪声训练样本导致其泛化性能下降，且不具有鲁棒性的难题，提出了一种鲁棒的多类 Adaboost 算法（Rob-MulAda），就是基于噪声检测的多类损失函数和新的权值更新方案。其仿真研究结果表明，与 ND-Adaboost（基于噪声检测的 Adaboost 算法）相比，新方案在两类和多类场景下对误标噪声的鲁棒性更强。通过对比实验，作者验证了 Rob-MulAda 方法的有效性，并提出了在实际应用中应根据具体噪声水平选择最合适的降噪方法的建议。Adaboost 算法是一种流行的集成方法，结合了几个弱学习器来提高泛化性能，但传统的 RT 算法的局限性是阈值必须手工指定，不能通过自适应机制选择，不能保证在一般情况下得到最优模型。Zhang 和 Yang（2016）为了解决这一问题，提出了一种具有鲁棒阈值机制和回归问题结构优化的 Adaboost 框架。该框架利用每个弱学习器在给定问题数据集上的错误统计信息自动选择最优阈值，同时，利用特殊的单层神经网络为进一步调整 Adaboost 回归模型的结构和强度提供了第二次机会。其仿真研究结果表明，该方法的性能优于其他先进的集成和单一学习算法。

针对神经网络算法的提升，Song 等（2017）提出了一种新的神经网络系统——全局增强通用回归神经网络（GE-GRNN），以用于解决电站锅炉在线环境下的多排放预测问题。该算法基于通用回归神经网络，采用高斯自适应谐振理论作为增量学习方法，降低了 GRNN 发射模型的记忆成本，非常适合大规模的实时输入样本。作为贡献，GE-GRNN 引入了三种方法：①提出了一种改进的 Wigger-Method，可动态调整 GRNN 的平滑因子，增强全局估计和局部估计；②在 GRNN 的隐层中设计快速多项式外推结构，提高极值估计的质量；③建立混合估计机制，将 Wigger-Method 和外推法集成到统一的估计框架中。其仿真研究结果表明，该系统具有良好的在线性能，与测试样本保持较好的一致性，此外该框架具有领域独立性，可用于其他领域的多性能在线预测。Khanmohammadi 等（2016）指出使用人工神经网络技术的主要挑战之一是处理名义变量，尽管 1-of-N 编码被广泛应用于解决这一问题，但该方法带来的多重共线性降低了神经网络的性能。作者研究提出了一种新型的多层输入层神经网络，它可以处理名义变量，并且能够很容易地看到不同输入变量和输出变量之间的关系。其仿真研究结果表明，该方法与传统的梯度下降反向传播神经网络模型比较下，模型在预测误差（均方根误差）和训练神经网络模型所需的时间方面均优于传统的反向传播方法。

基于基础算法的机器学习研究大多集中于以决策树、随机森林、支持向量机、神经网络等为主的模型，应用策略是依据所需要分析问题的本质合理建模，涉及模型参数的设定则依靠经验或者多次迭代确定，其性能通常较为一般。因此，有学者会对基础算法的机器学习模型进行深入研究，提出改进思路，以提升模型的预测性能。针对那些强烈依赖参数设定的机器学习模型而言，智能优化算法简单、通用、便于并行处理等特点吸引了众多学者进行组合研究（冯春时，2009；刘小瑜等，2018）。

2. 基于智能优化算法的机器学习研究

智能优化算法在解决大空间、非线性、全局寻优、组合优化等复杂问题方面具有独特的优势，因而得到了国内外学者的广泛关注。通过智能优化算法对传统统计模型及机器学习等其他复杂模型进行参数优化，在自动控制、模式识别、任务分配、信号处理、风险预测等领域得到了成功应用（包子阳和余继周，2016）。

在遗传算法优化机器学习算法的运用研究中，Fish 等（2004）提出了一种新的人工神经网络（ANN）选择建模的体系结构方法。其原理是具有多重情况的标准 ANN 设计需要每个替代方案的输出变量，将前馈网络重新配置为仅包含一个输出节点，用以解决六级选择问题，并且网络性能得到显著改善。其仿真研究结果表明，针对零售咖啡市场中的个体消费者选择和品牌份额的模拟问题，通过遗传算法训练的前馈 ANN 优于多项 LOGIT 模型和反向传播训练的 ANN。Yu 和 Wei（2012）提出了一种基于遗传算法（GA）和系统动力学（SD）相结合的中国煤炭生产环境污染负荷混合模型。作者利用遗传算法优化 SD 模型的参数降低了实现的主观性，预测了 2030 年我国"经济发展—煤炭需求—煤炭生产—环境污染负荷"链条，并对情景进行了分析。其仿真研究结果表明：①遗传算法在优化 SD 模型参数和历史数据模拟方面表现良好；②煤炭能源需求持续增长，但由于我国经济的发展，煤炭强度实际上有所下降，此外，即使煤炭强度降低 20%，减少污染的投资增加 20%，环境污染负荷也在逐年增加，而不是在 2030 年达到拐点；③为了减少"三类废物"的数量，降低煤炭强度比减少每吨煤炭的污染生产和增加污染治理投资更有效。Kassa 等（2016）指出风能是在全世界范围内大量开发的可再生能源选择之一，且在发电市场中的份额不断得到扩大。然而，由于其间歇性和不确定性导致的风电一体化中出现了重要问题，准确的风力发电预测工具对于规划电力系统的有效运行和确保供电的可靠性是必要的。作者采用遗传算法优化反向传播（BP）学习算法训练的多层前馈人工神经网络开发了风力发电预测模型，并根据安装在北京的一个研究案例，对微电网的 2.5 兆瓦风力发电机的风力发电概况的实际信息进行了测试。其仿真研究结果表明，所提出的预测模型比基于 BP 神经网络的模型更准确。

在粒子群算法优化机器学习算法的运用研究中，Ling 等（2017）认为属于随机单隐层前馈神经网络（RSLFN）的极限学习机（ELM）由于其快速的学习速度和良好的泛化性能，在过去的 10 年中已被广泛应用于许多领域。但由于传统的 ELM 随机选择输入权重和隐藏偏差，通常需要大量隐藏的神经元，从而降低其收敛性能。为了提高 RSLFN 的收敛性能，作者提出了一种基于粒子群算法和输入输出灵敏度信息的改进 ELM 算法。在改进的 ELM 中，PSO 编码输入输出 SLFN 的灵敏度信息，以优化输入权重和隐藏偏差。改进后的 ELM 通过降低网络的输入输出灵敏度，可以获得更好的泛化性能，改善 SLFN 的条件。其仿真研究结果表明，回归和分类问题的实验结果验证了该算法的有效性。Chang 和 Huang（2014）使用 PSO 算法优化了三个新模型（PSO - GARCH、PSO - EGARCH 和 PSO - GJR - GARCH），以改善业务绩效管理。作者将三个传统的时间序列模型 GARCH、EGARCH 和 GJR-GARCH 用于外汇预测，并将这些模型的结果与 PSO-GARCH、PSO-EGARCH 和 PSO-GJR-GARCH 模型的结果进行比较。其仿真研究结果表明，PSO-GJR-GARCH 模型具有最小的误差和最佳的预测能力，其后是 PSO-EGARCH 和 PSO-GARCH 模型，传统的 GARCH 模型性能最差。Ma 等（2013）认为钢铁工业在国家经济中发挥着重要作用，特别是在发展中国家，而中国是世界上最大的铁矿石消费市场，由于国内铁矿石资源有限，大部分铁矿石需要从其他国家进口，面对铁矿石供应短缺与需求增长之间的矛盾，政府有必要预测进口和总消费量。因此，作者基于粒子群优化算法优化的灰色预测模型开发出了一种高精度混合模型。其仿真研究使用中国统计年鉴（1996~2011 年）作为测试数据库对提出方法的效率和准确性进行验证，结果表明，所提出的新方法显然可以提高原始灰色模型的预测精度。

在模拟退火算法优化机器学习算法的运用研究中，Pan 和 Wang（2017）研究了独立旅行者的旅行商问题，尤其针对专业的独立旅行者，其行程倾向于依据地标、预算、时间可用性和各种其他因素来计划旅行时间表。作者研究提出了一种独立旅行推荐算法，包括如下步骤：首先，在特定约束下选择目的地中的地标，建模抽象为背包问题；其次，利用层次分析法（AHP）模型对地标进行综合评价，采用贪心模拟退火算法选择评价得分较高的最佳地标；再次，利用 AHP 决策模型从多个候选者中选择到旅游目的地的最合理的自由线路；最后，将地标之间的路径规划抽象为 TSP（旅行销售问题）问题，采用基于轮盘选择的模拟退火算法进行求解。其仿真研究表明，通过比较地标选择、有效观光时间比、有效观光消费率和旅游满意度等方面的包裹旅游对该算法进行了评价和分析，结果验证了方法的可行性和合理性，可以作为制订个性化旅行计划的有效参考。Jin（2011）认为软件可靠性预测对于最小化成本和提高软件开发过程的有效性非常重要，但是随着时间的不断变化，预测软件可靠性是非常困难的。尽管支持向量机回归（SVR）已被广泛应用于解决软件可靠性预测等许多领域的非线性预测问题，并在许多情况下获得了良好的性能，但是如何选择参数仍然是一个需要解决的问题。为了克服遗传算法等智能优化算法的弱点，作者将遗传算法和模拟退火算法进行集成形成一个新的算法（GA-SA）应用于预测软件。其仿真研究结果表明，GA-SA-SVR 模型可以获得比其他模型更好的预测结果，且具有相当准确的预测能力。

在蝙蝠算法优化机器学习算法的运用研究中，Xiao 和 Duan（2015）针对标准 BP 算法通常具有收敛速度慢和局部极值的局限性，提出了一种基于全局优化能力和强收敛的蝙蝠算法调整 BP 网络权值的新方法。新算法基于 BP 算法的误差反向传播的权重调整以及使用蝙蝠位置更新的 BP 网络修改的权重和阈值，新算法不仅可以使用全局优化的蝙蝠能力，还可以包含 BP 算法的误差反向传播特性。其仿真研究结果表明，新算法收敛速度快、精度高，提高了 BP 网络的学习能力和泛化能力，性能优于基本 BP 算法和 PSO-BP 算法。Sun 等（2015）提出了一种改进的快速集合经验分解蝙蝠算法优化的最小支持向量机模型（FEEMD-BA-LSSVM），模型首先将原始风速序列分解为具有一个残差序列的有限数量的固有模式函数（IMF），然后构建 LSSVM 来预测这些子系列，通过蝙蝠算法优化 LSSVM 中的参数，以确保模型的泛化性能。其仿真研究结果表明，FEEMD-BA-LSSVM 的预测结果优于对比模型的预测结果，性能更优。

在布谷鸟算法优化机器学习算法的运用研究中，Sun 等（2016）指出自 2008 年全球金融危机以来，随着国际旅游业的快速发展，预测国际旅游市场的变化一直是一个挑战，因此提出了一种新的布谷鸟算法优化的灰色马尔科夫预测模型（CS-MCGM），主要用于预测到访中国的外国游客人数。该模型应用最优输入子集方法和布谷鸟算法来提高马尔科夫链灰色模型的性能。其仿真研究结果表明，CS-MCGM 模型比传统的 MCGM 模型更有效、更准确。Sun 等（2016）为了建立高精度的 PM2.5 浓度预测模型，提出了一种基于主成分分析（PCA）和最小二乘支持向量机（LSSVM）的布谷鸟搜索优化混合模型。该模型首先采用主成分分析法提取原始特征，降低输入选择的维数，然后利用 LSSVM 对日 PM2.5 浓度进行预测，通过 CS 对 LSSVM 中的参数进行微调，提高了 LSSVM 的泛化能力。其仿真研究结果表明，该方法在 PM2.5 浓度预测中优于单参数 LSSVM 模型和常规回归神经网络（GRNN）模型，具有应用于空气质量预测系统的潜力。

在蚁群算法优化机器学习算法的运用研究中，Dai 和 Liu（2009）指出遥感数据分类时土地覆被图的重要来源，以图像分类为核心的遥感研究长期以来一直受到遥感界的关注。几十年来，遥感数据分类技术取得了巨大的成就，但由于数据来源多、维度高，传统的基于统计理论的遥感数据分类方法存在一些不足。当遥感数据不服从正态分布的预先假设时，使用最大似然分类器（MLC）进行分类的结果会偏离实际情况，分类精度不能得到满足。作者研究提出了基于分类规则挖掘的蚁群规则挖掘算法，并选取北京地区的 Landsat TM 和 Envisat ASAR① 作为基于蚁群规则挖掘算法的土地覆被分类实验数据。其仿真研究结果表明，与 MLC 和 C4.5 分类方法相比，新算法具有更强的鲁棒性、更优的性能。Sheikha 和 Mohammadi（2012）认为电力负荷预测是一项具有挑战性的工作，对国家电力系统战略管理具有重要的作用。作者将气候条件、月份、季节、星期以及一天中的时间作为负荷影响因素，使用蚁群算法进行特征选择后再进行预测。其仿真研究结果表明，与无特征选择的多层感知器（MLP）和径向基函数（RBF）神经模型相比，新提出的预测模型拥有最小的平均绝对百分比误差，能够较好地提前 24 小时进行负荷预测。

在萤火虫算法优化机器学习算法的运用研究中，Olatomiwa 等（2015）为了预测太阳辐射强度，开发了一种萤火虫算法优化的支持向量机模型（FA-SVM），该模型采用三个日照时间的气象参数、最高温度、最低温度作为输入，对分布在尼日利亚不同地区的三个地点进行了仿真。其仿真研

---

① Landsat 和 Envisat 分别是美国 NASA 和欧空局发射的卫星，主要用于监视环境，对地球表面和大气层进行连续的观测，供制图、资源勘查、气象及灾害判断之用，其数据可以通过一定的途径免费下载。

究结果表明，采用平均绝对百分比误差（MAPE）、均方根误差（RMSE）、决定系数（R^2）和相关系数（r）作为评价模型性能的可靠指标下，与人工神经网络（ANN）和遗传规划（GP）模型相比，该模型的预测精度得到了验证，所建立的 FA-SVM 可以作为一种有效的机器学习技术。Mishra 和 Dash（2017）提出了一种基于隐层径向基函数单元的低复杂度神经网络（PILNNR），以用于在 10~60 分钟内的短期风电预测。该方法利用元启发式萤火虫算法优化了利用勒让德多项式展开的输入层与隐层 RBF 单元之间的随机输入权值，以达到误差最小化和学习速度提高的目的。作者以美国怀俄明州、加利福尼亚州及西班牙索塔文托地区风电场的风力发电数据为研究对象，进行了案例研究。

在鱼群算法优化机器学习算法的运用研究中，Zhu 等（2017）指出城市雾霾污染日益严重，推出有效的雾霾预报模型进行预测可以保护人类健康，因此，提出了一种基于极限学习机（ELM）和改进的离散人工鱼群算法（IDAFSEN）的选择集成方法，以克服单个 ELM 分类不稳定的缺点。其具体建模流程为：首先，使用自举采样生成初始基础 ELM 池，然后通过计算每个基础 ELM 的成对多样性度量来预先修剪；其次，使用改进的离散人工鱼群算法（IDAFSA）选择预修剪后具有更高精度和更大多样性的初始池中的基于部分的 ELM；最后，选定的基本 ELM 通过多数表决进行整合。其仿真研究结果表明，IDAFSEN 可以比其他方法获得更好的分类准确性。

在机器学习建模过程中引入智能优化算法进行调参工作往往可以提升模型的预测性能、增强模型的鲁棒性，因而吸引了大量的学者进行研究，针对所要分析的具体问题，选择合适的机器学习模型或恰当的智能优化算法进行特征筛选或直接组合建模。尽管智能优化算法应用广泛，但主要的运用领域是工程领域，在经济等社会科学领域应用较为少见。

二、地统计分析的相关研究

地统计（Geostatistics）又称地质统计，是在法国著名统计学家 G.

Matheron 大量理论研究的基础上逐渐形成的一门新的统计学分支。它是以区域化变量为基础，借助变异函数研究既有随机性又具有结构性，或空间相关性和依赖性的自然现象的一门学科（汤国安和杨昕，2019）。

空间统计是对具有空间分布特征的数据的统计分析理论和方法的集合，地统计分析是空间统计学的一个重要分支，随着统计软件空间分析模块的日趋成熟（汤国安和杨昕，2019），该方法被广泛地运用于空间数据分析和建模，尤其是在涉及地理和环境的研究领域。Awais 等（2017）认为地下水是全球粮食生产的基石，其质量直接关系农作物的生长，由于降雨量的减少，巴基斯坦农业的发展严重依赖于地下水的供给。作者对 289 口观测井的地下水样品进行了采集和化学分析，采用克里格插值的地质统计学方法表示空间变化，使数据的估计误差最小；利用电导率（EC）、钠吸收率（SAR）和残余碳酸钠（RSC）三个水质参数绘制了季风前和季风后两个季节的地下水水质图；为了描述空间自相关，确定了合适的半变异函数模型并进行了交叉验证。其结果表明，指数模型适用于 EC 和 RSC，而球形模型适用于 SAR，研究结论可为规划人员和决策者制定区域特定的可持续地下水利用战略提供指导方针。Chong 等（2017）指出由于鄂尔多斯盆地苏里格气田石河子组 8 段储层岩性非常复杂，砂岩较薄，孔隙度较大，常规确定性反演的结果不能满足识别高孔隙度单砂体的需要。考虑到这种情况，在分析敏感性储层参数和关键反演参数的基础上，作者进行了地质统计学反演研究。其研究结果表明，地质统计学反演技术可以有效地整合地质、测井和三维地震资料，大大提高了纵向和横向分辨率，有效解决了石河子组 8 段砂岩和泥岩薄层交替层中单砂的识别问题。Zeng 等（2017）提出一种时空地质统计学方法，即利用观测结果之间的时空相关性生成卫星 CO_2 总柱测量数据的全球陆地制图数据集方法。研究生成的 XCO_2 地图数据为全球温室气体动力学和全球变暖的认识提供了新的全球地理空间数据集。Rui 等（2016）提出了一种用于空间分析的统计方法，即空间相关分析（SCA），它最初是基于普通克里格（OK）结果开发的，用于描述存在相关变异时的异质性。作者以土壤速效氮（AN）、速效磷

（AP）、速效钾（AK）为样本，分析了土壤养分空间相关关系，探讨养分丰缺概率。其结果表明，研究区土壤养分的空间变异性明显不同，这种空间土壤养分变异可能是由不同的施肥类型和不同的施肥方式引起的。Aghababazadeh 等（2016）基于预先选定的 60 个采样点对孟加拉国中部法里德普尔地区的地下水质量进行调查，利用水质评价指标和多元统计、地统计分析等多种方法对水质进行表征。作者利用地质统计学模型确定了地下水水质参数的空间分布，证明了指数半变元模型是大多数指标值的最佳拟合模型，研究结果为决策者在孟加拉国中部采取适当的地下水质量管理措施提供参考。Kethireddy 等（2014）指出对流层的臭氧污染是全世界面对的一个主要问题，臭氧氧化能力及其对人类健康的影响已引起科学界的关注。作者选择了美国得克萨斯州东部的臭氧污染数据，采集时间为 2012 年春、夏两季，采集频率是每小时 1 次，在 Arcmap 中使用地理统计技术进行可视化处理；利用普通克里格法，对所有研究时数的臭氧地质统计层进行了预测，并以一公里的空间分辨率绘制了地图；通过交叉验证，获得了较好的预测精度，平均预测误差接近 0，均方根标准化预测误差接近 1，均方根误差和平均标准差较小。Jing 等（2014）认为土壤养分是土壤肥力的重要标志，对土地的可持续利用具有重要作用，作者利用地质统计学和 GIS 技术对云南省红河县伊萨镇土壤 pH、有机质、全氮、碱性水解氮、有效磷和有效钾等指标值的空间变化进行了研究。结果表明，pH、有机质、全氮、碱性水解氮和速效钾的空间变异性中等，有效磷表现出较强的空间变异性；pH、有机质、全氮、碱性水解氮和速效钾的空间变化符合指数模式，而速效磷的空间变化符合球形模型；总氮、速效磷、速效钾受土壤结构因子影响较大；pH、有机质、碱性水解氮受结构因子和随机因子影响较大。利用克里格（也称克里金）插值法直观地表征了盐田土壤养分的空间分布。了解土壤养分的空间分布，对调整施肥等农业管理措施具有重要的指导意义。

在经济等社会科学领域，学者借助地统计分析方法进行了研究。方叶林等（2013）对安徽各县的人均国内生产总值进行地统计分析，通过空间变异函数、空间自相关及克里格空间插值对研究指标进行处理后得知，县域经济发展的差异在不断增大，其主要原因在于中心城市发展状况、交通区位与区域资源禀赋、发展政策等。Wang 等（2015）以山东滨州 2012~2013 年的房价数据为基础，分析滨州房价分布的正态性、空间自相关和方向变异性、趋势面，采用克里格插值法得到滨州房价的空间分布格局。结果表明，滨州房价呈从中心向外围逐渐递减的分布环，滨州房价的空间分布受城市规划的区位、定位、外部环境和交通可达性的影响。张锦宗等（2010）利用 GIS 技术对甘肃 2006 年各县级行政单元人口及面积数据进行处理，通过提取县级行政中心的几何中心构建了人口密度表面模型，并进行了人口密度空间分布相关与变异分析。结果表明，甘肃 2006 年的人口密度空间分布为高狭峰分布，南北低、中部高，东部低、西部高；同时，人口密度空间分布呈现圈层结构。彭家中等（2011）通过地统计分析方法对内蒙古额济纳绿洲地下水的空间异质性进行了评价，结果表明，该地区的空间异质性较为明显，其适用的模型为球体模型，结构性因子是地下水位埋深的主要因素；空间分布总体表现为由西向东、从南向北逐渐增大的分布格局。李强（2012）分别利用了地统计分析的反距离权重法、普通克里格法和径向基函数法对黄土高原南部地区内的 139 个气象站台 2010 年的平均降温和降水量进行了空间插值计算，并利用交叉验证检验法对插值的精度进行了评估。结果表明，就降水量预测而言，普通克里格法最好，其均方根预测误差最小，并且标准均方根预测误差值接近 1；就气温预测而言，径向基函数法最好，其后是反距离权重法和普通克里格法。魏和清和李颖（2018）对国家统计局等部委联合发布的《2016 年生态文明建设年度评价结果公报》的绿色发展指数进行了指标体系深度剖析，使用 ED-SA（探索性空间数据分析法）对绿色发展指数及二级指数的地区发展差异、关联模式、空间分布规律进行了研究。结果表明，绿色发展指数及二级指数中的资源利用指数与随机分布相比并没有显著的差异，其余的二级指数具有显著的空间正相关关系，各地区的绿色发展差异成因不同。Amoah 等（2018）为了推断生命第一年疟疾发病率与年龄值（HAZs）之间的关系，分析了在 13 个非洲国家进行的 20 次人口与健康调查（DHS）的数据以调查疟疾和发育迟缓之间的关系。作者开发了一个 HAZs 的地理统计模型，作为测量和未测量的儿童特异性和空间危险因素的函数；同时进行了荟萃分析，将各国安全部疟疾发病率对 HAZs 的影响进行建模。结果表明，疟疾和发育迟缓之间联系的混淆效应因国家和时间而异。地理统计分析提供了一个有用的框架，允许考虑未测量的空间混杂因素，要确定疟疾和发育迟缓之间是否存在因果关系，需要对个别儿童进行纵向数据的随访。

　　相比地统计分析方法，更多的学者倾向于使用隶属于计量经济学分支的空间计量经济学方法，并且形成了丰硕的研究成果。空间计量经济学方法研究如何在横截面数据和面板数据的回归中处理空间相互作用（空间自相关）和空间结构（空间不均匀性）结构分析。陶长琪和彭永樟（2018）构建了基于制度邻近水平的空间权重矩阵，理论解析了制度邻近下知识势能及其三维（资源存量、创造与转化能力、吸收与留存能力）对区域技术创新的作用，并运用空间杜宾模型进行实证检验。结果表明，知识势能的三个维度对区域技术创新效率的影响显著为正。平卫英和曾芳伊雯（2017）基于 CSDA（证实性空间分析）方法对成渝经济区的经济空间结构进行了深度分析，揭示了该经济区的经济增长空间模式及其变动特征，针对性地提出了若干政策建议。Li 等（2017）指出经济和公共行政的区域差异化是发展中国家政府和公众必须正视的挑战之一，由于粗放型经济增长模式给中国带来了诸多问题，有必要寻找其他途径促进落后地区的发展，缩小中国的区域差距。作者以 2001~2013 年省级面板数据为基础，对我国公共服务均等化与居民生活水平进行了测量，分析公共服务均等化对我国区域差异的影响。其基于空间计量经济学模型的实证结果表明，各类公共服务均等化可以促进区域收入和消费的平等，有证据表明，区域差距还受到其他经济和社会因素的影响。Abate（2016）提出了一个无约束的空间模型，用于从空间计量经济学的角度考察宏观经济波动与经济增长之间的关系。结果表明，当使用偏导数影响方法将波动对增长的影响分为直接影响和间接影响后，波动对增长的直接和间接影响都是负面的；后一种效应表明，波动性冲击会传到邻国。Krause 和 Bitter（2016）则从方法梳理的角度对房地产估值方法领域的最新工作进行了简要的总结，认为有空间计量经济学的扩张、认识地价与改善价值之间的差异、承认来自更多可持续发展形式的价值溢价三大主流趋势。程兰芳和黄皓（2018）选取了影响产业结构升级的五大因素，构建相应的指标体系，并选用产业结构合理化和产业结构高度化作为衡量产业结构升级的两个维度，在描述性分析阶段发现东部地区的产业发展优于中西部。基于面板数据的空间计量分析结果表明，地方财政支出对产业结构的合理化和高度化均存在显著的正向影响作用，而税收政策对两者具有显著的负向影响作用，金融环境和居民收支、国有化程度则分别仅对产业结构高度化及产业结构合理化有显著影响。张翠菊和张宗益（2015）针对中国 30 个省份 1997 ~ 2010 年的面板数据，利用空间面板计量模型和空间自相关分析方法探讨了中国省级产业结构的空间格局及其影响因素。结果显示，产业结构的空间聚集特征显著，城市化和技术进步等因素对我国产业结构升级具有正向的推动作用，而人力资源投资和政府消费作用则不显著，居民消费、政府消费、能源投资等因素存在显著的空间外溢效应，最后根据研究结论提出了相应的政策建议。

此外，针对现有的空间计量经济学理论及方法，也有一些学者进行了系统性的梳理（Anselin，1988；Bivand & Piras，2013；陶长琪和杨海文，2014；Bhottacharjee & Holly，2018）或提出了空间计量模型的改进思路和方向（Partridge et al.，2015；Fingleton，2016；Gomezrubio et al.，2017；Basile & Minguez，2018），但是空间计量模型系统相对比较完善，要进行较大幅度的方法调整难度较大。相对而言，地统计分析方法由于学科融合度更高，往往被运用于国际热门的能源、环境、气候等领域，在方法的发展过程中，不断地涌现出一些新的改进策略。例如，Moura 等（2017）提出了一种新的多点地质统计学方法，该方法结合了称为局域敏感哈希技术的应用，该技术允许加速搜索与目标模式相似的模式；以及一种运行长度编码压缩技术，该技术可以加速相似度的计算。其仿真研究结果表明，针对油藏建模这样一项非常重要的任务，新方法可以快速有效地进行建模预测。再如，Dai等（2017）开发了一种新的灵敏度分析方法，将基于变量的方法的概念与层次不确定性量化框架相结合，根据不同的不确定输入的特征和依赖关系，将其分组并组织成一个多层框架，以降低灵敏度分析的维数，再利用方差分解方法为分组输入定义了一组新的灵敏度指标。结果表明，边界条件和渗透率场对模拟水头场和示踪烟流的不确定性影响最大；每个源的相对贡献在时间和空间上都是不同的；通过使用地理统计方法减少灵敏度分析所需的数量，将实现所开发方法的计算成本降低到实际可管理的水平，所开发的灵敏度分析方法一般适用于处理高维空间分布输入变量的水文环境问题。

上述文献从多个角度阐述了空间统计方法的运用场景，在地理学学科背景下被称为地统计分析，而在计量经济学学科背景下被称为空间计量经济学，尽管二者都是对事物特征的空间属性进行空间建模，但是其理论基础和定量分析思路不同。一个最显著的区别就在于地统计分析可以全方位地覆盖点、线、面三种模式的分析，而空间计量经济学分析的往往是基于面数据类型的省级数据，不能进行点模式探讨，因此囿于面板数据的分析框架。地统计分析下的点模式分析得到了广泛的推广，但在经济领域的运用较为罕见，笔者拟将这种方法运用在企业财务危机的评价研究中，侧重从点模式的角度探讨陷入财务危机泥淖中的企业空间分布规律，并且建立空间模型予以量化及预测。

三、企业财务危机评价的相关研究

企业财务风险是指企业在社会再生产过程中由于各种不确定性因素的作用，使企业财务活动的预期结果与实际结果产生的差异（朱荣，2007），学者在对企业财务风险进行度量时往往会选择陷入财务危机的企业进行研究。本书针对企业财务危机评价的相关研究成果梳理按照评价模型出现的先后顺序以及新颖程度分为传统模型和新兴模型依次进行展开。

1. 基于传统模型的企业财务危机评价

企业财务危机预警的基本思路是以企业的财务报表为依据，利用各种财务指标建立评价指标体系或建立数学模型，对企业的财务状况进行评判，预测企业财务失败的可能性，并释放出预警信号。美国学者 Fistpatrikc 最早对财务失败上市公司与非财务失败公司的财务指标进行比较，以 19 家公司为分析样本，运用单变量分析法对配对样本研究后发现，对企业财务危机预判能力最强的指标是净资产收益率和股东权益/负债。在此之后的众多学者在不断总结前人研究的基础上，针对企业财务危机预警的问题，逐渐提出了自己的建模思路和预判路径。

Beaver 教授（1966）提出了单变量判定模型，即通过个别的财务指标走势来预测财务危机，发现财务指标的预测能力随着距离失败的时间越来越近而越来越强；作者通过对 1954~1964 年的大量样本进行研究，并且对14 种财务指标进行有选择性的取舍，最终得出预测能力强的财务指标依次为债务保障率、资产负债率、资产收益率和资产安全率。单变量判别分析法的主要优点是操作简单、工作量小，但是非常容易受到主观因素的影响，因此各财务指标的判断准确率在不同的情况下会有所差异。

Altman（1968）是第一个使用线性判别分析法研究企业失败预警的学者，选取了 1946~1965 年的 33 家正常运营和破产的公司，使用 22 个财务指标对公司潜在的失败危机进行分析；通过逐步多元鉴别分析方法依次萃取出 5 个最具有代表性的财务指标，建立了一个多元回归方程的鉴别函数——Z 计分模型，该模型可以综合评价企业的偿债能力、活力能力以及营运能力，根据得分的高低最终预测出企业财务失败或破产的可能性。相比于单变量判定模型，多变量判别涉及多个财务指标的分析，工作量相对较繁重，操作复杂，但是其预测精度却得到了提高。同时该方法也存在天然的弊端，如要求预测样本企业的财务指标服从正态分布，同时由于会计报表编制时采用的是权责发生制，没有考虑到较为客观的现金流量指标，因此其所选用的财务指标往往不能准确地反映企业的真实财务状况。另外，该模型在进行横向比较时效果较差，如果在企业破产前两年进行预判，其表现较好，超过两年的时长则准确率较低。

此外，众多研究学者采用了传统的多元统计分析方法或计量经济学方法对企业财务危机进行了评价和测度研究。Hong 等（2010）结合文献综述和中国实践，设计了包含现金流比率、传统资产和利润率的财务预警指标体系；研究选取 2007~2008 年沪深两市 48 家 ST 公司作为样本，选取另外 48 家非 ST 公司作为对比样本，采用上市公司被 ST 之前 3 年的财务数据，运用主成分分析法构建主成分预测模型，对不同财务困境企业的预警价值进行评估。Giovanis（2010）以 2002~2008 年我国台湾地区的证券交易所市场的金融机构和电子公司为样本进行研究，采用混合二元 Logistic 回归方法对面板数据进行分析，建立了随机效应模型，用于金融危机的预警。Li 等（2012）在全面梳理上市公司财务危机预警问题的基础上，试图构建供应链环境下核心企业财务危机预警模型，并通过案例研究检验其实用性。该模型综合了大量成熟的理论和预警模型，采用现代技术、统计工具和财务危机管理理论的方法；将改进的传统预警模型引入新的领域，重新建立了财务指标和非财务指标体系；同时考虑到供应链环境中财务危机的特殊性，对相关指标进行了重新选择。结果表明，所提出的综合预警方案能够更好地识别潜在的危机。

也有学者运用传统的统计模型对企业财务危机进行了系统的理论和实证研究，如郑和明（2014）运用动态 Logit 模型对影响民营企业财务危机的主要因素进行了实证检验，结果发现企业的负债结构和现金流对企业财务危机具有较强的解释能力；同时对关联方的财务危机扩散机制进行了厘清，结论表明银行抽贷是担保圈危机的主要推手。魏晓颖（2012）系统阐述了财务危机的含义、成因和类别，并且选择了相应的财务指标构建了一套较为完整和合理的财务危机评价指标体系，将运筹学中的 AHP 的相关原理同模糊数学进行结合，建立了一个多层次的财务危机评价模型。牟会珍（2009）首先对财务危机预警的有关理论进行了深入探讨，同时识别出财务危机的成因及特征，对导致企业财务危机的内外环境因素进行了分解；在实证研究中，利用灰色关联分析对财务指标进行筛选，用层次分析法确定指标权重。其次利用功效系数法和专家打分法对企业财务危机进行评价，最终构建出适合企业自身的微观预警模型。林艳红（2010）在系统阐述财务危机评价的理论基础后，运用多元线性 Probit 回归模型对上市公司的财务危机评价进行了实证分析，并针对企业发展的实际状况提出了财务危机内控策略。赵远（2011）在对企业的财务危机进行实证研究时采用的是生存分析的寿命表法和 Cox 模型，将上市公司是否被特别处理界定为财务危机发生的标志，得出了上市公司生存时间的变化规律和引致财务危机发生的主要因素；重点比较了生存分析法同预警模型，认为生存分析法自身所具有的灵活性和数据优势使得其运用范围逐渐扩大。陈婧宇（2010）系统地总结了危机管理和企业财务危机预警模型的理论研究框架，剖析了企业财务危机的构成要素，在因子分析方法的基础上提出了 P-S 可能性满意度模型，进而对 191 家民营上市公司的财务危机进行预警，试图得出企业财务危机发生的诱因，并针对性地提出了建议和意见。

综合来看，学者在运用传统统计模型对企业财务危机进行评价时，比较青睐层次分析法、Logit 回归模型、Probit 回归模型、因子分析法、主成分分析法等；并且在挑选研究对象时会聚焦于某一行业或者针对某一家企业。评价流程高度相似，可做如下归纳：首先，对企业财务危机评价的有关理论进行梳理；其次，根据特定行业或企业的性质结合财务管理的学科知识构建评价指标体系；再次，选用合适的统计模型对企业的财务危机进行分类或者综合评价研究；最后，根据评价结果给出有效的对策和建议。尽管传统的统计模型理论体系相对比较成熟，并且得到了广泛的运用，但是其仍然存在一定的缺陷，如层次分析法的主观性较强，其内核是通过专家对影响因素的重要性进行排序打分；因子分析法在计算因子得分时，采用最小二乘法可能会失效；主成分分析法在计算主成分的因子载荷时其符号可能会出现有正有负的情况导致综合评价函数的意义不明确，命名清晰度较低。因此，有一些侧重方法前沿性的学者在对企业财务危机进行评价时会采用一些新兴的统计模型。

2. 基于新兴模型的企业财务危机评价

由于传统模型在评价企业财务危机时存在诸多弊端，并且学者的评价结果趋同性较强，因此有学者试图寻求其他实证研究方法对该问题进行更深层次的剖析和探讨。新兴模型指采用了机器学习或者对传统模型进行了较大程度的改进之后形成的新模型。

决策树模型属于监督学习范畴，是一种常用的分类方法，其优良的性能和应用价值在企业财务危机评价的研究中得到了认可。Liu 和 Jiang（2009）将非金融指标引入财务危机预测系统中，建立包含财务指标和非金融指标的混合财务指标评价体系，并在建模过程中引入 C4.5 决策树算法，运用 2005 年和 2006 年的数据对上市公司财务危机模型进行实证分析。结果表明，混合财务指标模型的预测能力优于仅使用财务指标的模型。Kim 和 Upneja（2014）利用决策树（DT）和 Adaboost 集成模型分析 1988~2010 年美国上市餐馆的主要财务困境影响因素。结果表明，财务困难的餐馆更严重地依赖债务，与没有陷入困境的餐厅相比，其资产增长率、净利润率和资本效率更低。相比之下，Adaboosted DT 模型在总体和 I 类错误率方面显示出了最佳的预测性能。

贝叶斯分类算法是一种方法简单、分类准确率高且速度快的算法，其主要是利用概率统计知识进行分类。Wang 等（2009）提出了一种面向企业财务危机预警的动态层次朴素贝叶斯网络模型，该模型具有通用性，可广泛应用于其他危机预警领域。Shen（2014）为了评估电子物流系统的投资是否会增加财务危机，采用结构学习和参数学习的机制构建了贝叶斯网络模型。基于运输及物流业数据的实证结果显示，电子物流的投资一般不会增加公司的财务危机，除非推行电脑辅助拣货系统及射频识别；从贝叶斯推理的角度来看，大多数先进的电子物流投资并不能为运输和物流企业带来财务优势，其实证研究证明了贝叶斯模型的实用性。Aghaei 和 Saeedi（2013）利用贝叶斯和回归模型建立了德黑兰证券交易所上市公司财务危机的三种预测模型，并对三种模型的预测结果进行了比较。研究发现，盈利能力较低、长期负债较多以及流动性较低的上市公司更容易陷入危机。姚衡和王双成（2016）指出采用以线性回归为基础的格兰方法对企业财务指标的因果关系进行剖析具有较大的局限性；结合专家知识和打分、搜索方法进行贝叶斯网络学习，可为企业管理财务危机的方法提供决策支持。廖阳（2013）则对贝叶斯决策理论模型进行了拓展，将间隔的、离散的数据转化为概率空间的连续数据，并基于连续的隶属度函数对概率空间进行了正交划分；最后将所提出的拓展模型应用于企业财务危机的实证研究，针对不同危机类型的企业提出了对策建议。

随机森林分类模型是一个包含多个决策树的分类器，其优点主要有精度高、可以处理大量的评价特征、能够刻画特征的重要性。杨俊芬（2016）选择创业板的上市公司的财务危机进行研究，认为企业的财务危机作为一种信号传递，在一定程度上全面客观地反映了企业经营的好坏。作者在机器学习模型的选择上，研究利用随机森林算法处理不均衡分类问题，并衡量对噪声的容忍度。结果表明，随机森林可以较好地处理样本中不均衡数据问题并且可以容忍比较高的噪声，非常适于对上市公司财务危机进行评价。尽管随机森林比较适于分类的研究，但是其在企业财务危机评价领域的研究成果并不多。

支持向量机也是一种分类性能优良的分类器，尽管在多分类问题上其泛化能力比随机森林表现较差，但是在处理不均衡分类问题上显著优于随机森林。Yan 等（2014）运用设计好的计算公式对中职学校财务危机进行预警，采用主成分分析法对数据进行降维处理，发现前 8 个指标非常重要，累计贡献率为 89.18%，因此，可选择这 8 个指标作为支持向量机的输入。其仿真研究结果表明，分类预测的平均准确率为 93.75%，佐证了支持向量机方法在财务危机中的应用是可行和有效的。也有学者不满足于原始的支持向量机模型的预测性能而对模型进行优化，如 Niu（2009）提出了一种基于粗糙集和支持向量机算法的有效组合预警模型。该模型通过对财务危机预警指标系统的指标进行粗糙集处理以减少指标，从而减小了支持向量机输入空间的维数，当将减少的数据作为支持向量机的输入空间时，收敛速度和分类准确率都有明显的提高。作者利用上市公司财务数据对算法进行训练和检验，结果表明新模型对我国上市公司财务状况具有较好的预测能力。张金贵等（2017）则构建了粒子群优化的支持向量机模型，该模型先通过 SPSS 软件对财务指标进行筛选和降维处理，再利用粒子群优化算法对支持向量机的参数进行调优。结果表明，优化的支持向量机对制造业公司的财务危机能够实现较准确的预测，对分析公司财务危机具有一定的现实指导意义，张颖等（2014）也做了类似的研究。此外，还有学者通过改进布谷鸟搜索算法、混合遗传算法对支持向量机进行优化，以用于企业财务危机评级的研究（丁德臣，2011；李祥飞等，2015）。

人工神经网络自 20 世纪 80 年代成为人工智能领域研究的热点，其主要优点是自学习能力强、具备联想存储功能以及高速寻找优化解的能力，在企业财务危机评价领域得到了相对较多的运用。[①] Wu（2015）在阐述了反向传播神经网络的主要特点后提出了一种新的基于反向传播神经网络的公司财务危机预警方法。作者从 5 类财务指标中选取 18 个指标构建反向传播神经网络神经元，其仿真研究结果表明，该方法能够有效地估计企业财务危机，且算法对财务危机的估计与专家的评价非常接近。Dou（2013）分析了国内外上市公司财务预警研究的现状，指出了我国上市公司财务预警存在的问题。为了实现动态预警的目的，作者选取人工神经网络模型，主要针对我国上市公司财务预警系统存在的问题，基于上市公司数据进行实证分析。结果表明，该模型不仅对财务状况有较好的判断，而且具有简单易行的优点。Li（2013）比较了自适应谐振理论神经网络和自组织特征映射网络对我国上市公司财务危机识别的性能。实证结果表明，自适应谐振理论神经网络模型的识别效果优于 Logistic 统计模型、反向传播神经网络和概率神经网络算法，而自组织特征映射网络算法的识别效果优于自适应谐振理论神经网络。Liu 等（2017）认为财务报告欺诈行为越来越普遍，成本越来越高，但欺诈检测具有严重滞后性质。作者开发的综合模糊神经网路与 Logit 模型和人工神经网络相比，性能更优，特别是在欺诈案例的预测方面。Shen 等（2011）对 71 家医药上市公司的财务预警数据进行了探讨，在对财务预警模型进行比较研究的基础上，选取了反映财务困境的

---

① 资料来源：http://mp.ofweek.com/ai/a745673421016。

38 个综合指标，通过反向传播神经网络分析建立更准确的财务预警模型。结果表明，反向传播神经网络模型对该行业财务困境预警具有较高的准确率。针对种类繁多的神经网络预测方法，李光荣和李风强（2017）在对同一个案例进行实证研究时发现预测准确性从高到低依次为转反向传播神经网络、自组织特征映射算法神经网络、自适应共振理论算法神经网络。此外，还有学者利用径向基函数或者其他算法的神经网络对企业的财务危机进行了研究。

尽管新兴模型在企业财务危机评价领域得到了一定的应用，但综合来看仅仅是对模型的简单应用，并且侧重将新兴模型与传统的统计模型的预测性能进行对比来凸显新兴模型具有更高的预测准确率；并没有对模型本身的参数进行优化或只用了少数传统的智能优化算法优化模型，对进一步提升新兴模型的预测性能研究较少。

四、文献评述

在文献梳理的过程中，由于智能优化算法和地统计分析同企业财务危机评价的结合非常少，所以高契合度的参考文献难以获取。因此，涉及智能优化算法和地统计分析的文献梳理工作需要结合其应用的实际学科背景和案例进行展开，本书得出以下三点结论：

第一，机器学习随着人工智能的快速发展得到了广泛的运用，其中比较优秀的算法主要有决策树、随机森林、支持向量机、贝叶斯、神经网络等。机器学习算法的性能往往依赖于模型参数的设置，而参数的设置一般需要通过多次迭代或者依据经验最终确定。参数设置不当，通常会造成模型收敛速度较慢、运行时间过长、容易陷入局部最优。因此，有学者借助工科领域的遗传算法、粒子群算法、模拟退火算法等诸多智能优化算法对机器学习算法模型进行参数优化并构成组合模型，从而加快模型的收敛速度，减少程序的时间消耗，并且可以更容易地寻找到全局最优值，提升组合模型的预测性能。尽管这种组合模型的鲁棒性更强、性能更优，但是其主要运用在工科领域，在经济等社会科学领域中比较少见，因此针对企业财务危机评价的问题，本书拟将智能优化算法和机器学习算法进行系统的融合，构建出多种组合评价模型，并检验其实际性能。

第二，空间统计是一个较大的概念范畴，是指对具有空间分布特征的数据进行统计分析的理论和方法。在不同的学科背景下其名称、理论基础、应用范围存在差异，在地理学学科背景下，一般被称作地统计分析；而在计量经济学学科背景下，一般被称作空间计量经济分析。尽管地统计分析和空间计量经济分析都是对事物特征的空间属性进行描述分析、建模和解读，但是二者之间还是存在显著差异。地统计分析将空间内的事物分成点、线和面三种模式进行分析，而空间计量经济分析通常聚焦于宏观政策的研究，以区域经济为着眼点，几乎不涉及微观经济的空间分析。所以，空间计量经济学分析的往往是基于面数据类型的省级数据，不能进行点模式探讨，囿于面板数据的分析框架。而地统计分析的研究成果一般聚焦于环境、能源、资源等学科领域，在经济领域的成果微乎其微，因此本书根据企业的微观属性，从地统计分析方法体系中选取出部分合适的方法对陷入财务危机企业的空间分布规律进行评价研究。

第三，企业财务危机评价问题是一个传统命题，研究成果主要围绕财务危机的概念界定、财务危机的识别、财务危机的评价和控制研究等方面，评价思路也较为一致。首先，根据企业所处具体的行业背景构建出企业财务危机评价指标体系，然后利用线性相关法、主成分分析法等主流降维方法对指标体系进行降维，剔除无关指标或者对评价贡献价值较小的指标。其次，主要使用 Logistic 回归模型、Probit 回归模型、因子分析法、主成分分析法、层次分析法对企业财务危机进行评价。最后，根据综合评价得到的结果，结合企业的实际情况给出相应的对策建议。尽管这样的评价思路和建模流程相对成熟，但是却存在一定的缺陷，如模型对数据的要求较高、多种模型在实际操作过程中主观因素的介入程度较高，并且评价结果的逻辑连贯性不强。传统的企业财务危机评价方法体系存在的最大缺陷就在于评价结果容易走向两个极端：采用 Logistic 回归则只能得到某企业是否会陷入财务危机的结论，并不能指出其严重程度如何；采用 Z 值分析法或主成分分析法对企业进行综合评价，得到的评价值不能准确区分无财务危机企业和陷入财务危机企业，若评价值位于灰色地带则无法对企业财务危机的状况进行判断。但是，站在企业的角度，更希望明确得知按照模型的评价结果，自身是否会陷入财务危机，如果陷入了财务危机其具体类型是哪一种，严重程度如何，这是本书进行企业财务危机评价新径探究的主要问题点。

综上所述，为进一步对企业财务危机深入剖析，探究企业财务危机评价新径，尝试从智能优化算法和地统计分析角度对企业财务危机评价进行再研究，将工程领域和地理学科领域的前沿建模技术同企业财务危机评价这一命题进行跨学科融合，并将评价研究具体分为分类预判研究和回归测度研究两个层面，综合考虑非空间和空间两个评价角度。具体来说，首先，从评价特征的选择开始就使用机器学习算法进行特征筛选，不再局限于用主成分分析方法进行降维处理。其次，在分类预判层面上选择支持向量机和极限学习机等认可度较高、分类性能优良的机器学习算法对企业的财务危机进行预警，并且在建模过程中运用布谷鸟算法、蜂群算法、蝙蝠算法等多种智能优化算法对具体的分类算法进行参数调优，比较系统地比对各种不同的智能优化算法优化下分类算法的预测性能。再次，引入投影寻踪综合评价法对企业的财务危机进行量化测度，并将一整套的智能优化算法用于反向传播神经网络的预测过程。最后，从地统计分析的角度对企业财务危机进行空间分布规律的评价。

第三节　研究框架与研究方法

一、结构安排

本书以中国 2009～2018 年发生过财务危机的上市企业（主板企业为

主）为研究对象，以智能优化算法理论、地统计分析理论和企业财务危机评价理论为基础，利用机器学习算法对企业财务危机评价的特征进行构建和筛选，剔除对预测贡献不大的评价特征；然后分别从分类预判和回归测度两个维度进行评价，同时综合考虑了平面和空间评价的有机结合。遵循以上思路和研究目的，以解决主要问题为导向，将本书的章节结构按照逻辑顺序设置如下：

1. 研究前提

（1）绪论。本章的主要内容包括：首先，对研究的背景、理论意义和实践意义作了介绍；其次，对智能优化算法、地统计分析、企业财务危机评价的相关研究文献进行了回顾与述评，指出过去研究的优点和待改进之处；再次，简要阐明本书的研究结构、技术路线和研究方法；最后，对本书可能存在的创新及不足进行了说明。

（2）概念界定与研究基础。本章的主要内容分为三部分：第一部分对企业危机及企业财务危机的定义、内涵进行了详细说明和界定，对后续研究的理论口径进行统一。第二部分对研究的理论基础进行了详细说明，重点阐述了智能优化算法的相关理论，如机器学习、智能优化算法、代价函数、梯度下降法、标准方程法、交叉验证、遗传算法、粒子群算法、蚁群算法、模拟退火算法、布谷鸟算法、萤火虫算法、鱼群算法、蜂群算法等，以及地统计分析和企业财务危机评价的相关理论。第三部分对企业财务危机评价的传统路径进行了系统梳理，并且对企业财务危机评价新径的体系结构进行了说明，重点阐明了评价新径的原理、设计机理、主要构件和工作流程。

（3）企业财务危机评价特征体系及评价特征数据集。本章的主要内容分为三部分：第一部分对企业财务危机的评价特征属性进行了阐明和界定。第二部分总结了特征体系构建的技术和构建原则，针对企业财务危机评价的特定问题构建了原始的评价特征体系。第三部分先对特征选择技术进行了介绍，并对特征选择原则进行了归纳，再对样本的选择过程进行了说明，最后使用了前沿变量降维图技术对原始的评价特征体系进行筛选，最终选择了 13 个评价特征用于后续的实证研究。

2. 实证研究

（1）智能优化算法下企业财务危机分类预判。本章是实证研究的第一部分，企业财务危机分类预判是对企业是否发生财务危机以及发生何种企业财务危机进行预测。为了能够直观比较智能优化算法与机器学习分类算法组合的优势，首先，对统计学习常用的建模技术的种类、原理、评价流程进行了介绍，并给出了评价结果；其次，分别使用智能优化算法（遗传算法、粒子群算法、蚁群算法、模拟退火算法、布谷鸟算法、萤火虫算法、鱼群算法、蝙蝠算法、引力搜索算法）与支持向量机、极限学习机进行了组合，重点阐述了各自的原理、结构和学习算法；最后，对组合评价模型的设计机理、评价流程进行说明，并给出评价结果。

（2）智能优化算法下企业财务危机回归测度。本章是实证研究的第二部分，企业财务危机回归测度是对企业财务危机严重程度的综合评价。首先，引入了投影寻踪综合评价法，并对其原理、流程进行介绍，将各年已经陷入财务危机的样本企业的原始评价特征集数据代入投影寻踪综合评价法中得到样本企业的财务危机值，将该值从低到高分别划入 Ⅰ、Ⅱ、Ⅲ、Ⅳ 4 个等级，警度依次为红色、橙色、黄色、蓝色，同时以中英文标识分别代表特别严重、严重、较严重和一般。其次，将企业的财务危机值作为因变量，利用变量降维图技术选择出的 13 个评价特征进行回归分析。回归分别由传统统计学习建模技术以及智能优化算法（遗传算法、粒子群算法、蚁群算法、布谷鸟算法、鱼群算法、思维进化算法）与反向传播神经网络组合模型完成。最后，给出评价结果并进行对比。

（3）地统计分析下企业财务危机空间分布评价。本章是实证研究的第三部分，首先，对企业财务危机进行点模式分析，将发生财务危机的企业的地理位置在地图上标注出来。其次，运用样方分析、多阶邻点分析、K 函数分析以及空间自相关分析等方法检验其分布与随机分布是否具有显著的差异，试图分析其空间分布特征，并按照年份的不同作时空分布特征的演化分析。再次，对企业财务危机进行面模式分析，按照地理位置属性不同将已经发生了财务危机的企业划入不同的省份中，在赋予各省份合适的空间权重后进行全局空间自相关和局部空间自相关分析。最后，对已经发生过财务危机的企业进行插值分析，具体包含了探索性数据分析、地统计插值分析和模型诊断。

3. 总结与展望

本章简要总结了全书的主要研究结论，根据研究结论给出相应的对策建议；对研究存在的不足、需要进一步解决的问题以及未来的研究方向进行了展望。

二、技术路线

根据上述的各章内容以及结构安排，本书将沿着图 1-1 的技术路线展开研究。

三、研究方法

1. 文献研究法

本书阅读梳理了大量企业财务危机的有关文献，分析了已有成果的不足，并结合专业学科背景，探索新的研究路径，在充分了解研究的可预期性后重点检索了智能优化算法和地统计分析的有关文献，为全书的研究方法奠定了基础。

2. 描述性研究法

本书运用统计学的描述性统计方法，对样本企业的财务数据进行了图表量化，并且结合地统计分析工具对已陷入财务危机的企业进行地图标识，该方法能够更直观地展示数据的分布特征，为后续的建模研究提供参考。

3. 跨学科研究法

本书运用多学科的理论、方法和成果，从整体上对企业财务危机评价课题进行交叉研究。将工科领域的智能优化算法和地理学科领域的地统计分析方法组合运用于企业财务危机评价。

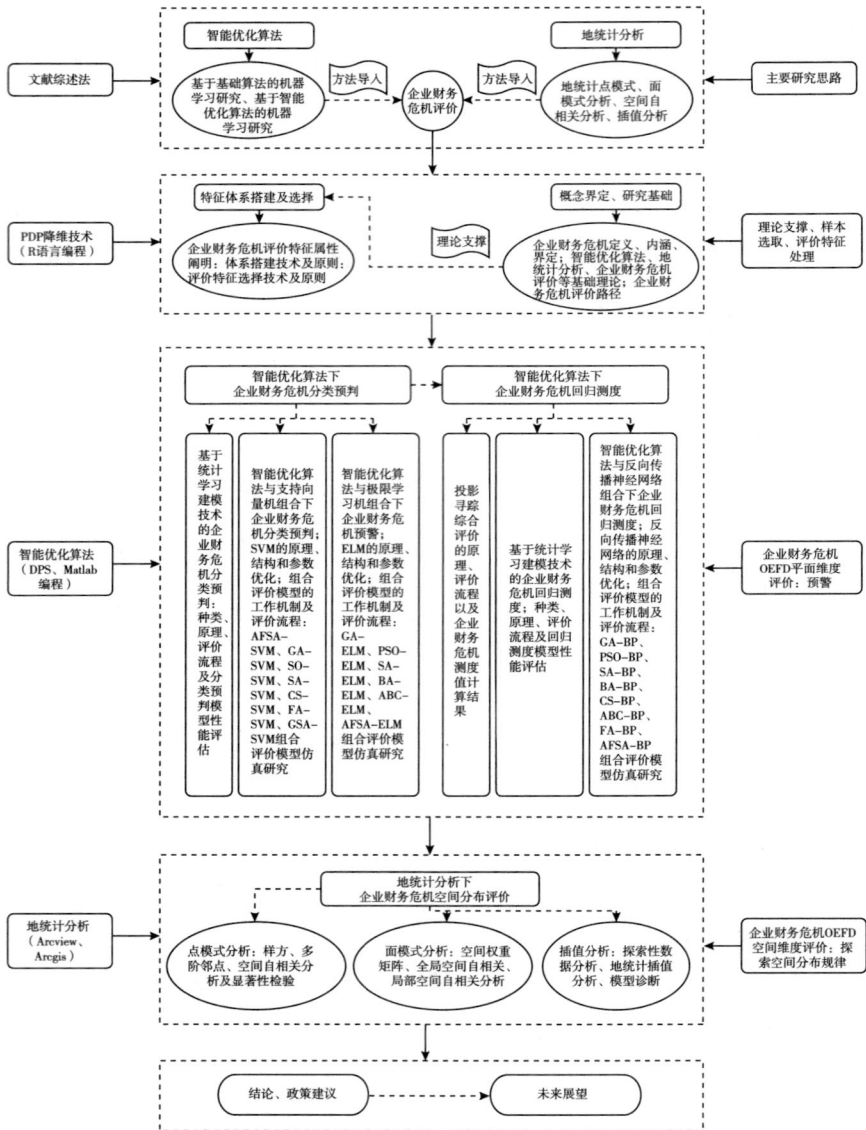

图 1-1　技术路线①

---

① 本书使用的 R 语言版本号为 3.5.3，Rstudio 版本号为 1.1.463，Matlab 版本号为 R2016a，DPS 版本号为 9.5，Arcview 版本号为 3.3，Arcgis 版本号为 10.2，SPSS 版本号为 21.0，OpenGeoda 版本号为 1.6.7。

4. 数学建模法

本书运用数学建模法中的统计建模法，侧重对已有数据内在的规律进行有组织、有计划的挖掘，然后对未知数据进行预测和分析。实证研究过程中主要运用了随机森林、支持向量机、极限学习机、投影寻踪综合评价及误差反向传播神经网络等模型。

5. 软件编程法

本书运用 R 语言和 Matlab 进行编程，使用智能优化算法对支持向量机、极限学习机及反向传播神经网络进行参数调优，所涉及的程序代码均由笔者自主调试运行，因此可以在一定程度上保证研究成果的原创性。

第四节　可能的创新与不足

一、可能的创新

本书的研究主题是基于智能优化算法和地统计分析对企业财务危机评价新径探究，在课题开展过程中做到了以下创新。

在方法上可能存在的创新——在系统总结现有财务危机评价方法的不足后探究评价新径，创新性地提出了 OEFD（Outpatient Evaluation of Financial Distress）企业财务危机评价方法。该方法借鉴了门诊医疗的诊断逻辑（先确诊再评估严重程度）将企业财务危机评价拆分为分类预判和回归测度两个递进子层，克服了传统 Z 值预警灰色地带无法判断的不足；同时从平面和空间两个维度对企业财务危机进行综合评价。

在方法上可能存在的创新——针对企业财务危机的平面评价，在企业财务危机评价特征降维的过程中采用了最新的变量降维图技术进行处理，再融合工科领域的一系列智能优化算法独立创建了 19 种组合评价模型，其中包含 7 种智能优化算法与支持向量机组合的评价模型、6 种智能优化算法与极限学习机组合的评价模型、6 种智能优化算法与反向传播神经网络组合的评价模型。例如，PDP-GA-SVM 的含义为使用变量降维图技术进行特征选择的遗传算法优化支持向量机组合模型，仿真研究结果表明笔者创建的所有组合评价模型预测和测度效果都优于处理相同评价任务的传统模型。

在研究视角上可能存在的创新——针对企业财务危机的空间评价，首先，使用投影寻踪综合评价法独立定义和测算了企业财务危机 PPfdv 值，该值可以用来反映企业财务危机的严重程度。将该值从低到高进行排序，依次划入Ⅰ、Ⅱ、Ⅲ、Ⅳ 4 个等级，设定对应警示灯的颜色分别为红色、橙色、黄色、蓝色，同时以中文标识分别代表企业财务危机处于特别严重、严重、较严重、一般的状态。其次，将历年陷入财务危机企业的 PPfdv 值测度出来后作为该企业空间评价的属性值。最后，尝试对地统计分析的方法进行跨学科运用，重点剖析历年已经陷入财务危机的样本企业的空间分布特征是否与随机模式有显著差异、是否存在全局或者局部空间自相关；同时运用地统计分析的最新模块（插值分析）量化企业财务危机，并建立预测曲面图。

在研究的观点和成果上可能存在的创新——人力成本已成为仅次于平均净资产收益率的影响企业财务安全的重要因子，过高的人力投入和过低的人力投入回报率已然成为企业陷入财务危机过程中不可忽视的引致因素。此外，总结了 OEFD 企业财务危机平面维度评价预警信息表，为企业提供了全面的警情分析，能够有效地帮助企业有的放矢地对企业财务危机的根源进行识别、剖析、管理和控制。

二、可能的不足

在研究过程中面临的最主要问题是样本企业的选择，可能会出现样本不均衡的情形，尽管采用了重新采样训练集和交叉验证的方法进行克服，但仍可能对模型的预测精度产生一些影响。囿于篇幅，本书将研究主旨设定为企业财务危机的预警与测度以及财务危机空间分布规律的评价，对企业财务危机研究领域重要分支之一的财务危机控制将在今后做进一步的研究。

第二章
概念界定与研究基础

第一节　概念界定

一、危机与企业危机

何谓危机？其概念颇多，并没有统一的定义。危机一词原始的含义是决定患者是否走向死亡还是逐渐恢复的关键时刻，是一个医学用语。不同的字典给出的释义不尽相同，《现代汉语词典》给出的解释是，危机主要包含危险的根由和严重困难的关头两种含义[①]，《韦伯词典》认为危机是指有可能变好或变坏的转折点和关键时刻[②]。在现代生活中，危机几乎成为灾难和意外的代名词，主要是由于人们只意识到危机中消极的一面。在现代企业管理中，危机仅仅作为一个中性词存在，危表示危险，而机则表示机会，危机是企业在存续发展期间必须面对的一个现实命题。

通过表2-1可知，众多学者认为企业危机会对企业存续发展造成威

[①] 资料来源：https：//cidian. 51240. com/weiji_qa4__cidianchaxun/。

[②] 资料来源：http：//www. learnersdictionary. com/definition/crisis。

胁，需要企业在短时间予以应对，并制定出合理应对突发事件的策略。对于企业危机概念的把握，需要厘清以下事实。企业危机的发生并不是一蹴而就的，尽管从表面看起来是一件突发事件，但实际其背后隐含了一种趋势，是由众多细微且息息相关的危机因子组成的动态变化，这些变化会经历从量变到质变的发展过程。因此，企业危机的发生是一个漫长的过程，包含了潜伏、爆发和恢复等阶段，并不是一个孤立的事件。仅仅从企业发生危机造成的短期后果来看，企业危机是消极的、负面的，会对企业的经济状况造成重创。但是如果从长远发展的角度来分析，企业危机的发生未必是一件坏事，凡事具有两面性，如果企业能够在企业危机发生后积极应对，深刻剖析危机发生的原因、传导机制，再对企业本身存在的问题进行全面梳理、整顿，那么经过危机的洗礼后，企业就可以朝着可持续健康发展的道路迈进。

表 2-1　企业危机定义和阐述梳理

代表学者及年份	关于企业危机的阐述
Lerbinger（1977）	对于公司未来的获利率、成长甚至生存发生潜在威胁的事件
Booth（1993）	个人、群体或组织无法用正常程序处理，而且突然变迁产生压力的一种情况
Fishman（1999）	不可预测的事件；威胁企业主要价值；由于并非是公司所愿，所以组织扮演较轻微的角色；沟通情景涉及多方面关系的剧烈变迁
Mitroff（2001）	一个事件实际威胁或潜在威胁到组织的整体
薛澜等（2002）	通常是决策者的核心价值观念受到严重威胁或挑战、有关信息不充分，事态发展具有高度不确定性和需要迅捷决策等不利情境的汇聚
畅铁民（2004）	发展态势不确定的，对企业全局以及相关者的利益有严重威胁的，需要在时间紧迫、信息不充分的情势下机敏决策和快速处置的重大事件
刘刚（2004）	一种对组织基本目标的实现构成威胁、要求组织必须在极短的时间内做出关键性决策和进行紧急回应的突发性事件

　　企业危机具有的特性主要有偶然性与必然性、破坏性、传导性、复杂性。同时，企业危机按照不同的分类标准可以有多种不同的分类。采用二分法，可以将企业危机分为人为危机与非人为危机、无形危机和有形危

机、全局危机与局部危机、内在危机与外在危机、显性危机和隐性危机等。此外，还可以采用三分法、四分法、五分法和七分法对企业危机进行分类，如七分法将企业危机分为战略危机、生产危机、人力危机、财务危机、治理危机、营销危机、创新危机[①]。

二、企业财务危机

1. 企业财务危机的定义

从经济学的角度出发，企业是否陷入财务危机并没有一个绝对正确的衡量标准，企业财务危机的发生是一个循序渐进的过程，因此，针对企业财务危机的定义，不同的学者秉持不同的看法。Beave（1996）认为企业陷入破产，发生拖欠优先股股利、拖欠债务等情况则表明企业陷入了财务危机。Siskos 和 Zopounidis（1987）从财务角度出发指出，企业发生了财务危机往往会面临银行存款透支、无力偿还债务、公司净资产为负、延期付款等状况。Levine 等（2010）在总结以往研究成果的基础上认为，财务危机的发生会造成四种结果，即技术失败导致无法偿还到期债务；会计失败导致企业资不抵债；企业失败导致清算后无法偿债；公司破产。赵爱玲（2000）认为财务危机是企业无法偿还到期债务的状态，可以区分为破产型和技术型失败两种情况。谷祺和刘淑莲（1999）认为企业财务危机是指企业无法偿还到期债务，企业的总资产低于总负债，只能通过申请破产对债务和股东进行清偿的状态。吴星泽（2010，2011）认为企业财务危机状态是指导致企业财务发生财务危机的力量与抵抗财务危机发生力量相抗衡，最终出现企业支付能力不足的情况。

综合以上学者的定义，如果企业陷入了财务危机，其往往会面临盈利能力差、现金流入不敷出、账面资产为负、企业处于申请破产保护阶段，企业财务危机往往是介于技术性失败和管理失败两者之间的状态。因此，本书的企业财务危机的含义是，由于企业内外部环境持续发生变化导致企

---

① 资料来源：https：//wiki. mbalib. com/wiki/% E4% BC% 81% E4% B8% 9A% E5% 8D% B1% E6%9C%BA。

业存续发展受阻，从而必须面临资不抵债、破产倒闭等一系列意外情况的状态。

2. 企业财务危机的界定

企业财务危机的界定在学术界中至今仍存争议，界定包含了起点界定和终点界定两种情况。国外的众多学者将企业提出破产申请的行为视作进入财务危机，但是破产是一种法律行为，并不能只认为企业申请破产就是由于企业面临财务困境造成的。除经济因素的影响外，政治环境和其他非市场等诸多因素也会造成企业申请破产。在我国，企业是否陷入财务危机与是否申请破产之间并不存在确定的一一对应关系，考虑到我国数据收集的客观因素，我国绝大多数学者在进行实证研究时将企业是否被特殊处理作为是否陷入财务危机的界定标志，本书在实证研究中也采用这种界定思路。

沪深证券交易所在 1998 年 4 月 22 日宣布，根据 1998 年实施的股票上市规则，将对财务状况或其他状况出现异常的上市公司的股票交易进行特别处理（ST）。如果股票代码前被加注 * ST，则意味着该只股票被实施了退市风险警示。

表 2-2 和表 2-3 分别给出了股票被实施 ST 和 * ST 的处理条件。通过比

表 2-2　上市企业被实施 ST 的条件

财务危机类型	异常情况
ST （财务状况异常）	①最近一个会计年度的审计结果显示股东权益为负值；扣除非经常性损益后的净利润为负值 ②最近一个会计年度的审计结果显示其股东权益低于注册资本，即每股净资产低于股票面值 ③注册会计师对最近一个会计年度的财务报告出具无法表示意见或否定意见的审计报告 ④最近一个会计年度经审计的股东权益扣除注册会计师、有关部门不予确认的部分，低于注册资本 ⑤最近一份经审计的财务报告对上年度利润进行调整，导致连续一个会计年度亏损 ⑥经交易所或中国证监会认定为财务状况异常的

续表

财务危机类型	异常情况
ST （其他异常状况）	①由于自然灾害、重大事故等导致上市公司主要经营设施遭受损失，公司生产经营活动基本中止，在3个月内不能恢复的 ②公司涉及负有赔偿责任的诉讼或仲裁案件，按照法院或仲裁机构的法律文书，赔偿金额累计超过上市公司最近经审计的净资产值的50%的 ③公司主要银行账号被冻结，影响上市公司正常经营活动的 ④公司出现其他异常情况，董事会认为有必要对股票交易实行特别处理的 ⑤人民法院受理公司破产案件，可能依法宣告上市公司破产的 ⑥公司董事会无法正常召开会议并形成董事会决议的 ⑦公司的主要债务人被法院宣告进入破产程序，而公司相应债权未能计提足额坏账准备，公司面临重大财务风险的 ⑧中国证监会或交易所认定为状况异常的其他情形

资料来源：https：//baike. baidu. com/item/ST/13466131？fr=aladdin。

表 2-3　上市企业被实施*ST 的条件

财务危机类型	异常情况
*ST	①最近两年连续亏损（以最近两年年度报告披露的当年经审计净利润为依据） ②因财务会计报告存在重大会计差错或者虚假记载，公司主动改正或者被中国证监会责令改正后，对以前年度财务会计报告进行追溯调整，导致最近两年连续亏损 ③因财务会计报告存在重大会计差错或者虚假记载，被中国证监会责令改正但未在规定期限内改正，且公司股票已停牌两个月 ④未在法定期限内披露年度报告或者半年度报告，公司股票已停牌两个月 ⑤处于股票恢复上市交易日至恢复上市后第一个年度报告披露日期间 ⑥在收购人披露上市公司要约收购情况报告至维持被收购公司上市地位的具体方案实施完毕之前，因要约收购导致被收购公司的股权分布不符合《公司法》规定的上市条件，且收购人持股比例未超过被收购公司总股本的90% ⑦法院受理关于公司破产的案件，公司可能被依法宣告破产

资料来源：https：//baike. baidu. com/item/ST/13466131？fr=aladdin。

对两者的处理条件可知，两者都是对上市企业的一些异常情况进行了归集，主要以财务状况异常为主（连续亏损、会计报告存在差错或虚假记录等），但是并不排除其他异常状况（企业申请破产、无法正常召开董事会、其他情形等）。相较而言，*ST 的严重程度较高，尽管从亏损的年度来看，

ST 股票是指境内上市企业连续两年亏损，而 *ST 是指境内上市企业连续三年亏损，但并不意味着企业被实施 *ST 之前必须先被实施 ST。所以，企业被实施 ST 和 *ST 是两种严重程度不同的财务危机的界定类型，不同于以往学者在进行企业财务危机的界定时一般只选择 ST 或者 *ST 公司进行研究。

第二节　研究的理论基础

一、智能优化算法的相关理论

1. 机器学习的基础理论

（1）机器学习。随着信息时代的迅猛发展，大数据已经成为产业界和学术界的热点，被很多行业所应用和研究，大数据背后的驱动引擎是人工智能，而人工智能的核心又是机器学习。机器学习是一门多领域的交叉学科，涉及算法复杂度理论、统计学、概率论、凸分析等多门学科。机器学习所要处理的主要问题有（何清等，2014）：理解并模拟人类的学习过程、针对计算机系统和人类用户之间的自然语言接口研究、针对不完全的信息进行推理的能力、构造可发现新事物的程序。学者在对机器学习持续研究和完善的过程中总结出了认可度较高的算法，如决策树、随机森林、逻辑回归、支持向量机、朴素贝叶斯、K 近邻、K 均值、Adaboost、神经网络、马尔科夫等，本书所构建的算法模型也源于这些基础算法。

（2）代价函数（Cost Function）。也称损失函数（Loss Function），其对机器学习中的每一种算法都至关重要，因为训练模型的过程就是对代价函数优化的过程。[①] 简单来说，任何能够衡量机器学习模型的预测值 $h(\theta)$ 和真实值 y 之间差异的函数都可以被称作代价函数，如果衡量的是多个样本，则记作 $J(\theta)$。

代价函数往往具备的性质有：对于某种具体的算法而言，其表现形式不是唯一的，总的代价函数 $J(\theta)$ 是 θ 的参数，其值越小说明模型的拟合效果越好。当某个模型 h 被确定好，后续的建模工作就是训练模型的参数 θ，当 $J(\theta)$ 取得最小值时，就得到了最优的参数 θ，记为 $\min\limits_{\theta} J(\theta)$。

代价函数的常见形式有均方误差（Mean Squared Error）、交叉熵（Cross Entropy）、神经网络代价函数。能够评价模型的准确性，并且参数 θ 可微是评价代价函数的基本条件。

均方误差的具体形式为：

$$J(\theta_0，\theta_1) = \frac{1}{2m} \sum_{i=1}^{m} (h_\theta(x^{(i)}) - y^{(i)})^2 \tag{2-1}$$

其中，m 表示训练样本的个数，$h_\theta(x)$ 表示预测值，符号含义下同。

交叉熵的具体形式为：

$$J(\theta) = -\frac{1}{m} \left[\sum_{i=1}^{m} (y^{(i)} \log h_\theta(x^{(i)}) + (1-y^{(i)}) \log(1-h_\theta(x^{(i)}))) \right] \tag{2-2}$$

神经网络代价函数的具体形式为：

$$J(\theta) = -\frac{1}{m} \left[\sum_{i=1}^{m} \sum_{k=1}^{K} (y_k^{(i)} \log h_\theta(x^{(i)}) + (1-y_k^{(i)}) \log(1-h_\theta(x^{(i)}))_k) \right]$$

$$\tag{2-3}$$

（3）梯度下降法。梯度下降是迭代法中的一种，常用于求解机器学习算法的模型参数，对于无约束问题，梯度下降和最小二乘法是最常用的两种方法（刘颖超和张纪元，1993）。梯度下降法的原理是：对于代价函数 $J(\theta)$ 关于参数 θ 最小化优化问题，需要将参数沿着梯度相反的方向前进一个步长（又称学习率 η）。

参数更新的公式为：$\theta \leftarrow \theta - \eta \cdot \nabla_\theta J(\theta)$，其中 $\nabla_\theta J(\theta)$ 是参数的梯度，

---

① 资料来源：https://blog.csdn.net/sd9110110/article/details/52863390。

梯度下降算法可以分为批量梯度下降算法、随机梯度下降算法和小批量梯度下降算法。批量梯度下降算法是在整个训练集上计算代价函数；而随机梯度下降算法是针对训练集中的某个训练样本对代价函数进行计算（又称在线学习），每次计算完一个样本就执行一次参数更新，收敛速度较快，但是容易导致目标函数值的震荡；小批量梯度下降法则是折中方案，是常用的梯度下降算法。

针对凸函数，梯度下降算法原则上可以将参数收敛到全局最优，并且是唯一的值；而对于非凸优化问题，使用梯度下降法可能会得到众多的局部最优点（鞍点），局部最优点的落点位置与初始位置及更新步长（学习率）有关。因此，在梯度下降法中，学习率的设定是非常重要的，学习率过大会导致训练震荡，而学习率过小会导致收敛速度变慢，由此可知，收敛速度快和全局收敛是理想的梯度下降算法的判定标准。

除基础的梯度下降算法，还出现了冲量梯度下降法、NAG（Nesterov Accelerated Gradient）梯度下降算法、学习速率自适应梯度下降算法（Ada-Grad）、RMSprop 梯度下降算法、Adam（Adaptive Moment Estimation）梯度下降算法。尽管有众多学者研究梯度下降算法，但仍没有一个准确的方法可以保证参数 θ 全局收敛。

（4）交叉验证法。在机器学习的模型训练过程中，对于样本数据较少的情况，可以通过拿出大部分样本进行建模，留小部分样本检验模型并进行预测，最后求预测误差的方法，这是交叉验证法（Crcss-validation）的核心，交叉验证也称循环估计，在统计学上是一种将样本切割成较小子集的实用方法（Geisser，1975）。

常见的交叉验证形式有三种：一是 Holdout 验证，即随机从最初的样本中选出部分样本，形成交叉验证数据集，而剩余的样本被当作训练数据。二是 K 折交叉验证，其基本思路是将初始样本平均切割成 K 份，每次建模时选取其中 1 份作为测试样本，而剩下的 K-1 份作为训练集，周而复始直至每一份样本都被测试了 1 次，将测试结果进行平均后可以得到一个估计值，在实际的操作过程中，十折交叉验证是最常用的。三是留一验证法，其原理同 K 折交叉验证方法原理类似。

2. 智能优化算法理论

（1）遗传算法（Genetic Algorithm，GA）。这是模拟生物在自然环境中的遗传和进化的过程形成的自适应全局优化算法。该算法最早是在 20 世纪 70 年代由美国教授 Holand（1975）提出的，此后由 De Jong（1975）和 Goldberg（1989）在一系列的后续研究中持续归纳总结而成。90 年代后，遗传算法发展极为迅速，其优点主要有鲁棒性强、高效和实用，在机器学习等不同领域得到了大量运用。到了 21 世纪，由于遗传算法针对非确定性多项式（Non-deterministic Ploynomial）等问题可以进行有效求解，再一次获得了众多学者的青睐。

遗传算法的内核是借鉴了孟德尔的遗传学说和达尔文的生物进化论，本质上是一种全局、高效、并行搜索的方法，能够在此过程中自动获取和积累有关知识，并自适应搜索过程以获取最优解。遗传算法的具体流程遵循了优胜劣汰的原则，根据适应度值不断筛选出优秀的个体，并且将该个体进行改造以获取更优秀的个体，从而达到不断进化的目的。遗传算法的生物学基础是遗传和变异成为决定生物进化方向最重要的两个因素，遗传是指父代和子代之间的相似性，而变异是指父代和子代之间的差异性。遗传的过程往往伴随变异的发生，而产生变异的原因多为适应环境，从而使生物个体不断地往前发展。

遗传算法是借鉴生物进化论并与计算机科学交叉融合而成的新方法，因此，其术语和进化论紧密相关。群体和个体分别对应可行解集和可行解，染色体对应可进行解的编码，基因对应可行解编码的分量，基因形式对应遗传编码，适应度对应评价函数值，此外的选择、交叉和变异操作在称呼上并无区别。

遗传算法的基本运算流程如图 2-1 所示，具体步骤总结如下：

步骤一：初始化。设置 $g=0$（进化代数计数器）和 G（最大进化代数），并且随机生成 NP 个个体作为初始群体 $P(0)$。

步骤二：适应度计算。计算第 t 群体 $P(t)$ 中个体的适应度值。

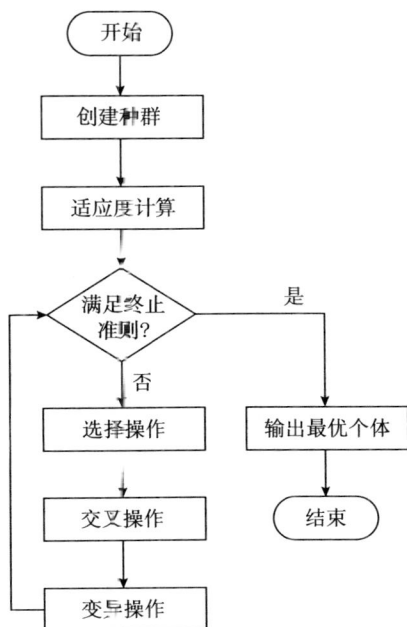

图 2-1　遗传算法的基本运算流程

步骤三：选择运算。将选择算子（通常使用"轮盘赌"法）运用于群体，对个体的适应度进行排序，从中选择表现优良的个体遗传到下一代群体。

步骤四：交叉运算。将交叉算子运用于群体，对选中的成对个体以某一概率对它们之间的部分染色体进行交换，从而产生新的个体。

步骤五：变异运算。将变异算子运用于群体，对选中的某个体以某一概率改变其中一个或者一些基因值。群体 $P(t)$ 在经过步骤二、步骤三、步骤四的操作后会得到下一代的群体 $P(t+1)$。

步骤六：终止条件。按照给定的终止原则进行判断，若不满足则返回到步骤二重新操作，直到输出最优解。

遗传算法的关键参数有（包子阳和余继周，2016）：① NP（群体规模），群体规模太大将意味着耗费更多的内存和时间，增加计算的复杂度，但是可以尽可能地避免求解模型陷入局部最优解；而群体规模太小会导致遗传优化性能欠佳，取值范围设定在 10 到 200 之间。② Pc（交叉概率），交叉概率太高可以增强算法拓宽搜索区域的能力，但其高性能的模式遭到破坏的可能性会增大，但交叉概率太低，遗传算法容易变得迟钝，取值范围设定在 0.25 到 1 之间。③ Pm（变异概率），变异概率取值太高会导致算法陷入纯粹的随机搜索，一般情况下变异概率取值在 0.001 到 1 之间。④ G（最大进化代数），最大进化代数作为算法终止条件的一个参数，其取值需要视具体问题而定，取值范围设定在 100 到 1000 之间。

（2）粒子群算法（Particle Swarm Optimization，PSO）。是由美国社会心理学家 Kenedy 和电气工程师 Eberhart（2001）共同提出的，该算法的提出主要是受到鸟类群体的行为启发。实践证明，粒子群算法适用于多目标、动态优化环境，相比于传统优化算法，其具有更好的全局搜索能力和更快的计算速度。

粒子群算法的内核借鉴了鸟群觅食的群体行为特征，将鸟类的飞行空间抽象成求解问题的搜索空间，并且将每只鸟看成一个没有质量和体积的粒子，用来表征问题的一个可能解，算法寻优的过程实际上类比的是鸟类寻找食物的过程。粒子群优化算法同样基于种群和进化的概念，但不需要像遗传算法那样经过交叉、变异和选择等进化操作，相对较为简单。粒子群算法通过个体间的协作和竞争，在复杂空间内对最优解进行搜索。每个粒子都在不停地运动搜索，并且在此过程中会受到其他粒子的影响（Shi & Eberhart，1993），同时每个粒子还会拥有记忆能力，会以一定的速度在解空间内朝着 P_{best}（自身历史最佳位置）和 g_{best}（邻域历史最佳位置）靠拢，实现对候选解的进化。由于粒子群算法参数较少，因此被广泛地运用于工程实践和科学研究中。粒子群算法的种类较多，具体分为基本粒子群法、标准粒子群算法、压缩因子粒子群算法和离散粒子群算法。

粒子群算法是借鉴鸟类觅食行为特征与计算机科学交叉融合而成的新方法，因此，其术语和鸟类觅食行为紧密相关。鸟群和单只鸟分别对应粒子群（可行解集）和粒子（可行解），算法首先在给定的解空间中随机初始化粒子群，而待优化问题的变量数决定了空间的维数，每个粒子就有了初始的位置和速度。

粒子群算法的基本运算流程如图 2-2 所示，具体步骤总结如下：

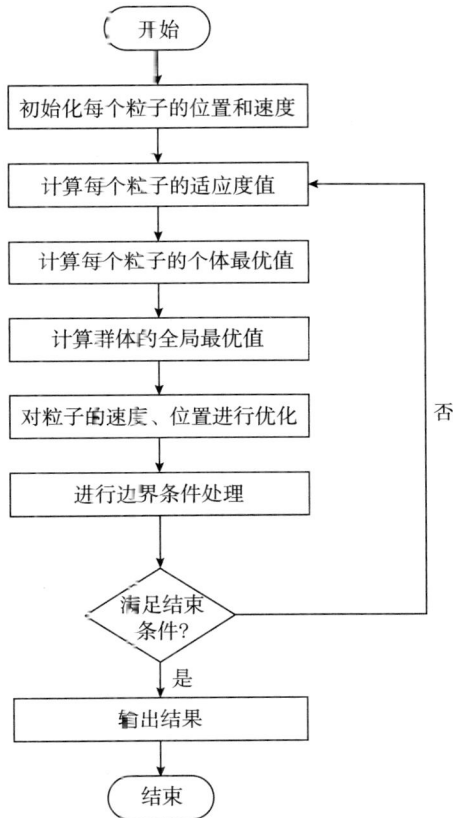

```
              ┌─────────┐
              │   开始   │
              └────┬────┘
                   ↓
        ┌───────────────────────┐
        │ 初始化每个粒子的位置和速度 │
        └───────────┬───────────┘
                    ↓
        ┌───────────────────────┐
        │  计算每个粒子的适应度值   │←────────────┐
        └───────────┬───────────┘              │
                    ↓                          │
        ┌───────────────────────┐              │
        │  计算每个粒子的个体最优值  │              │
        └───────────┬───────────┘              │
                    ↓                          │
        ┌───────────────────────┐              │
        │   计算群体的全局最优值    │              │
        └───────────┬───────────┘              │
                    ↓                          │
        ┌───────────────────────┐              │
        │  对粒子的速度、位置进行优化 │              否
        └───────────┬───────────┘              │
                    ↓                          │
        ┌───────────────────────┐              │
        │    进行边界条件处理      │              │
        └───────────┬───────────┘              │
                    ↓                          │
              ◇─────────◇                      │
             ╱ 满足结束  ╲─────────────────────┘
             ╲  条件？   ╱
              ◇────┬────◇
                   │是
                   ↓
        ┌───────────────────────┐
        │        输出结果         │
        └───────────┬───────────┘
                    ↓
              ┌─────────┐
              │   结束   │
              └─────────┘
```

图 2-2 粒子群算法的基本运算流程

步骤一：随机初始粒子群。包括 N（群体规模）、x_i（每个粒子的位置）、v_i（每个粒子的速度）。

步骤二：计算每个粒子的适应度值 $fit_{[i]}$。

步骤三：自身比较。对于每个粒子，将 $fit_{[i]}$ 与 $P_{best}(i)$ 进行比较，如果前者小于后者，则对 $P_{best}(i)$ 进行替换。

步骤四：全局比较。对于每个粒子，将 $fit_{[i]}$ 与 g_{best} 进行比较，如果前者小于后者，则对 g_{best} 进行替换。

步骤五：更新。迭代更新粒子的 x_i 和 v_i。

步骤六：对边界条件进行处理。

步骤七：终止。

粒子群算法的关键参数有：①N（粒子群种群规模），对于大部分的问题，N 取 10 就可以了，但是对于特定的或者比较复杂的问题，取值范围设定在 100 到 200 之间，不过伴随而来的是算法运算时间较长，但是可以更容易地发现全局最优解。②ω（惯性权重），表示对粒子当前速度的继承度如何，可以用来控制算法的探索和开发能力。惯性权重太大，则算法的全局寻优能力较强；惯性权重太小，则算法的局部寻优能力较强，取值范围设定在 0.8 到 1.2 之间。③c_1 和 c_2（加速常数），一般将这两个值设为相等，其中 c_1 表示粒子的个体经验［向 $P_{best}(i)$ 方向飞行的最大步长］，c_2 表示粒子的群体经验（向 g_{best} 方向飞行的最大步长），c_1 等于 0 表示，粒子缺乏认知能力，只有群体经验，尽管收敛速度较快，但非常容易陷入局部最优解；c_2 等于 0 表示，粒子只有认知能力，而没有拥有社会信息，所以其很难找到最优解。④V_{max}（粒子的最大飞行速度），用来对粒子的速度进行限定，该值太大，则粒子会比较容易地飞过优秀区域；该值太小，则粒子会比较容易地陷入局部最优。此外，停止准则、邻域结构的设定（倡导先采用全局粒子群算法再采用局部粒子群算法）、边界条件处理也是比较重要的参数。

（3）模拟退火算法（Simultated Annealing，SA）。最早由 Metropolis 等提出，但是第一个使用该算法求解组合优化的人是 Kirkpatrick（1983），该算法的提出主要受到了固体退火的启发。实践证明，模拟退火算法是一种通用的优化算法，其具有十分强大的全局搜索性能，往往被运用于求解最小值问题的优化过程中，不论在应用研究还是理论研究都成为了热门的课题。

模拟退火算法的内核借鉴了热力学的固体退火原理。在高温下，固体可以融化成液体，而液体内部的大量分子之间可以相对自由地移动，随着温度逐渐地冷却，热能原子的可动性就慢慢消失。如果液化的金属被迅速冷却，其不能达到最低能量状态①，而只能达到一种具有较高能量的非结晶状态或者多晶体状态。具体而言，将固体加热到足够高温度，使其内部的粒子变成无序状，内能增大；而在降温的过程中，粒子渐渐地变得有序，在每个温度上都能达到平衡，最后在常温时处于常态。这个过程的本质是为了争取足够多的时间，让大量原子在丧失能动性之前重新分布。

模拟退火算法是借鉴固体退火行为特征与计算机科学交叉融合而成的新方法，因此，其术语和固体退火行为紧密相关。粒子状态对应的是个体解，能量最低态对应的是最优解，溶解过程对应的是设定初温，等温过程对应的是 Metropolis 采样过程〔从一个已知的形式较为简单的分布中采样，并以一定的概率接受这个样本作为目标分布的近似样本；根据该原则，粒子在温度 T 时趋于平衡的概率为 $\exp\left(-\Delta\dfrac{E}{T}\right)$，其中 E 为温度 T 时的内能，ΔE 为其变化量〕，冷却对应的是控制参数的下降，能量对应的是目标函数。

模拟退火算法的基本运算流程如图 2-3 所示，具体步骤总结如下：

步骤一：初始化。设置参数，足够大的 T_0（初始温度），X_0（初始解状态），L（每个 T 值的迭代次数）。

步骤二：对 $k = 1$，…，L，分别执行步骤三到步骤六。

步骤三：产生新解 X'。

步骤四：计算增量 $\Delta E = E(X') - E(X)$，其中 $E(X)$ 为评价函数。

步骤五：若 $\Delta E < 0$，则把 X' 作为新解，否则以 $\exp\left(-\Delta\dfrac{E}{T}\right)$ 的概率接受 X' 作为新的当前解。

---

① 最低能量状态在这种情况下也被称作晶体状态，该晶体在各个方向上都被完全有序地排列在几百万倍于单个原子的距离之内。

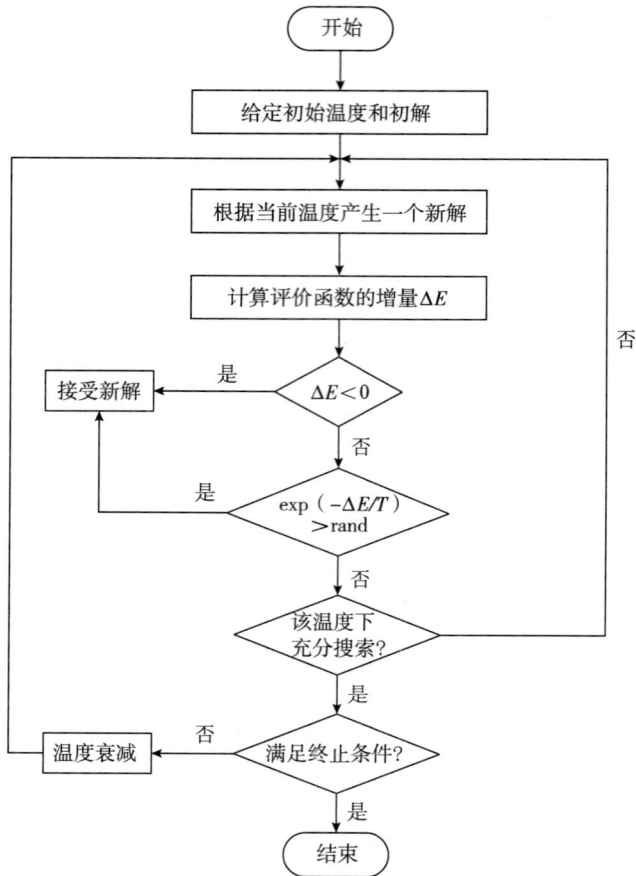

图 2-3　模拟退火算法的基本运算流程

步骤六：终止。如果满足终止条件，则把当前解输出为最优解，结束程序。

步骤七：T 逐渐减小，直至趋于 0，然后跳转到步骤二。

模拟退火算法的关键参数有：①状态产生函数，通常由产生候选解的概率分布和方式两部分组成，而候选解的方式一般由问题的性质决定。②T_0（初温），初温越大，会增大获得高质量解的概率，但是也会增加计算的时间。③温度更新函数（也称退温函数），使用最多的是指数退温，

即满足 $T(n+1) = K \times T(n)$，其中 K 是一个与 1 非常接近的常数。④ L（Markov 链长度），在等温条件下，算法进行迭代优化的参数，取值范围设定在 100 到 1000 之间。

（4）蚁群算法（Ant Colony Optimization，ACO）。由意大利学者 Dorigo、Maniezzo 和 Colorni（1996）通过模拟自然界蚂蚁集体寻径行为而提出的一种启发式算法，其同 PSO 算法共同构成两种主要的群智能优化算法。蚁群算法在学者的不断改进下由最早的 AS（Ant System）开发出了多种不同版本，并且被成功地运用到了优化领域，其主要特点是分布式计算，容易与其他算法进行结合，个体之间的协作表现出较强的求解复杂问题的能力。蚁群算法相对来说比较容易实现，并且对计算机的硬件和软件要求不高，因此获得了学者的认可。

蚁群算法的内核借鉴了自然界蚂蚁搜寻食物的行为原理。蚂蚁在觅食的过程中总能够找到最短的路径到达食物所在处，其背后的生物学原理是蚂蚁在寻找食物时会留下一种特殊的物质——信息素，蚂蚁在运动过程中能够感知信息素的存在和强度。没有信息素的作用，蚂蚁寻找食物的过程将是随机运动，但是信息素作为一种化学物质，其会随着时间的流逝而挥发，如果每只蚂蚁在单位距离内留下的信息素含量相同，那么到达目的地的较短路径上所残留的信息素浓度就会更高，被后续的蚂蚁选择的概率就大。经过该路径的蚂蚁越多，其留下的信息素浓度就越高，从而形成一个正反馈过程。蚁群算法是基于人工蚁群实现的，相比于自然界的真实蚁群，人工蚁群具有一定的记忆能力，能够存储已经访问过的结点，同时在选择下一条路径时会按照一定的规律进行搜寻，并不盲目，多只人工蚂蚁相互协作，可以发现问题的最优解。除基本的蚁群算法外，学术界还涌现出一些优秀的改进算法，如精英蚂蚁系统、最大最小蚂蚁系统、自适应蚁群算法和基于排序的蚁群算法。

蚁群算法是借鉴蚂蚁觅食行为特征与计算机科学交叉融合而成的新方法，因此，其术语和蚂蚁觅食行为紧密相关。蚁群算法对信息素采用了蒸发机制以模仿现实世界中信息素消失的过程，人工蚁群释放信息素的数量对应其生成解的质量的函数。

蚁群算法的基本运算流程如图 2-4 所示，具体步骤总结如下：

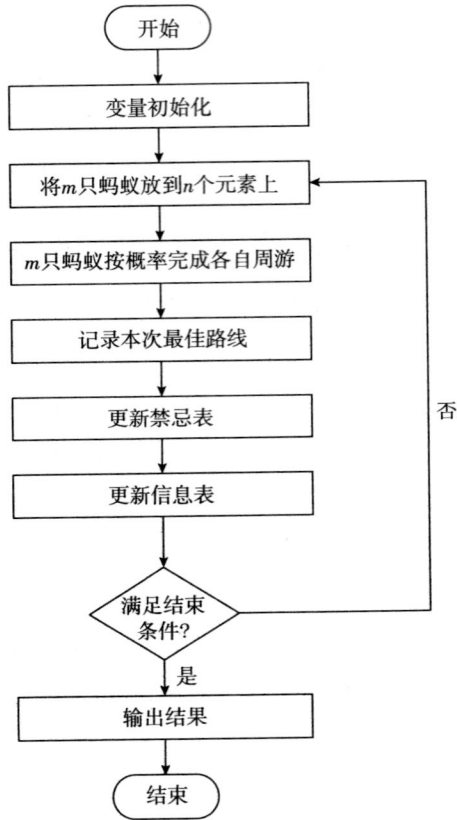

图 2-4　蚁群算法的基本运算流程

步骤一：初始化参数。令 t（时间）和 N_c（循环次数）等于 0，设置好 G（最大循环次数）；令 $\tau_{ij}(t) = c$，其中 c 为一常数，在初始时刻 $\tau_{ij}(t)$ 的值为零。

步骤二：循环次数向上叠加 1 次。

步骤三：设置蚁蚁的禁忌表索引号 k 为 1。

步骤四：蚂蚁数目向上叠加 1 次。

步骤五：蚂蚁个体按照状态转移概率公式计算所得的概率选择元素 j 前进。

步骤六：修改禁忌表指针，将蚂蚁移到新的元素，并且将该元素移动到禁忌表中。

步骤七：若没有遍历完集合 C，则跳转到步骤四继续运算。

步骤八：记录本次最佳路线。

步骤九：按照 $\tau_{ij}(t+n) = (1-\rho) \times \tau_{ij}(t) + \sum_{k=1}^{m} \Delta\tau_{ij}^{k}$ 的公式进行更新。

步骤十：运算终止。若算法不满足终止条件，则清空禁忌表并跳转到步骤二。

蚁群算法的关键参数有：① G（最大进化代数），取值范围设定在 100 到 500 之间。② α（信息素启发式因子），用来反映人工蚁群在运动过程中所积累的信息量对蚁群搜索的影响程度，该值过大，则人工蚁群容易走老路；而该值过小则容易陷入局部最优，取值范围设定在 1 到 4 之间。③ β（期望启发因子），用来反映人工蚁群在搜寻过程中受到先验性和确定性因素影响的强度，根据经验，取值范围设定在 3 到 5 之间。④ ρ（信息素蒸发系数），用来反映人工蚁群留下的信息素的消失速度，$1-\rho$ 则表示信息素持久性系数，取值范围设定在 0 到 1 之间。⑤ m（蚂蚁数目），该值过大容易造成收敛速度较慢，过小则容易导致全局搜索性能下降，取值范围设定在 10 到 50 之间。

（5）萤火虫算法（Firefly Algorithm，FA）。由剑桥学者 Yang① （2010）提出，其主要是受到萤火虫发光和相互吸引的特性启发，萤火虫算法是继粒子群算法和蚁群算法后的又一新颖的群智能启发式优化算法。萤火虫算法的优点在于概念简单、调参工作量小、容易被实现和运用，因此成为一种高效的优化算法，被广大学者予以应用，是相关研究领域的热点之一

---

① 也有文献记载，该算法是由印度学者 Krishnanand 等提出的，称为 GSO（Glowworm Swarm Optimization）。

（王沈娟和高晓智，2015）。

萤火虫算法的内核借鉴了自然界萤火虫的发光原理。萤火虫发光的生物学意义在于定位及吸引异性从而达到交配繁殖的目的，也有少部分的萤火虫利用发光来寻求食物，也有学者认为萤火虫发光是为了进行警戒。萤火虫算法主要是借鉴了其利用发光来寻找伙伴的生物学原理，通过发光向邻域结构内位置较优的个体靠近，从而达到位置进化的目的（刘长平和叶春明，2011）。萤火虫相互吸引的原因在于自身亮度和吸引度，亮度越高表示所处的位置越好，吸引度也与亮度相关，亮度越高的萤火虫说明其拥有越高的吸引力。如果萤火虫的亮度都相同，则萤火虫呈现出各自游走的状态。除基础的萤火虫算法外，学术界还涌现出一些优秀的改进算法，如基于自适应策略的萤火虫算法、基于参数调节的萤火虫算法、混合萤火虫算法、离散萤火虫算法、多群体萤火虫算法、多目标萤火虫算法等。

萤火虫算法是借鉴萤火虫发光的行为特征与计算机科学交叉融合而成的新方法，因此，其术语和萤火虫发光行为紧密相关。萤火虫发光的亮度取决于其自身所处的位置，而该位置由求解问题的目标函数进行度量，将个体的优胜劣汰的过程抽象成较优可行解替代较差可行解的迭代过程。

萤火虫算法的基本运算流程如图2-5所示，具体步骤总结如下：

步骤一：初始化。设置参数，m（萤火虫数目）、β_0（最大吸引度）、γ（光强吸收系数）、α（步长因子）、$\max T$ 或 ε（搜索精度）。

步骤二：随机初始化萤火虫的位置，对萤火虫的目标函数值进行计算，并作为各自的最大荧光亮度（I_0）。

步骤三：根据 $I = I_0 \times e^{-\gamma r_{ij}}$ 和 $\beta = \beta_0 \times e^{-\gamma r_{ij}^2}$ 计算萤火虫的相对吸引度和亮度，由此决定萤火虫的移动方向。

步骤四：根据 $x_i = x_i + \beta \times (x_j - x_i) + \alpha \times (rand - 0.5)$ 更新萤火虫的空间位置，并将随机扰动项加入到处于最佳位置的萤火虫。

步骤五：依据更新后萤火虫的位置，重新计算此时萤火虫的亮度。

步骤六：终止。若满足终止条件则算法结束，否则，跳转到步骤三继续运算，输出全局最优值和个体最优值。

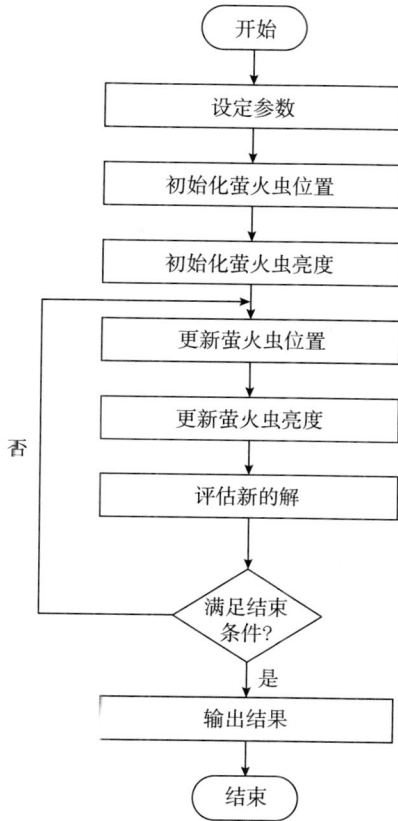

图 2-5　萤火虫算法的基本运算流程

　　萤火虫算法的关键参数有萤火虫数、光强吸收系数、最大吸引度、步长因子以及迭代次数，以上所有参数通常取值不能太大或者太小，否则都会导致算法得到非最优结果。

　　（6）布谷鸟算法（Cuckoo Search，CS）。由剑桥大学 Yang（2009）提出的一种新型元启发式搜索算法。布谷鸟算法的主要优点在于操作简单、调参工作量小、容易实现，并且随机搜索和寻优能力强，因此受到了广泛的关注，应用布谷鸟算法所形成的科研成果与日俱增。

　　布谷鸟算法的内核借鉴了自然界布谷鸟巢寄生育行为的原理。自然界的布谷鸟不筑窝、不孵化，也不抚育自己的幼雏，而是偷偷地将卵排在其他鸟（外出觅食间隙）的窝中，由其他鸟（宿主）代为孵化和抚育。通常情况下，为了不被宿主发现，布谷鸟会将宿主的一枚或者多枚卵叼走，而当小布谷鸟成功被宿主孵化后，本能会促使其将宿主的其他雏鸟推出窝外，从而独自享受宿主的照顾，以提高存活率。布谷鸟算法需要假设以下几种理想状态：第一，每次布谷鸟会随机选择一个鸟窝进行产卵，且产卵数量为 1 个；第二，在随机选择的鸟窝中，只有质优的会被保留到下一代；第三，宿主发现布谷鸟卵的概率为一个大于 0 而小于 1 的常数，当被发现后，其会将布谷鸟卵丢弃或者选择重新筑窝。除基础的布谷鸟算法外，学术界还涌现出一些优秀的改进算法，如基于二进制的布谷鸟算法、离散布谷鸟算法、混沌布谷鸟算法、自适应布谷鸟算法和多目标布谷鸟算法。

布谷鸟算法是借鉴布谷鸟巢寄生育的行为特征与计算机科学交叉融合而成的新方法，因此，其术语和布谷鸟巢寄生育行为紧密相关。布谷鸟算法将每个鸟巢的位置定义为适应度函数值，并对其进行优化。

布谷鸟算法的基本运算流程如图 2-6 所示，具体步骤总结如下：

步骤一：初始化参数。定义目标函数 $f(X)$，$X=(x_1, \cdots, x_d)^T$，随机生成 n 个鸟窝的初始位置，并设置最大迭代次数、最大发现概率、问题维数以及鸟群规模。

步骤二：确定适应度函数并计算每个鸟窝位置的目标函数值，得到当前最优的函数值。

步骤三：记录上一代的最优函数值，利用 $x_i^{(t+1)}=x_i^{(t)}+\alpha \oplus L(\lambda)$（其中 α 为步长控制值，服从正态分布）进行更新。

步骤四：比较上一代最优函数值与现有位置的函数值，若后者较好则改变当前最优值。

步骤五：经过位置更新后，比较随机数 r（位于 0 到 1 之间）与 P（布谷鸟卵被宿主发现的概率），若前者大于后者，则对其进行随机改变，否则保持不变，并保留最好的一组鸟窝位置。

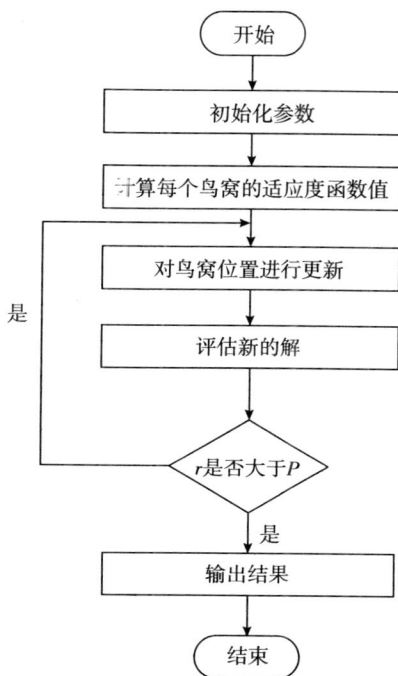

图 2-6 布谷鸟算法的基本运算流程

资料来源：张晓凤，王秀英．布谷鸟搜索算法综述［J］．计算机工程与应用，2018，54（18）：8-16.

步骤六：终止。若布谷鸟算法没有达到终止条件，则返回到步骤二继续运算。

布谷鸟算法的关键参数有布谷鸟种群规模、搜索空间维数、最大迭代次数、随机数 r 和 P 等，以上所有参数通常取值不能太大或者太小，否则都会导致算法得到非最优结果。

（7）人工鱼群算法（Atificial Fish-Swarm Algorithm，AFSA）。由浙江大学李晓磊（2003）提出的一种群智能启发式算法。由于该算法收敛速度快，能够快速找到可行解且鲁棒性较强，因此比较适于精度要求不高的寻优问题，该算法在国内对其他学者的研究产生了积极的影响。

人工鱼群算法的内核借鉴了自然界鱼群觅食行为的原理。鱼群在水域中常常产生聚集现象，鱼群数量最多的地方通常意味着这块区域富含的营养物质最多，根据这一启发性的特点鱼群算法模拟鱼群的觅食、群聚和追尾等行为，从而达到全局最优的目的，这是鱼群算法的基本思想。如何使用简单有效的方式构造鱼群的觅食、群聚和追尾等行为是鱼群算法面临的主要问题。每条人工鱼会根据自身所处的环境和邻域人工鱼的状况选择自身将要执行的行为，最终人工鱼会聚集在几个局部值的周围。一般来说，在讨论极大值问题时，较大极值域周围的人工鱼往往具有较大的适应度函数值，这有助于判断并获取全局极值。

人工鱼群算法是借鉴鱼群觅食行为特征与计算机科学交叉融合而成的新方法，因此，其术语和鱼群觅食行为紧密相关。符号约定如下：①向量 $X = (x_1, x_2, \cdots, x_n)$ 表示人工鱼的个体状态，其中 x_i 表示欲寻优的变量；②$Y = f(X)$ 表示人工鱼当前所处位置的食物浓度，其对应于目标函数值；③$d_{ij} = \|X_i - X_j\|$ 表示人工鱼之间的距离；④$Visual$ 表示人工鱼的感知距离；⑤$Step$ 表示人工鱼移动的最大步长；⑥δ 表示为人工鱼群的拥挤度因子。

人工鱼群算法的基本运算流程如图 2-7 所示，具体步骤总结如下：

步骤一：初始化。设定人工鱼群的种群规模、人工鱼的可视域、步长、拥挤度因子以及尝试次数。

步骤二：计算各人工鱼的个体适应值，从中挑出最优人工鱼值并将其记入公告板。

步骤三：人工鱼群内的所有个体通过觅食、群聚和追尾进行更新，生成新鱼群。

步骤四：评价所有人工鱼个体，若该个体的适应值优于公告板的值，则对公告板进行更新。

步骤五：终止。若算法不满足终止条件，则跳转到步骤三继续运算。

布谷鸟算法的关键参数有人工鱼群的种群规模、人工鱼的可视域、步长、拥挤度因子以及尝试次数等，以上所有参数通常取值不能太大或者太小，否则都会导致算法得到非最优结果。

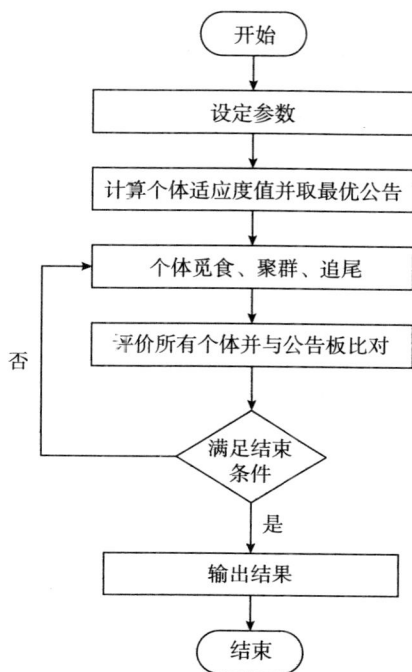

图 2-7 人工鱼群算法的基本运算流程

（8）人工蜂群算法（Atificial Bee Colony，ABC）。由土耳其学者 Karaboga（2005）提出的一种群智能启发式算法。由于人工鱼群算法对目标函数几乎没有约束要求，在搜索的过程中可以不断地利用外部信息，仅仅依靠适应度函数作为进化的依据，从而形成了"生成+检验"的特征（Karaboga & Akay，2009）。此外，人工蜂群算法具有操作简单、调参工作量小、鲁棒性强和搜索精度高的特点，对问题的求解质量相对较好。基于此，已经被成功地运用到人工神经网络训练、系统和工程设计等诸多领域。

人工蜂群算法的内核借鉴了自然界蜂群觅食行为的原理。蜜蜂采蜜这种简单的自然现象体现了蜜蜂的智慧，其总能高效地采集到蜂蜜的主要原因在于蜂群的个体之间分工明确；按照担当职能的不同，蜜蜂可以分为引领蜂、侦查蜂和跟随蜂。采蜜流程首先是侦查蜂需要对蜜源进行侦探，当探清蜜源位置后其转变为引领蜂；其次是通过跳"8"字舞的形式与同伴交流蜜源位置信息，而跳舞的持续时间与该蜜源的质量有关，时间越长，蜜源质量越高；最后是跟随蜂观察到引领蜂的指示性信息后到指定蜜源位置进行采蜜。人工蜂群算法中的角色转换机制是其他群智能优化算法所不具备的，三种角色的定位不同，侦查蜂可以用来增强摆脱局部最优的能力，跟随蜂可以用于提高收敛速度，而引领蜂用于维持优良解（鲍韦韦等，2012；秦全德等，2014）。

人工蜂群算法是借鉴蜂群觅食行为特征与计算机科学交叉融合而成的新方法，因此，其术语和蜂群觅食行为紧密相关。算法中的 fit_i 表示适应度值，其对应的是蜜源 X_i 的质量；NP 表示蜜源的数量。

人工蜂群算法的基本运算流程如图2-8所示，具体步骤总结如下：

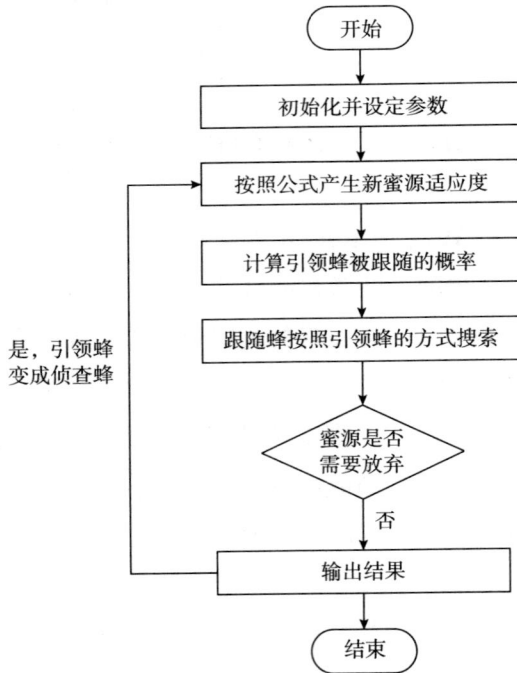

图2-8 人工蜂群算法的基本运算流程

步骤一：初始化。对各蜜源进行初始化，并设定相关参数。

步骤二：为蜜源 X_i 分配一只引领蜂，按照 $V_{id} = x_{id} + \phi(x_{id} - x_{jd})$（$d$ 是表示 $[1, D]$ 中的一个随机整数，ϕ 是为与 $[-1, 1]$ 之间均匀分布的随机数，决定了扰动幅度）进行搜索，从而产生新蜜源。

步骤三：根据

$$fit_i = \begin{cases} \dfrac{1}{(1+f_i)}, & f_i \geqslant 0 \\ 1+abs(f_i), & otherwise \end{cases} \tag{2-4}$$

评价新蜜源的适应度，根据贪婪算法决定需要保留的蜜源。

步骤四：根据 $p_i = \dfrac{fit_i}{\sum\limits_{i=1}^{NP} f_i}$ 计算引领蜂找到蜜源后被跟随蜂跟随的概率。

步骤五：跟随蜂依照引领蜂相同的方式进行搜索，在此依据贪婪算法确定要保留下来的蜜源。

步骤六：判断蜜源是否需要放弃，如果需要放弃则对应的引领蜂变成侦查蜂，然后按照

$$X_i^{t+1} = \begin{cases} L_d + rand(0, 1)(U_d - L_d), & trial_i \geqslant \lim it \\ X_i^t, & trail_i < \lim it \end{cases} \tag{2-5}$$

随机产生新蜜源。

步骤七：终止。如果算法不满足终止条件，则跳转到步骤二继续运算。

人工蜂群算法的关键参数有人工蜂群的种群规模、求解问题的维度、迭代次数、搜索空间的上限和下限、d 和 ϕ 的取值，以及引领蜂发现蜜源后被跟随蜂跟随的概率、搜索阈值等，以上所有参数通常取值不能太大或者太小，否则都会导致算法得到非最优结果。

二、地统计分析的相关理论

1. 地统计基本原理

（1）前提假设。和传统统计学一样，地统计学的理论也是建立在大量

样本的基础上，通过对样本数据进行收集、整理、分析后揭示其分布规律，再进行预测。地统计学认为研究区域内的样本值并不是相互独立的，而是遵循一定的内在规律，它是随机过程的结果。另外，地统计理论要求样本服从正态分布，若不服从需要对数据的分布形式进行变换，同时，空间数据需满足均值平稳、与协方差函数有关的二阶平稳、与半变异函数有关的内涵平稳。[①]

（2）区域化变量。这是指当变量呈现出一定的空间分布时的值，其反映了区域内的某种特征或者现象，这是一个与位置有关的随机变量。随机性和结构性是其显著的两个特征，随机性指区域化变量具有异常的、局部的和随机的特征，而结构性则体现在相距为 d 的两个点的值具有某种程度的相似性，呈现自相关，自相关性的程度依赖于两点的取值以及变量特征。

（3）变异分析。协方差函数又称半方差，可以用来表示两随机变量之间的差异，借鉴概率论与数理统计中协方差的定义，地统计学将协方差函数的形式定义如下：

$$C(h) = \frac{1}{N(h)} \sum_{i=1}^{N(h)} \left[Z(x_i) - \bar{Z}(x_i) \right] \left[Z(x_i+h) - \bar{Z}(x_i+h) \right] \qquad (2-6)$$

式中，x_i 为区域化随机变量，并满足前述假设条件，h 为两样本点在空间分布上的距离，$Z(x_i)$ 为空间点 x_i 处的样本值，$N(h)$ 表示相隔距离为 h 时的样本点对总数，n 为样本单元数。

半变异函数又称半变差函数、半边异矩，是地统计学中的特有函数，其形式如下：

$$r(x, h) = \frac{1}{2} E[Z(x) - Z(x+h)]^2 - \frac{1}{2} \{ E[Z(x)] - E[Z(x+h)] \}^2 \qquad (2-7)$$

因为区域化变量满足二阶平稳，因此半变异函数可以简写成：

$$r(x, h) = \frac{1}{2} E[Z(x) - Z(x+h)]^2 = \frac{1}{2N(h)} \sum_{i=1}^{N(h)} [Z(x_i) - Z(x_i+h)]^2$$

$$(2-8)$$

---

① 二阶平稳意味着具有相同距离和方向的任意两点的协方差是一样的；内涵平稳意味着具有相同距离和方向的任意两点的方差是一样的。

协方差函数和半变异函数把统计相关系数的大小通过距离的倒数进行度量，是地理学第一定律的量化表现。协方差函数随着距离的增大而逐渐变小，半变异值则随着距离的增大而增大。从理论上说，当点对之间的距离为零时，其半变异值为零，但是由于存在测量误差和空间变异，导致该值并不为零，因此会产生块金值（Nugget）；当点对之间的距离逐渐增大时，半变异值会逐渐趋于一个稳定的值，该值被称为基台值（Sill），这种状态下的距离被称为变程（Range），基台值与块金值之间的插值被称作偏基台值（Partial Sill）。偏基台值占基台值的比重可以用来衡量空间相关性的强度，值越大，空间相关性越强；相反，块金值与基台值的比值可以用来衡量随机因素的强度，值越大，空间相关性越弱。

一个完整的空间估值过程包括获取数据、检查和分析数据，选择合适的模型进行表面预测，最后进行模型的诊断。

2. 地统计克里金插值

克里金插值（Kringing）又称作空间局部插值法，最早由南非矿产工程师 Krige（1951）提出，但是这种方法的理论化、系统化的过程则是由法国著名统计学家 Matheron 完成的。克里金插值方法是以变异函数理论和结构分析为基础，在有限区域内对区域化变量进行无偏最优估计的一种方法，它构成了地统计学的主要内容之一。克里金插值方法在指定的空间区域内对已知的若干样本数据点，综合考虑其形状、大小和空间方位以及位置样本点的相互空间位置关系、变异函数提供的结构化信息之后，对位置样本点进行的一种线性无偏最优估计。

插值方法按照其内在的数学原理可以分为两大类：一是地统计插值，俗称克里金插值；二类是确定性插值方法。①

---

① 确定性插值具体包括全局性插值和局部性插值（反距离插值、径向基插值和局部多项式插值），而地统计插值具体包括普通克里金插值、简单克里金插值、泛克里金插值、概率克里金插值、析取克里金插值和协同克里金插值等。

三、企业财务危机评价的相关理论

关于企业财务危机的相关理论阐述主要涉及预警理论、效用理论、委托代理理论、投资组合理论、风险管理理论、博弈理论、商业周期理论。

1. 预警理论

预警一词被广泛地运用于自然、政治、经济和社会生活的各个领域，如经济预警、军事预警、天气预警、地震预警、海啸预警等。预警就是根据事物外部环境和内部因素的变化，对可能形成的风险和危机进行预测和报警。准确和及时的预警能够使公众对灾害的发生做好提前部署，采取方法措施，以期减少风险和危机造成的损失。

预警是一个动态过程，主要包括四个步骤。第一，收集信息，针对可能会影响到事物本身的因素进行梳理，对外在和内在信息进行收集，并针对这些信息对事物的影响方向作出客观评价。第二，明确警义，即分清楚需要监控的内容，明确预警的对象。第三，寻找警源和分析警情，作为预警的关键步骤，寻找警源就是对造成警情发生的原因进行深度剖析并找到根源，分析警情是指在明确警源后，通过使用特定的技术分析警情的强弱程度，掌握其发展阶段。第四，预报警情，主要包括预报危机和警情以及警情的严重程度（警度），在实际的工作中，通常会将警情的严重程度预报作为重点。为了更直观地对风险和危机的严重程度进行警示，一般会使用"蓝色、黄色、橙色、红色"等颜色来表示，颜色越深，说明警度越高，危害程度越大。

2. 效用理论

效用理论（Utility Theory）是基于经济学上的效用观念和心理学上的主观概率而形成的定性分析理论。效用理论认为，当面对一项风险决策时，每一个备选项在决策者心中都存在一个效用值，它意味着决策者需要仔细衡量每种备选方法的收益、损失，综合权衡利益之后才能选出效用最高的选项。决策者在此过程中会结合主观概率和主观效用值综合考虑，冯·诺依曼和莫根斯坦针对效用的完整性、独立性、连续性和传递性提出了期望效用公理。

具体应用到风险决策中，一般可以用效用来衡量决策者对待风险的态度，并通过效用函数进行量化。通常将决策者对风险的态度划分为风险爱好者、风险厌恶者和风险中立者。三种决策者拥有不同的效用函数。风险爱好者的效用是边际递增的，其风险曲线表现形式为下凹；而风险厌恶者的效用是边际递减的，其风险曲线表现形式为上凸；风险中立者的效用函数是一条线性函数。边际效用通常是一个常数，意味着随着财务风险的增加，其带来的效用是不变的，在进行投资时只关心回报率的高低而不在乎风险的大小。

3. 委托代理理论

委托代理理论的核心观念是，只有当企业的利益与管理者的最佳利益一致时，管理者才会采取积极的措施促进公司价值的最大化，而要如何实现这一目标，需要制定最有效率的契约以规范两者之间的关系。现代企业最重要的特征是两权（所有权和经营权）分离，当管理者持有公司的股权低于100%时，便会与股东产生利益冲突。管理者与股东所追求的利益目标不一致，管理者的利益目标主要是高工资、高奖金以及一些非货币性收益，而股东追求的是公司支付的高额股利以及股票的升值空间增大。这些利益目标的不一致，导致了股东和管理者之间不可调和的矛盾。

按照委托代理理论的解释，委托人（股东）是企业风险的承担者，代理人（管理者）是风险的制造者或者规避者，代理人有可能基于自利动机、有限理性出现"道德风险"，使委托人的风险成本增加，从而给委托人的权益造成损失。由于代理人总是基于自身利益最大化选择行动，因此就需要设计一种有效的激励机制，给代理人足够的制度红利，能够享受企业剩余价值，让委托人和代理人之间形成风险共担的制度，即实现代理人和委托人之间的"激励约束相容"。

4. 投资组合理论

投资组合理论由 Markowitz（1952）首次提出，该理论成为了现代投资理论的起源，并为现代金融资产定价模型的建立和发展奠定了基础。该理论主要解决的是如何衡量不同的组合投资风险以及如何运用自己的资产进行更有效的投资，进而获得最大的收益；投资组合理论认为组合投资的风险与收益之间存在一定的特殊关系，具有某种规律性。

投资组合模型通过"预期收益—方差分析"的方法对组合投资的风险进行了量化，公式为 $\rho_p^2 = \sum\limits_{i=1}^{n} W_i^2 \sigma_i^2 + \sum\limits_{i=1}^{n} \sum\limits_{j=1}^{n} W_i W_j \sigma_{ij}$，其中 W_i 代表的是第 i 项资产在整个投资组合和的比重，σ_{ij} 衡量的是第 i 项和第 j 项资产之间的预期收益协方差，n 表示的是资产投资组合中资产的种类数。

在现实的证券市场中，往往投资的资产种类数越多，风险相互抵消的作用就越明显，但随着种类数的逐渐增多，这种抵消作用的程度会逐渐减弱，直到非系统风险完全抵消，只剩下主要由于市场因素引起的系统性风险。投资组合理论的主要启示是，在投资决策中要尽量寻求这样的一种投资组合，即在投资组合风险相等的条件下，其收益率最高或者在一定的收益率下投资组合风险最小。

5. 风险管理理论

COSO（The Committee of Sponsoring Organizations of the Treadway Commission）委员会[①]在 2004 年 9 月发布的《企业风险管理——整体框架》中将风险管理分为 8 个因素。我国在 2008 年 5 月由财政部会同保监会、银监会、证监会、审计署等部门联合制定了《企业内部控制基本规范》。由于 COSO 风险管理框架适于美国财务欺诈，并且由专业团队研究编制，因此该框架也在一定程度上适于企业财务危机管理。

风险管理理论属于控制论的范畴，而管理和控制是风险管理的基础内容。企业财务风险的形成是多种风险共同作用的结果，企业为了有效地防范财务风险造成的损失，通常会融合包含系统学、管理学和经济学等多个学科领域的知识对财务风险进行识别、评估、控制和处理等，这个过程中所采取的一系列措施可被称作企业财务风险管理。

6. 博弈理论

博弈论是从赌博、棋牌等游戏中演化出来的一种研究游戏参与者的决

---

① COSO 是指美国反虚假财务报告委员会下属的发起人委员会。

策以及决策背后的均衡问题的理论。随着会计学领域的学者对博弈论研究的逐渐加深，形成了一些有关博弈论和财务会计学研究结合的成果。

市场经济中的信息往往存在不对称现象，因此会导致市场竞争者之间进行强烈的博弈。市场主体主要可以分为政府、企业和监管部门，政府是政策的制定者和实施者，企业是市场经济的主要参与者，监管部门是对企业进行监督的部门，三者的目标及利益要求不同，因此存在博弈行为。通过引入博弈模型并分析参与者之间的支付矩阵，能够为相关的理论研究提供更具说服力的数据。

7. 商业周期理论

商业周期是指经济在正常运行中出行周期性的繁荣和衰退，并相互交替发生的一种经济现象。凯恩斯认为宏观经济的波动会对实体经济产生影响，使企业生产函数、产品价格弹性和市场供需曲线发生变化。商业周期主要包括衰退、萧条、复苏和繁荣四个阶段。

商业周期理论认为，经济危机会引发企业面临严峻的筹资、投资、经营和资金回笼风险。商业周期理论可细分为货币因素理论、投资周期理论和消费不足理论。商业周期并不会以人的意志发生转移，它是客观存在的经济现象，处于宏观经济中的企业必须要面对宏观经济的波动，从而承受由此带来的冲击，导致企业财务危机的发生。

第三节　企业财务危机评价路径

一、企业财务危机传统评价路径的比较

企业财务危机传统评价路径按照采用的方法类型可以区分为定性类评价路径和定量类评价路径。定性类评价路径主要存在于早期的企业财务危

机评价研究中，采用的评价方法主要包括标准化调查法、四阶段症状分析法、流程图分析法和综合管理评分法。目前的研究主要以定量类评价路径为主。

定量类企业财务危机传统评价路径通常需要先根据特定的行业背景和企业实际情况，构建出合适的评价指标体系；然后用主成分分析法、典型相关分析法和聚类分析法等变量筛选方法对变量进行降维；再使运用如表2-4中所列的企业财务危机评价模型进行评价；最后根据评价结果给出相应的结论和对策建议。

表2-4 企业财务危机传统评价路径的常用模型

类型	方法名称	类型	方法名称
统计分析方法	单变量分析法	人工智能方法	神经网络
	多元判别分析法		遗传算法
	Logit 回归模型		决策树
	Probit 回归模型		粗糙集理论
	因子分析法		支持向量机法
	线性概率模型		

表2-4中列出了企业财务危机传统评价路径的常用模型，不同模型的假设条件其优点和缺点不尽相同。总体而言，统计分析方法的假设条件往往较为严苛，人工智能方法的假设条件较为宽松，尽管有众多学者使用了统计分析方法对企业财务危机进行评价，但是在实证研究过程中容易忽视比对模型的假设条件对数据进行检验，表2-5列出了企业财务危机传统评价路径的常用模型的假设条件、优点和缺点。

表2-5 企业财务危机传统评价路径的常用模型比较

模型名称	样本数据的假设条件	优点	缺点
单变量分析法	无	简单、易理解	缺乏理论基础、不同财务指标得出的结论不同

续表

模型名称	样本数据的假设条件	优点	缺点
多元判别分析	正态分布	较客观、容易区分出判别能力强的财务指标	前提条件不容易满足、样本选择偏差对结果造成较大影响
Logit 回归模型	自变量间无共线性、样本数大于回归参数个数	适于非线性情况	计算比较复杂
Probit 回归模型	自变量间无共线性、样本数大于回归参数个数	适于非线性情况	计算比较复杂
因子分析法	共同因子、特殊因子彼此不相关	可以使用较少的因子反映大部分信息	计算因子得分的最小二乘法可能会失效
线性概率模型	残差服从正态分布和高斯—马尔科夫假设、自变量间无共线性、样本数大于回归参数个数	不需要对数据进行转换、可解决非正态分布问题	线性概率的假设往往与实际情况相悖
神经网络	假设条件较宽松	无须任何概率分布作为模型分析前提	无完整理论结构阐明原理、模型的运行犹如"黑箱"操作、最优参数选择较为困难
遗传算法	假设条件较宽松	省时、处理定性指标能力强	结构不固定
决策树	假设条件较宽松	容易理解、效率高	对于特征关联性较强的数据表现不好
粗糙集理论	假设条件较宽松	节约成本和时间	结构不固定
支持向量机	假设条件较宽松	参数少、容易获得全局最优解	最优参数选择较为困难

企业财务危机传统评价路径主要存在的问题有：第一，从评价模型的输出结果来看，存在一定的局限性，如使用 Logit 回归模型只能输出二分类。第二，评价模型的性能往往较差，由于模型固有的缺陷或者模型的参数设置不当容易导致其在分类预测或者回归预测中表现较差。第三，缺乏逻辑性和科学性，企业财务危机传统评价路径一般会将研究的样本企业的指标数据直接放入模型中运行，得到输出结果，预测其是否会陷入财务危机或者财务危机值是多少；但是真实情况是有些企业本身并没有陷入财务

危机，而模型机械化给其输出了一个财务危机值，这是有悖于逻辑的，因此传统评价路径中的有些模型针对模型输出值无法做出评价，可定义其为灰色地带。

综上所述，企业财务危机传统评价路径将分类预测和回归预测进行了严格的区分，已有评价模型或者方法体系并没有将二者有机地结合，这就导致了其评价流程不连贯、模型输出结果的解读性不强、对企业财务危机的综合评价不能达到理想的状态。

二、企业财务危机评价新径的体系结构

结合生活经验，对门诊医疗的诊断逻辑进行回顾，当某位患者到医院就诊时，医生对患者症状进行初步了解后会让其配合做一系列的检查，而患者拿到检查单交还给医生后，医生会根据检查单上的指标结合自身的专业知识以及病例积累经验给出结论，判定患者是否患有某种疾病。如果确诊该患者患有某种疾病，从患者角度而言，希望得知病情已经发展到了什么程度，从医生角度而言，需要对患者做进一步检查评估其病情严重程度后再制定详细的医疗方案。

在这个简单的门诊医疗的案例中蕴含了深刻的统计学原理，医生让患者进行初步检查后获取到的检查单上的指标集合可以称作指标体系，医生运用自身专业知识或者诊疗经验判断患者是否患某病，相当于进行了分类评价建模，只不过没有给出详细的公式，评价结果分为"是"和"否"两种，如果得出"否"的结论则患者不需要做进一步检查，只有当医生确诊患者患某病的情况下，才需要做进一步的检查。医生让患者进一步检查的目标是做测度评价，评估患者病情发展的阶段，测定其严重程度后再给出对应的治疗方法。此外，随着人工智能的快速发展，越来越多的医院已经尝试采取人工智能技术辅助医生进行医疗诊断。

将企业陷入财务危机与门诊医疗进行类比发现，传统的企业财务危机评价路径并没有遵循门诊医疗的诊断逻辑，不管企业是否陷入财务危机，学者都企图希望得到一个测算值当作评价结果，或者只是通过模型输出企

业是否陷入财务危机而不管其发展到何种程度，因此传统评价路径存在一定的缺陷。

本书尝试探究企业财务危机评价新径，在使用变量降维图技术对评价特征进行选择的基础上，独立构建了基于门诊医疗思路的 OEFD 方法。OEFD 方法对企业财务危机的评价维度分为平面维度和空间维度，对应了微观层面和宏观层面的企业财务危机评价。

OEFD 平面维度评价的功能定位是对企业财务危机进行预警，包括分类预判和回归测度两个递进子层。具体来说，分类预判是通过本书独立构建的人工智能评价模型对企业是否会陷入财务危机以及陷入财务危机的具体类型做出分类预测，如果某企业的预测结果为"否"则评价终止，如果某企业的预测结果为"是"，则对其进行回归测度。回归测度是通过本书独立构建的人工智能评价模型对其财务危机 PPfdv 值进行预测，并评估其严重程度。

OEFD 空间维度评价的功能定位是对 OEFD 平面维度评价中预测将会陷入财务危机企业的空间分布规律进行分析，将各企业的财务危机 PPfdv 值作为其空间属性值，然后利用地统计分析的一系列方法剖析其空间分布集聚趋势，判断其是否存在自相关并进行插值分析。

OEFD 方法为后续的实证研究提供了框架指导，厘清了企业财务危机评价的根本任务，图 2-9 提供了评价路线，其中虚线框内的流程是依据门诊医疗思路独立构建的企业财务危机预警流程。

OEFD 方法包含了 OEFD 平面维度评价和 OEFD 空间维度评价，两者的评价维度、功能定位、逻辑顺序、评价层面等存在显著的差异，结合图 2-9 和后续章节的内容，本书整理了 OEFD 方法子功能板块比对表，从10 个方面对 OEFD 平面维度评价和 OEFD 空间维度评价做出比对，比对的具体情况如表 2-6 所示。

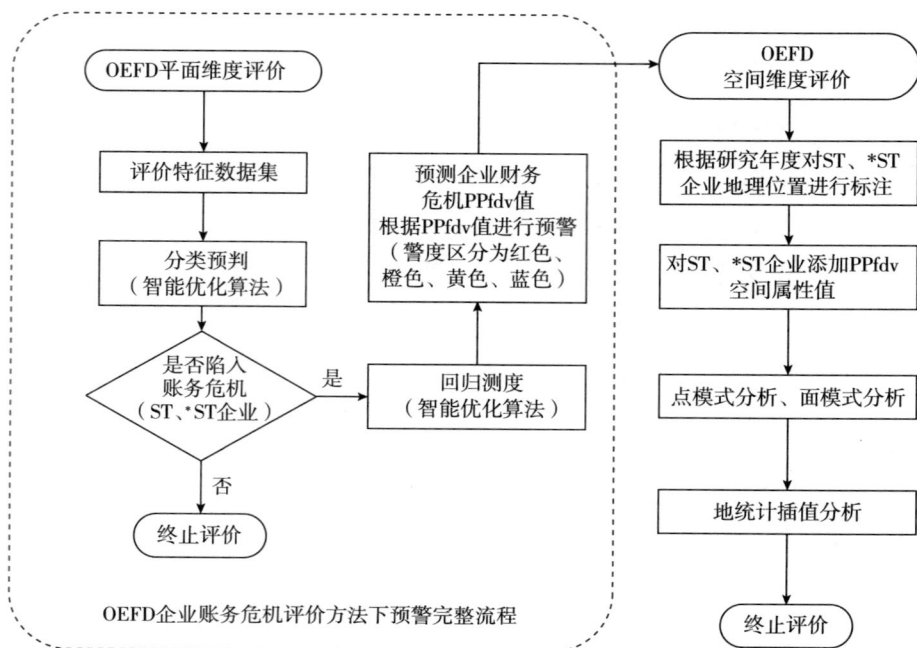

图 2-9 OEFD 方法路线

表 2-6 OEFD 方法子功能板块比对

比较项目	OEFD 平面维度评价	OEFD 空间维度评价
评价维度	非空间	空间
功能定位	预报和警示（预警）	探索企业财务危机严重程度的空间分布规律
逻辑顺序	前置	后置
评价层面	微观——针对单个企业	宏观——针对单年或跨年的企业集合
分布章节	第四章、第五章	第六章
主要方法	统计学习、智能优化算法、投影寻踪综合评价法	地统计分析法

比较项目	OEFD 平面维度评价	OEFD 空间维度评价
具体模型	分类预测： ①常用统计学习分类模型：决策树、随机森林、XGBoost、Logistic、神经网络 ②支持向量机和遗传算法、粒子群算法、布谷鸟算法、萤火虫算法、鱼群算法、引力搜索算法优化的支持向量机 ③极限学习机和遗传算法、粒子群算法、蝙蝠算法、模拟退火算法、蚁群算法、鱼群算法优化的极限学习机 回归测度： ①常用统计学习回归模型包括线性回归模型、回归树模型、Bagging、Boosting、随机森林、神经网络 ②反向传播神经网络以及遗传算法、粒子群算法、布谷鸟算法、鱼群算法、蚁群算法、思维进化算法优化的反向传播神经网络	点模式分析： ①样方分析模型 ②多阶邻点分析模型 ③空间自相关分析模型 面模式分析： ①全局空间自相关分析模型 ②局部空间自相关分析模型 地统计插值分析： 泛克里金插值模型
模型输出	①分类预测：无危机、ST 危机或 *ST 危机 ②回归测度：预测出企业财务危机严重程度 PPfdv 值，并给出对应警度（红色、橙色、黄色、蓝色）	样本企业的空间集聚趋势、自相关程度、企业财务危机严重程度 PPfdv 预测值
评价意义	对单个企业是否会陷入财务危机进行预警，若预测企业会陷入财务危机，给出 PPfdv 值，帮助企业及时识别可能存在的财务危机，并根据财务危机警度采取相应的措施予以应对	从宏观层面上对陷入企业财务危机企业的空间分布规律进行探索，对于容易陷入企业财务危机的集聚区域予以高度关注；同时通过地统计插值分析建立财务危机的预测曲面，为有关政府部门提供监控依据

第三章
企业财务危机评价特征体系及评价特征数据集

第一节　企业财务危机评价特征

一、机器学习中评价特征的定义

评价是指对一件事或人物进行判断、分析后的结论，本书的研究课题是对企业的财务危机进行判断和分析并给出相应结论。要进行机器学习，需要有数据集，数据集中的每一条记录是关于一个事件或者对象的描述，称为样本。用来反映事件或对象在某方面的表现或性质的事项被定义为特征，而单个样本在该事项上的取值称为特征值（周志华，2017）。将每个特征在空间中用一个坐标轴表示，然后将样本在特征空间中进行描点，每个点对应一个坐标向量，所以也会把每一个样本称为一个特征向量。

在机器学习定义下，评价特征与传统统计学中的评价指标性质是一样的，只是归属的学科领域不同、名称存在差异。评价特征体系和评价指标体系都是基于对一事件或者人物进行分析、判断、下结论而构建的评价特征或评价指标的集合。由于本书的实证研究方法主要采用了机器学习领域的算法，因此将指标的概念转为特征（下同），不再具体区分是指标还是标志。

二、企业财务危机评价特征的界定

每个样本企业的特征是多种多样的，反映出的事物性质不同，其评价功能也存在差异。例如，上市公司的评价特征有基本特征、股本特征、股东特征、行情特征、估值特征、风险分析特征、盈利预测特征、财务分析特征、分红特征、首发特征、增发特征、配股特征、技术特征、舆情特征等。[①] 每种特征类型反映上市公司的性质不同，为管理者及股民所提供的信息也不同，因此在对企业财务危机评价特征进行界定时，需要紧密围绕评价目的，挑选出能够反映不同企业在财务危机内部控制存在差异的特征，而不能将企业的所有特征都囊括在特征空间中，从而导致维数灾难以及评价低效率。

在对企业财务危机进行评价时，特征界定尤为重要，有些评价特征虽然不能说与财务危机毫无关系，但是对财务危机的影响作用甚微，如企业的成立日期、邮政编码、公司网站等。企业的成立日期可以计算出截止到研究时点的成立年限，成立年限不同的企业所积攒的财务危机管理经验和水平不同，但是不能简单地将二者进行对等处理。不同的学者在进行评价特征界定时，考虑的因素不同，界定结果也不同。因此，在对企业财务危机评价特征进行界定时，可以关联财务风险的四个组成部分（筹资风险、投资风险、资金回笼风险、盈余分配风险）的主要影响因素，在科学、直接、综合性强等原则下鉴别某一特征是否适于企业财务危机评价。尽管这种处理方式存在一定的主观性，未必完全正确，但是至少可以减少无关特征对评价结果的干扰。

---

① 具体可参见 Wind 金融终端股票—多维数据—数据浏览器—沪深股票指标一栏。

第二节 企业财务危机评价特征体系搭建

一、企业财务危机评价特征体系搭建思路

特征对于预测而言是至关重要的，在正式进行预测建模前，工作的重点便是寻找特征，若没有搭建合适的特征体系，则对预测目标而言没有任何意义，无异于瞎猜。机器学习涉及特征的技术处理主要有特征选择、特征构建[①]和特征提取，这三个概念在对特征进行技术处理时存在着本质的不同。特征选择是从原特征体系（n 个）中通过技术处理（按照某标准）选择较少个（m 个）子特征的过程，从而实现特征降维；特征构建是从原特征体系中推断或构建出额外特征（A_{n+1}，$\cdots$，A_{n+m}）的过程，所有的额外特征都是由原特征进行定义的；特征提取是指利用映射函数 f_i 从原特征体系（A_1，$\cdots$，A_n）中提取出新特征 B_1，$\cdots$，B_m 的过程，通常 $n>m$，新特征对原特征而言是一个替代过程。综合比较而言，三者的共同点都是为了提高预测精度而对特征进行处理，但是特征选择只是对原特征体系进行筛选，并没有对特征原来的形式进行改变；特征构建是对特征体系的特征进行形式改变，得到了额外的特征；而特征提取则完全改变了原特征体系的特征组成，得到了全新的特征体系。从逻辑来说，特征构建和特征提取属于前置过程，主要目的是对原特征体系进行改造；而特征选择则是在特征构建和特征提取工作结束后，为了缩减特征空间的维度而进行的筛选操作。

---

① 通常习惯将组合指标构成一个完整体系的过程称为指标体系构建，但是由于机器学习中关于特征的专业术语中包含了"特征构建"一次，因此本书将评价特征构成一个完整体系的过程称作评价特征体系搭建。

特征的构建和选择工作对于预测精度的提高作用越发明显，甚至可以直接决定预测是否成功。原始特征体系通常是基于领域经验进行搭建的，然而这样的特征体系未必能够充分地描述预测变量，因此有必要对特征进行进一步的技术处理以达到提高预测精度的目标。在实际的业务操作中，特征处理主要包含了特征变换、组合和自动生成三方面的内容。

特征变换是一种比较基础的特征构建方法，主要由人工完成，具体操作过程是对特征体系的某一特征通过一定的映射规则得到新特征。特征变换的方法之一是概念分层，就是将类别过多的分类变量重新分成类别较少的若干层的过程；这样可以避免建模算法的过拟合，还可以提高算法效率，但是容易损失一些细节信息。特征变换的方法之二也是最常用的一种方法便是标准化，该方法主要解决特征量纲不一致的问题，消除由此带来的对权重、距离和系数计算的影响，主要分为线性标准化、非线性标准化两类。线性标准化主要包括最大最小值标准化、Z 值标准化和小数定标标准化；非线性标准化主要包括对数标准化、倒数标准化。标准化在进行技术处理时，尤其要注意低优特征的特殊处理，低优特征类似传统概念上的反向指标，其不能和正向指标做同样的处理。特征变换的方法之三是离散化，具体操作过程是将连续的实数型特征值映射到有限的分类特征值，从而得到有序分类特征，该方法可以简化数据，提高算法执行效率。常见的离散化方法有分箱法、熵离散法、规则离散法和 ChiMerge 法。

特征变换是针对单个特征进行的技术处理，而特征组合则是针对两个或两个以上的特征进行处理，同样也是通过一定的映射规则将原特征体系中的特征更新为新特征的方法。特征组合的方法主要包括基于特定的领域知识（区分同质性和异质性组合）、二元组合和高阶多项式。

自动生成是指利用遗传编程（也称基因编程或者 GP）技术来进行特征构建，通过计算机程序自动生成特征，并通过选择、交叉、变异等操作得到相对较好的特征的过程，遗传编程比遗传算法的使用范围更广。但在使用时需要注意设定新特征的数量大于 2，因为需要进行交叉操作，具体多少个可以根据实际需求确定。

根据以上理论分析并结合企业财务危机评价的特点和学科背景，可以总结出企业财务危机评价特征体系搭建的基本思路：根据特定的领域知识对企业财务危机的主要流程提炼出可能会产生直接或间接影响的因素，按照一定的标准划分到不同特点的子特征集中，再运用上述的特征变换、特征组合方法对原特征进行技术处理，最后利用特征选择筛选出最终的特征进入建模分析和预测中。

二、企业财务危机评价特征体系的确定

非上市企业的财务数据获取难度较大，且数据的真实性、可靠性没有上市企业好，为能更有效地检验本书提出的财务危机评价模型的性能，本书仅限于对上市企业进行分析。在财务危机评价特征体系搭建过程中应该综合运用财务类特征和非财务类特征。企业的运行是一个相对完整的实体，各部门都会同财务部门产生业务联系，此过程中可能伴随财务危机的传导，如研发部门增加研发投入有可能会导致销售部的广告费用减少，短期销售量的减少导致资金回笼危机增加。此外，本书重点参考了 Wind 金融终端中关于股票数据的公布分栏，并咨询了专业人士（经验丰富的注册会计师、审计师、证券公司投资银行业务人员等），在尊重以往学者总结的企业四大能力（盈利能力、偿债能力、营运能力和成长能力）的基础上侧重从"财务分析"一栏中甄选出其他特征，搭建了本书的企业财务危机评价特征体系，该体系由以下五大部分组成。

1. 盈利能力

盈利能力主要指企业获取利润的能力，代表了企业资本增值的能力。本书甄选出的反映企业盈利能力的子特征如下：

（1）平均净资产收益率（ROE），计算公式如下：

$$ROE = \frac{净利润}{\dfrac{期初股东权益 + 期末股东权益}{2}}$$

该特征可以反映企业股东投资的收益水平，通常用来衡量企业运用自有资金投资后的回报效率，该特征值越高，说明投资的收益越好。与平均净资产收益相对的是加权净资产收益率和摊薄净资产收益率。[①]

（2）总资产净利率（ROA），计算公式如下：

$$ROA = \frac{净利润}{\dfrac{期初总资产+期末总资产}{2}}$$

该特征可以反映企业的资产回报率，通常用来衡量企业每单位的资产创造净利润的多少。

（3）投入资本回报率（ROIC），计算公式如下：

$$ROIC = EBIT \times \frac{1-有效税率}{\dfrac{期初全部投入资本+期末全部投入资本}{2}}[②]$$

该特征可以反映企业投入资本的收益水平，通常用来衡量企业历史绩效，它决定着企业的元来价值，是对企业进行评估时的一个重要特征。

（4）人力投入回报率（ROP），计算公式如下：

$$ROP = \frac{EBIT}{薪酬总额}$$

该特征可以反映企业在人力资本上每投入 1 元人民币所获得的收益，通常用来衡量企业的人力资本有效性。

（5）销售净利率，计算公式如下：

$$销售净利率 = \frac{净利润}{营业收入}$$

该特征可以反映净利润与销售收入的百分比，通常用来衡量企业在一定时期内的销售收入获取收益的能力，可以分解为销售毛利率、销售税金

[①] $\dfrac{加权净资产收益率等于净利润}{加权平均股东权益}$，$\dfrac{摊薄净资产收益率等于净利润}{期末股东权益}$

[②] EBIT（Earnings Before Interest and Tax，息税前利润），即是未计息、未计算税前的利润。有效税率：当所得税大于 0 时，为 $\dfrac{所得税}{利润总额}$；否则为 0。

率、销售成本率和销售期间费用率等。

（6）主营业务比率，计算公式如下：

$$主营业务比率 = \frac{营业利润}{利润总额}$$

该特征可以反映企业的利润构成中经营性主营业务利润的比重，通常用来衡量企业的盈利稳定性，该特征值越高，说明企业主营业务的积累越深厚，企业的盈利性越稳定。

2. 偿债能力

偿债能力是指企业利用其资产对短期和长期债务进行清偿的能力，它关系到企业是否能够健康持续发展，是反映企业经营能力和财务状况的重要标志。本书甄选出的反映偿债能力的子特征如下：

（1）流动比率，计算公式如下：

$$流动比率 = \frac{流动资产}{流动负债}$$

该特征可以反映企业对短期债务进行清偿的能力，通常用来评价企业在短期债务到期前将资产变现偿还负债的能力，该特征值越高，说明企业的变现能力越强，短期债务的清偿义务越能得到保障。一般认为，流动比率在 2：1 以上对企业而言比较安全。

（2）保守速动比率（超速动比率），计算公式如下：

保守速动比率 =

$$\frac{货币资金+交易性金融资产+应收票据及应收账款+其他应收款合计}{流动负债}$$

该特征可以反映企业变现能力的强弱，通常用来衡量企业短期偿债能力的大小。[①]

（3）现金比率，计算公式如下：

$$现金比率 = \frac{货币资金+交易性金融资产+应收票据}{流动负债}$$

---

① 由于在计算过程中去除了其他与当期现金流量无关的项目（如待摊费用），因此可以更进一步地反映变现能力。

该特征可以反映企业的变现能力，是所有流动比率中最保守的一个指标，通常用来衡量企业在不依靠存货销售和应收款的情况下，对当前债务进行清偿的能力。

（4）产权比率，计算公式如下：

$$产权比率 = \frac{负债}{股东权益}$$

该特征可以反映企业的资金结构合理性如何，通常用来衡量企业借款经营的程度，是企业长期偿债能力的重要体现之一；该特征值越低说明企业利用自有资金偿债能力越强。

（5）净资产负债率，计算公式如下：

$$净资产负债率 = \frac{负债}{净资产}$$

该特征可以反映企业总资产结构，通常用来衡量企业的长期偿债能力，该特征值越低，说明企业股东对债权人利益的保障程度越高。

（6）已获利息倍数，计算公式如下：

$$已获利息倍数 = \frac{EBIT}{利息支出}$$

该特征可以反映企业在一定盈利水平下支付债务利息的能力，通常用来衡量企业的长期偿债能力，该特征值越大，说明企业的长期偿债能力越强。国际上通常认为该特征值等于 3 时，对企业而言是比较适合的，但是从长期来看，该特征值应大于 1。

（7）长期债务比，计算公式如下：

$$长期债务比 = \frac{长期借款-应付债券+长期应付款}{负债}$$

该特征可以反映企业负债的资本化程度，通常用来衡量企业的长期负债清偿能力，该特征值越高，说明公司负债的资本化程度较高，长期偿债压力大。

3. 营运能力

企业营运能力是指企业营运资产的效率和收益，通常用企业资产的周转率或周转速度以及企业的产出量与资产占用量之间的比率来衡量，本书甄选出的反映营运能力的子特征如下：

（1）应收账款周转率，计算公式如下：

$$应收账款周转率 = \frac{当期销售净收入}{\dfrac{期初应收账款余额+期末应收账款余额}{2}}$$

该特征可以用来反映企业应收账款周转速度的比率，通常用来衡量在一定时期内企业应收账款转为现金的平均次数。

（2）总资产周转率，计算公式如下：

$$总资产周转率 = \frac{营业收入净额}{\dfrac{期初资产总计+期末资产总计}{2}}$$

该特征可以用来反映企业资产的运营效率，通常用来衡量资产投资规模与销售水平配比情况。

（3）流动资产周转率，计算公式如下：

$$流动资产周转率 = \frac{主营业务收入净额}{\dfrac{期初资产总计+期末资产总计}{2}}$$

该特征可以用来反映企业资产利用率，通常用来衡量企业的生产经营状况。

（4）存货周转率，计算公式如下：

$$存货周转率 = \frac{主营业务成本}{\dfrac{期初资产总计+期末资产总计}{2}}$$

该特征可以用来反映企业存货的周转速度，通常用来衡量企业生产经营各环节中的存货运营效率和经营业绩。

4. 成长能力

企业成长能力是指企业扩大规模和壮大实力的潜在能力，反映的是企业通过自身的生产经营活动，不断扩大积累而形成的发展潜能。本书甄选出的反映成长能力的子特征主要有基本每股收益同比增长率、营业总收入同比增长率、净利润同比增长率、净资产收益率同比增长率、货币资金同比增长率和固定资产投资扩张率等。

5. 其他特征

（1）反映收益质量的特征，主要包括经营活动净收益、利润总额和营业外收支净额，其中营业外收支净额的计算公式为：营业外收入−营业外支出。

（2）反映现金流量的特征，主要包括经营活动产生的$\dfrac{现金流量净额}{营业收入}$、全部资产现金回收率和现金股利保障倍数，其中全部资产现金回收率的计算公式为：$\dfrac{经营活动产生的现金流量净额}{期末资产总额}$，现金股利保障倍数的计算公式为：$\dfrac{经营活动产生的现金流量净额}{支付普通股股利}$。

（3）反映资本结构的特征，主要包括资产负债率、流动负债权益比率和资本固定化率，其中资产负债率的计算公式为：$\dfrac{负债}{资产}$，流动负债权益比率的计算公式为：$\dfrac{流动负债}{股东权益}$，资本固定化率的计算公式为：$\dfrac{非流动资产合计}{股东权益}$。

（4）反映其他情况的特征，主要包括前十大股东持股比例合计、机构持股比例合计、担保总额占净资产比例等。

根据图 3-1 和前述特征变换、特征组合的技术处理原理，结合本书的研究主题，针对评价特征值的数学形式不同（包含绝对数和相对数），对原始特征值进行规格化处理，以消除数据量纲不同带来的不良影响。因此需要区分高优特征和低优特征，依次对应传统统计学概念中的正向指标和反向指标。

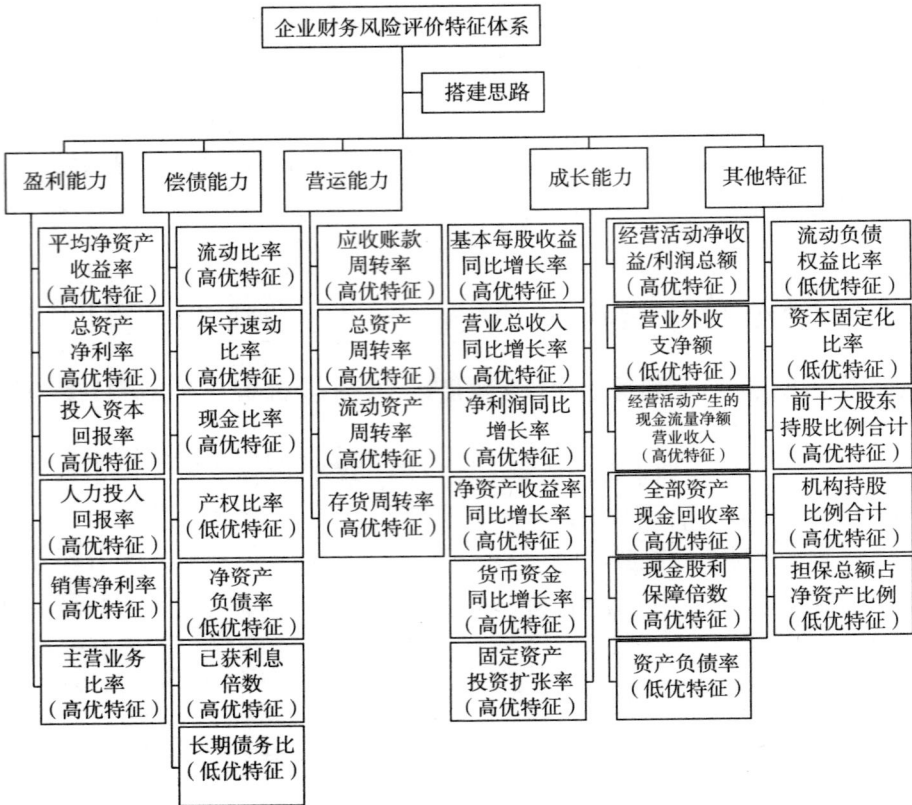

图 3-1　企业财务危机评价特征体系搭建结果

第三节　企业财务危机评价特征数据集

一、特征选择技术

数据和特征决定了机器学习的上限，而模型和算法只是逼近这个上限而已，所以数据和特征对于算法建模是至关重要的。在特征工程中，特征选择又是最关键的一步。特征选择是指在提升模型的预测性能的同时能够得到区分度更好的特征，从原特征体系中剔除一些特征后获得的最优特征子集的过程。如果按照特征对算法是否有用可以将特征分为相关特征、无关特征和冗余特征三大类，特征选择的主要工作就是从所有特征中筛选出对学习算法有益的相关特征，其主要目的有降低特征空间的维度、降低学习任务的难度和提升模型的预测效率。

对于维数为 n 的特征空间，可以产生共计 n^2 个特征子集，特征选择就需要对这 n^2 个特征子集进行筛选，得到对于评价任务最好的子集，其主要过程包括生成过程、评价函数、停止条件和验证过程。

生成过程本质上是一个搜索过程，按照不同的搜索策略可以分为完全搜索（Compelete）、启发式搜索（Heuristic）和随机搜索（Random）。完全搜索是根据评价函数做穷举搜索或者非穷举搜索；启发式搜索是根据某种启发规则在每次迭代时，决定余下的特征是被拒绝还是被接受，该方法比较简单并且运算速度较快；随机搜索在每次进行迭代时会设置一些参数，而参数的选择会直接影响特征选择的效果。

评价函数是特征选择过程的核心步骤，主要用来衡量特征子集区分类别的能力，对于被筛选出的特征子集的优劣，一个特征子集能够达到最优是相对于特定的评价函数而言的。按照具体的评价方法，特征选择可以分为过滤式（Filter）、包裹式（Wrapper）、混合式（Filter 和 Wrapper 的组合）以及嵌入式（Embedding）。过滤式的主要思路是先进行特征选择，然后训练学习器；包裹式直接将分类器作为特征选择的评价函数；混合式先使用过滤式筛选出特征子集，去掉了不相关的特征，再使用包裹式进行特征选择；嵌入式把分类器学习的过程和特征选择的过程融合在一起。比较常见的评价函数有以下五种：①相关性评价函数的评价机制是好的特征子集中的特征与预测结果的相关度较高，而特征彼此之间的相关度较低（冗余度低），通常可以使用线性相关系数来衡量。②距离评价函数也被称为可分性准则，其评价机制是好的特征子集能够使属于同一类的样本间距离尽可能小，而使不属于同一类的样本间距离尽可能大，常见的度量距离种类有欧氏距离、标准化欧氏距离和马氏距离等。③信息增益评价函数的主要评价机制是一个较优的特征在加入特征子集和没有加入特征子集时其所带来的不确定性越大，而较劣的特征则得到的不确定性越小。④一致性评价函数的评价机制是若两个样本的类别不同，但是得到的某个特征值是相同的，那么判定为不一致。⑤误分类率评价函数的评价机制是用给定的特征子集对样本集进行分类，用得到的分类准确率来度量特征子集的优劣。以上五种评价函数中，前四种属于筛选器，而误分类率属于封装器。筛选器与具体的分类算法没有关系，因此推广能力较强，计算量较小；而封装器是针对特定的分类算法，因此其推广能力较差，且计算量较大。

停止条件是迭代过程停止的触发器，主要可以从四种方案中选择，即最大迭代次数、最大特征数、增加（删除）任何特征都不会再产生更好的特征子集、根据评价函数已经产生了最优特征子集。验证过程则主要是指使用不同的测试机和学习方法对选择出的最优特征子集进行验证，并比较验证结果。

过滤式的特征选择方法主要包括：移除低方差的特征和单变量特征选择方法。移除低方差的特征方法是针对离散型的特征而言的，如果特征值只有 0 和 1 两种，并且 95% 以上的样本特征值都是 0 或者 1，那么就可以认为该特征值作用不大，需要去除，通常在特征预处理的过程中会运用这种方法。单变量特征选择方法的原理是单独计算每个特征的某个统计指标，根据该指标值的高低来决定该特征的重要性。具体包含卡方检验、Pearson 相关系数、互信息和最大信息系数、距离相关系数和基于模型的特征排序等方法。卡方检验可以检验定性自变量对定性因变量的相关性。Pearson 相关系数反映的是变量之间的线性相关性，能够衡量相应变量和特征之间的相关性，计算速度快、实现过程简单。互信息和最大信息系数也是用于评价定性自变量对定性因变量的相关性。距离相关系数可以克服 Pearson 相关系数的弱点，对于 Pearson 相关系数为 0 的情况，并不能直接判断特征之间是独立的，但是如果两个特征之间的距离相关系数为 0 则可以说明二者之间是相互独立的。基于模型特征的排序方法是使用具体的机器学习算法对每个特征和响应变量建立预测模型，然后再进行比较。

包裹式的特征选择方法主要是通过递归特征消除法实现，递归特征消除法使用一个模型进行多次训练，每次训练后都会对若干权值系数较低的特征进行移除，然后使用余下的特征子集进行到下一轮训练中。一些启发式的优化算法，比如遗传算法、粒子群算法、差分进化和人工蜂群算法等通常被用于特征寻优过程。

嵌入式的特征选择方法是利用本身具有特征打分机制的机器学习算法对特征空间的特征进行筛选，根据研究的实际需要得到合适的特征子集，比如：支持向量机和随机森林等。比较被认可的方法之一是基于 L_1 的特征选择，通过添加 L_1 范数作为惩罚项的线性模型会得到系数解，导致重要性较低的特征系数变为 0，从而达到降维目的；对于支持向量机和逻辑回归，参数 C 可以控制稀疏性，C 越小被挑选出的特征越少，对于 LASSO 回归，参数 alpha 越大，则被选中的特征越少。比较被认可的方法之二是基于随机稀疏模型的特征选择，这种方法可以克服 L_1 模型中面对相互相关特征只能选择一个特征的局限性。学术界认可度最高的是基于树的特征选择方法，同时也是本书随后将采用的方法基础，该方法采用树的预测模型，对特征的重要程度进行计算和打分，可以去除不相关的特征。

在大数据时代，相比构建最先进的预测模型，更具挑战性的是寻找出数据背后内核的作用机制，通常是指变量的影响程度，即哪些预测变量对预测结果具有更显著的相对影响。传统的贝叶斯分离器方法不能对变量进行量化，而随机森林和梯度提升决策树可以通过一种自然的方法来量化每个评价特征的重要性或相对影响。在面对大型的观测数据库时（这些数据可能不会满足传统统计技术所提出的严格假设，例如同方差性和正态性），可以使用诸如神经网络和支持向量机等较为复杂的监督学习算法来进行预测分析，但是这些方法在对输出结果进行解读时仍存在较大困难。

PDP（Partial Dependence Plot，变量降维图）是一种前沿的降维技术，通过绘制图形的方式让用户更好地理解模型输出和预测变量之间的关系；这种技术对于解释"黑匣子"模型的输出尤其有效，是本书后续进行特征选择的技术内核。

相比于传统的以主成分分析、LASSO 回归为主的降维技术，PDP 更侧重于通过算法建模的机器学习方法进行降维处理，其优势主要在于：第一，通过总结越来越多的监督学习算法提供了一个标准化的程序来量化变量重要性。第二，适用于任何经过训练的监督学习算法，并且都可以对新数据进行预测。第三，可以量化变量间潜在相互作用效应的强度[①]。

假设 $x = \{x_1, x_2, \cdots, x_p\}$ 代表模型中的预测变量，预测函数为 $\hat{f}(x)$，变量的局部依赖性计算公式如下：

$$f_s(z_s) = E_{zc}[\hat{f}(z_s, z_c)] = \int \hat{f}(z_s, z_c) p_c(z_c) dz_c \tag{3-1}$$

式中，z_s 表示 x 被切分后的集合，$z_c = \dfrac{x}{z_s}$，$p_c(z_c)$ 表示 z_c 的边际概率密度。

$$\overline{f}_s(z_s) = \frac{1}{n} \sum_{i=1}^{n} \hat{f}(z_s, z_{i,c}) \tag{3-2}$$

上式可用来计算训练数据集中其他预测变量影响的平均值。

二、企业财务危机评价特征数据集的选择原则

特征选择是特征工程中相对重要的处理流程，不同的选择方法得到的最优特征子集不同，但是其目标基本都是一致的，主要是去除无关特征，降低特征空间维度，使模型的预测性能没有明显衰减等。下面将不同的特征选择方法所遵循的基本原则总结如下：

第一，低维度特征空间。特征选择得到的最优特征子集应尽可能地包含所有相关特征，去除无关特征和冗余特征，获得尽可能小的特征子集；从而在最大程度上对特征空间进行降维，得到一个低维度的最优特征子集。

第二，高保真预测精度。特征选择的目的是降低维度，如果一味剔除

---

① 资料来源：http://cn.arxiv.org/abs/1805.04755。

特征而导致模型的预测精度大幅下降，那么这样进行特征选择无疑是舍本逐末的做法。因此，特征选择应该保持模型的预测精度不显著衰减，不能因为特征选择而对模型的预测性能造成不利影响。

第三，特征子集较稳定。特征子集在样本微小扰动的情况下，经过同样的特征选择方法得到的特征子集应该相同或者类似，不会产生较大出入，具有一定的鲁棒性，稳定性较强。特征子集越稳定，越容易得到相关特征，可以进一步降低获取数据的复杂性和时间消耗（刘艺等，2018）。

三、样本选择及数据说明

1. 样本选择

本书的研究对象主要由陷入财务危机的企业和财务正常配对企业构成。财务危机企业是指出现了财务状况或其他状况异常而被特殊处理的上市企业（ST）或遭受退市风险警示的企业（*ST）；财务正常配对企业是指非 ST 和 *ST 企业。本书通过 Resset 金融数据库终端收集了 2009~2018 年 10 年的 ST 和 *ST 企业数据，由于 ST 和 *ST 企业的公布日期没有固定的时间，每一年的证券市场信息中没有完整的和准确的名单，所以只能通过企业简称的历史变更信息进行总结和筛选。上市企业简称变更的类型总共有以下几种：变更类型为 1 意味着企业被实施 ST，变更类型为 2 意味着企业被撤销 ST，变更类型为 3 意味着企业被实施 PT（Particular Transfer），变更类型为 4 意味着企业被撤销 PT，变更类型为 5 意味着企业被实施 *ST，变更类型为 6 意味着企业被撤销 *ST，变更类型为 7 意味着企业被撤销 *ST 并实行 ST，变更类型为 8 意味着企业从 ST 变为 *ST。其中 PT 的处理方式已经取消，代之以三板股票。退市后的股票有一部分会进入到三板市场的过程就叫 PT。这 8 种变更类型总体可以分为向明型和向暗型两种方向，向明型指企业被撤销某种警示或被特殊处理、财务危机减弱或消除，向暗型指企业被实施某种警示或被特殊处理、财务危机加深，本书的研究重点是向暗型样本企业，因此挑选的企业简称变更类型为 1、5 和 8。

由于上市企业通常会受行业环境的影响，因此本书在选择匹配样本时重点考虑了行业因素。具体选择流程是，对每一年的财务危机企业进行行业分类，行业分类标准为证监会最新的 CSRC（China Securities Regulatory Commission）标准，总共分为 19 大类，分类名称及代码如表 3-1 所示。①

表 3-1 证监会 2018 年上市企业行业分类标准

年份	发生财务危机企业数量最多的前三行业
2009	制造业，房地产业，电力、热力、燃气及水生产和供应业
2010	制造业，电力、热力、燃气及水生产和供应业，信息传输、软件和信息技术服务业
2011	制造业，文化、体育和娱乐业，房地产业
2012	制造业，电力、热力、燃气及水生产和供应业，采矿业
2013	制造业，建筑业，信息传输、软件和信息技术服务业
2014	制造业，建筑业，农、林、牧、渔业
2015	制造业，信息传输、软件和信息技术服务业，电力、热力、燃气及水生产和供应业
2016	制造业，信息传输、软件和信息技术服务业，批发和零售业
2017	制造业，信息传输、软件和信息技术服务业，批发和零售业
2018	制造业，信息传输、软件和信息技术服务业，批发和零售业

通过表 3-1 分析可知，制造业是我国拥有上市企业数量最多的行业，其基数最大，是最容易发生财务危机的行业。此外，信息传输、软件和信息技术服务业也是容易发生财务危机的行业，近年来批发和零售业成了比较容易发生财务危机的新晋行业。

同时为了避免不均衡数据的产生，本书确定无财务危机和陷入财务危机企业的配比约为 3∶1，即 1 个财务危机企业匹配 3 个无财务危机企业。按照行业分类，可以对无财务危机企业按照当年的财务危机企业的行业数量和比例进行分层抽样，计算行业内所有企业前一年和前两年的 Z 值②，

---

① 资料来源：http://www.csrc.gov.cn/pub/newsite/scb/ssgshyfljg/201811/W020181102350857036194.pdf.

② 在阿尔特曼的 Z 评分模型中，Z 值的灰色区域为 $1.81<Z<2.99$，总共分为三个取值区间；也有学者认为是 $1.81<Z<2.675$，当 Z 值位于灰色区域时，很难对企业的财务状况和破产趋势进行判断。

求平均值后进行排序，最后按照匹配数量分别在高、中、低三段区间分别抽取相同数量的企业从而完成无财务危机匹配样本的选取。

表 3-2　证监会 2018 年上市企业行业分类标准

门类名称	门类代码	行业大类代码范围
农、林、牧、渔业	A	01~05
采矿业	B	06~11
制造业	C	13~42
电力、热力、燃气及水生产和供应业	D	44~46
建筑业	E	47~50
批发零售业	F	51、52
交通运输、仓储和邮政业	G	53~60
住宿和餐饮业	H	61~62
信息传输、软件和信息技术服务业	I	63~65
金融业	J	66~69
房地产业	K	70
租赁和商务服务业	L	71、72
科学研究和技术服务业	M	73~75
水利、环境和公共设施管理业	N	77、78
居民服务、修理和其他服务业	O	80
教育	P	82
卫生和社会工作业	Q	83
文化、体育和娱乐业	R	85~88
综合	S	90

资料来源：证监会上市公司行业分类结果。

按照以上原则，最终选择了 2009~2018 年的 703 家财务危机企业和 1901 家无财务危机匹配企业，共计 2604 家企业组成样本集。其中企业发生财务危机数量较多的年份依次为 2018 年、2017 年和 2016 年，被*ST 处理企业数量较多的年份依次为 2010 年、2017 年和 2016 年。

2. 数据说明

企业发生财务危机是一个循序渐进的过程，结合被实施 ST 和*ST 企业的政策背景，研究假设企业在财务危机发生前，其相关的评价特征值可以传递出有关的预警信号。因此，本书按照以上搭建的企业财务危机评价特征体系收集了财务危机企业前一年（T-1）和前两年（T-2）的特征数据，企业财务危机评价特征体系的特征名称及特征符号如表3-3所示。

表3-3　企业财务风险评价特征体系符号表

特征分类	特征名称	特征符号
盈利能力	平均净资产收益率	x_1
	总资产净利率	x_2
	投入资本回报率	x_3
	人力投入回报率	x_4
	销售净利率	x_5
	主营业务比率	x_6
偿债能力	流动比率	x_7
	保守速动比率	x_8
	现金比率	x_9
	产权比率	x_{10}
	净资产负债率	x_{11}
	已获利息倍数	x_{12}
	长期债务比	x_{13}
营运能力	应收账款周转率	x_{14}
	总资产周转率	x_{15}
	流动资产周转率	x_{16}
	存货周转率	x_{17}
成长能力	基本每股收益同比增长率	x_{18}
	营业总收入同比增长率	x_{19}
	净利润同比增长率	x_{20}
	净资产收益率同比增长率	x_{21}
	货币资金同比增长率	x_{22}
	固定资产投资扩张率	x_{23}

续表

特征分类	特征名称	特征符号
其他特征	经营活动净收益/利润总额	x_{24}
	营业外收支净额	x_{25}
	经营活动产生的现金流量净额/营业收入	x_{26}
	全部资产现金回收率	x_{27}
	现金股利保障倍数	x_{28}
	资产负债率	x_{29}
	流动负债权益比率	x_{30}
	资本固定化率	x_{31}
	前十大股东持股比例合计	x_{32}
	机构持股比例合计	x_{33}
	担保总额占净资产比例	x_{34}

通过 Wind 金融数据终端收集到 2604 家上市企业的数据后，利用 SPSS 软件对缺失数据进行替换，替换方法为连续平均值；再利用 DPS 对数据进行规格化处理从而完成特征变化过程，以消除量纲不同对建模造成的不利影响。至此，完成数据的准备工作，共计收集 5208 个观测样本，包含了 182280 个数据。

四、企业财务危机评价特征数据集的确定

本书将财务危机的具体类型细分为 ST 和 *ST 两种，以往的研究成果一般只对企业是否会被 ST 做出预测，而忽略了 *ST 的情况。如果预测标签被设定为两分类，则将 ST 和 *ST 视为同一种情况，即发生了财务危机；而如果预测标签被设定为三分类，则将 ST 和 *ST 视为两种不同的情况，对企业财务危机的严重程度进行了区分，因而更符合实际情况，但增加了模型的预测难度。

经过数据的收集、整理和特征变化后，总共得到 4 组评价特征数据集，分别命名为 oneyear2、oneyear3、twoyears2、twoyears3。oneyear2 数据集的含义为使用企业财务危机发生 T-1 年的评价特征数据预测 T 年企业财

务危机发生与否，oneyear3 数据集的含义为使用企业财务危机发生 T-1 年的评价特征数据预测 T 年企业财务危机发生与否及具体类型，twoyears2 数据集的含义为使用企业财务危机发生 T-2 年的评价特征数据预测 T 年企业财务危机的发生与否，twoyears3 数据集的含义为使用企业财务危机发生 T-2 年的评价特征数据预测企业 T 年财务危机的发生与否及具体类型。然后利用 R 语言进行编程，得到的预测结果如表 3-4 所示。

表 3-4　基于 PDP 技术 T-1 年和 T-2 年的财务危机分类预测误判率表

		两分类（财务危机发生与否）			三分类（财务危机发生与否及具体类型）			
		0	1	分类误判率	0	1	2	分类误判率
T-1 年	0	1802	99	0.0521	1827	3	71	0.03893
	1	108	595	0.1536	38	183	18	0.2343
	2				85	11	368	0.2069
	平均误判率			0.10285	平均误判率			0.16004
		0	1	分类误判率	0	1	2	分类误判率
T-2 年	0	1789	112	0.0589	1815	4	82	0.0452
	1	183	520	0.2603	78	155	6	0.3515
	2				140	5	319	0.3125
	平均误判率			0.1596	平均误判率			0.2364

资料来源：依据上市企业收集数据编程计算结果整理所得。

从表 3-4 得知，T-1 年的评价特征数据对企业财务危机的平均预测误判率为 0.1314（0.10285 和 0.16004 的均值），而 T-2 年的评价特征数据对企业财务危机的平均预测误判率为 0.1980（0.1596 和 0.2364 的均值），所以 T-1 年对企业财务危机的预测精度更高。财务危机作为两分类预测响应变量时，评价特征数据对企业财务危机的平均预测误判率为 0.1312（0.10285 和 0.1596 的均值），而财务危机作为三分类预测响应变量时，评价特征数据对企业财务危机的平均预测误判率为 0.1982（0.16004 和 0.2364 的均值），所以当建模的预测任务是对财务危机的发生与否做评价时，其具有更高的精度，而当对企业发生财务危机的具体类型（ST 或

*ST）做预测时，其精度会下降。但是，不管是哪种情况下，模型对企业未发生财务危机的预测精度最高、误判率最低，平均误判率仅为 0.04878（0.0521、0.03893、0.0589、0.0452 的均值）。总体而言，模型的预测性能良好，能够较好地对 2009~2018 年的样本企业的财务危机作出评价。在所有预测模型中，采用 T-1 年的评价特征数据对企业财务危机进行两分类预测时的模型性能最优。

利用 R 语言进行编程并对四种数据集情况下评价特征重要性进行打分，计算结果如表 3-5 和表 3-6 所示。在表 3-5 中，MDA（Mean Decrease

表 3-5　基于 PDP 技术的 T-1 年预测模型评价特征重要性一览表

类型	oneyear2		oneyear3		类型	oneyear2		oneyear3	
标准	MDA	MDG	MDA	MDG	标准	MDA	MDG	MDA	MDG
x_1	0.048	68.897	0.050	65.191	x_{18}	0.018	30.163	0.019	31.360
x_2	0.094	85.569	0.095	75.598	x_{19}	0.013	19.207	0.014	22.353
x_3	0.039	45.276	0.047	50.974	x_{20}	0.020	31.833	0.021	35.884
x_4	0.046	62.592	0.047	59.397	x_{21}	0.021	34.866	0.025	38.676
x_5	0.048	50.517	0.052	47.946	x_{22}	0.010	14.664	0.011	15.956
x_6	0.015	24.219	0.019	28.657	x_{23}	0.009	16.228	0.009	17.354
x_7	0.018	33.132	0.021	31.713	x_{24}	0.033	55.024	0.031	45.585
x_8	0.015	23.839	0.019	28.007	x_{25}	0.015	26.408	0.022	34.184
x_9	0.048	61.853	0.051	53.057	x_{26}	0.019	26.073	0.020	34.311
x_{10}	0.014	20.264	0.013	20.303	x_{27}	0.015	17.593	0.017	20.291
x_{11}	0.014	18.764	0.015	19.611	x_{28}	0.011	13.549	0.013	13.689
x_{12}	0.034	49.090	0.037	49.408	x_{29}	0.019	25.433	0.020	24.799
x_{13}	0.002	12.120	0.004	15.986	x_{30}	0.012	17.444	0.013	19.473
x_{14}	0.005	12.881	0.006	12.802	x_{31}	0.018	19.861	0.022	23.682
x_{15}	0.002	12.937	0.002	16.321	x_{32}	0.011	43.974	0.032	96.226
x_{16}	0.003	13.410	0.003	14.094	x_{33}	0.001	12.178	0.001	14.364
x_{17}	0.004	11.420	0.004	12.586	x_{34}	0.009	14.286	0.010	18.323

资料来源：依据上市企业收集数据编程计算结果整理所得。

表 3-6　基于 PDP 技术的 T-2 年预测模型评价特征重要性排序

类型	oneyear2		oneyear3		类型	oneyear2		oneyear3	
标准	MDA	MDG	MDA	MDG	标准	MDA	MDG	MDA	MDG
x_1	0.036	57.4	0.043	61.243	x_{18}	0.029	52.183	0.033	57.514
x_2	0.054	60.859	0.059	61.133	x_{19}	0.012	24.096	0.014	25.008
x_3	0.053	53.606	0.058	53.5	x_{20}	0.028	42.756	0.031	46.219
x_4	0.034	50.514	0.035	53.654	x_{21}	0.025	32.278	0.026	34.312
x_5	0.025	37.612	0.027	37.892	x_{22}	0.019	24.512	0.021	25.138
x_6	0.021	29.384	0.022	31.382	x_{23}	0.011	20.381	0.012	20.858
x_7	0.017	31.309	0.019	26.72	x_{24}	0.021	33.358	0.021	29.518
x_8	0.015	24.651	0.02	23.879	x_{25}	0.015	28.746	0.017	33.924
x_9	0.027	36.101	0.033	38.479	x_{26}	0.018	26.922	0.02	28.097
x_{10}	0.014	21.807	0.016	23.256	x_{27}	0.025	26.163	0.029	28.784
x_{11}	0.017	22.147	0.021	26.05	x_{28}	0.007	9.898	0.009	10.949
x_{12}	0.017	27.314	0.024	33.505	x_{29}	0.017	27.189	0.019	27.208
x_{13}	0.003	14.599	0.004	15.496	x_{30}	0.014	23.415	0.017	25.37
x_{14}	0.003	14.164	0.003	15.269	x_{31}	0.02	26.749	0.021	27.325
x_{15}	0.005	18.086	0.005	19.429	x_{32}	0.018	65.284	0.033	104.769
x_{16}	0.003	16.185	0.003	16.511	x_{33}	0.002	16.907	0.002	17.05
x_{17}	0.003	9.828	0.005	12.035	x_{34}	0.01	20.241	0.011	20.046

资料来源：依据上市企业收集数据编程计算结果整理所得。

Accuracy）是将特征空间中的某一特征变为随机数后导致预测准确性的降低程度，该值越大说明对预测模型的重要性越大；MDG（Mean Decrease Gini）是通过计算 Gini（基尼指数）来评价特征空间中的某一特征对分类树每个节点上观测值异质性的影响，该值越大说明对预测模型的重要性越大。通过对表 3-4 的计算结果进行排序后可知，无论采用何种评价模型，x_2（总净资产收益率）、x_1（平均净资产收益率）、x_4（人力投入回报率）三个特征的重要性评分都位于前五。

通过对表 3-6 的计算结果进行排序后可知，无论采用何种评价模型，x_2（总净资产收益率）、x_1（平均净资产收益率）、x_{18}（基本每股收益同比增长率）三个特征的特征重要性评分都位于前五。

本书对特征选择的依据是 MDA 值和 MDG 值，由于 MDA 是对某特征变换为随机数后测量预测精确率的下降程度，而 MDG 则从预测模型内部对某特征的影响程度进行测度，因此在对特征空间的特征进行选择时，优先考虑 MDG。由于存在四种数据集，并且基于 PDP 技术的预测模型有四种，因此基于不同预测年限的不同预测响应变量组合的预测模型也有四种，特征选择方案也存在四种，特征的重要性排序如表 3-7 所示。同时利用 R 语言对每种预测模型重要性排在前 16 名的特征绘制局部依赖响应图，得到图 3-2~图 3-5。

表 3-7　基于 PDP 技术 MDG 评价机制的特征重要性排序

类型	oneyear2	oneyear3	twoyears2	twoyears3	类型	oneyear2	oneyear3	twoyears2	twoyears3
1	x_2	x_{32}	x_9	x_{32}	18	x_8	x_{29}	x_{31}	x_{29}
2	x_1	x_2	x_{32}	x_1	19	x_{10}	x_{31}	x_{27}	x_7
3	x_4	x_1	x_2	x_2	20	x_{31}	x_{19}	x_8	x_{11}
4	x_9	x_4	x_1	x_{18}	21	x_{19}	x_{10}	x_{22}	x_{30}
5	x_{24}	x_9	x_3	x_4	22	x_{11}	x_{27}	x_{19}	x_{22}
6	x_5	x_3	x_{18}	x_3	23	x_{27}	x_{11}	x_{30}	x_{19}
7	x_{12}	x_{12}	x_4	x_{20}	24	x_{30}	x_{30}	x_{11}	x_8
8	x_3	x_5	x_{20}	x_9	25	x_{23}	x_{34}	x_{10}	x_{10}
9	x_{32}	x_{24}	x_5	x_5	26	x_{22}	x_{23}	x_{23}	x_{23}
10	x_{21}	x_{21}	x_{24}	x_{25}	27	x_{34}	x_{15}	x_{34}	x_{34}
11	x_7	x_{20}	x_{21}	x_{25}	28	x_{28}	x_{13}	x_{15}	x_{15}
12	x_{20}	x_{26}	x_7	x_{12}	29	x_{16}	x_{22}	x_{33}	x_{33}
13	x_{18}	x_{25}	x_6	x_6	30	x_{15}	x_{33}	x_{16}	x_{16}
14	x_{25}	x_7	x_{25}	x_{24}	31	x_{14}	x_{16}	x_{13}	x_{13}
15	x_{26}	x_{18}	x_{12}	x_{27}	32	x_{33}	x_{28}	x_{14}	x_{14}
16	x_{29}	x_6	x_{2c}	x_{26}	33	x_{13}	x_{14}	x_{28}	x_{17}
17	x_6	x_8	$x_{2\bullet}$	x_{31}	34	x_{17}	x_{17}	x_{17}	x_{28}

资料来源：依据上市企业收集数据编程计算结果整理所得。

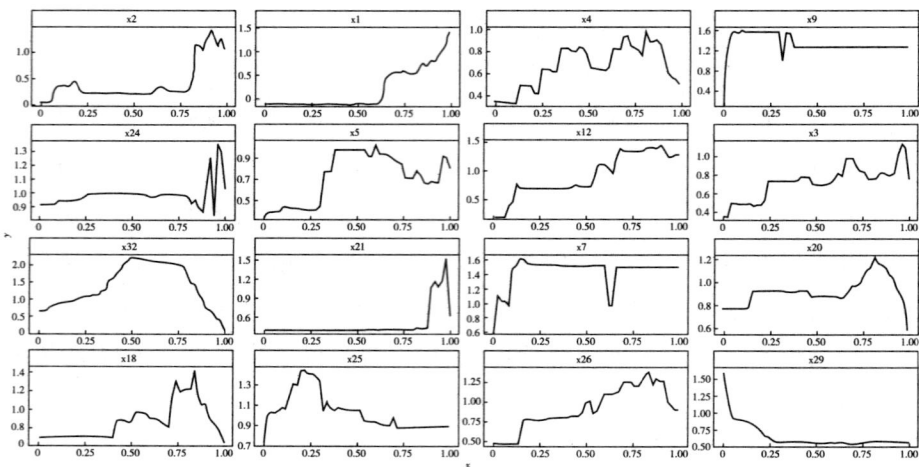

图 3-2　oneyear2 数据集变量降维图（前 16 个特征）

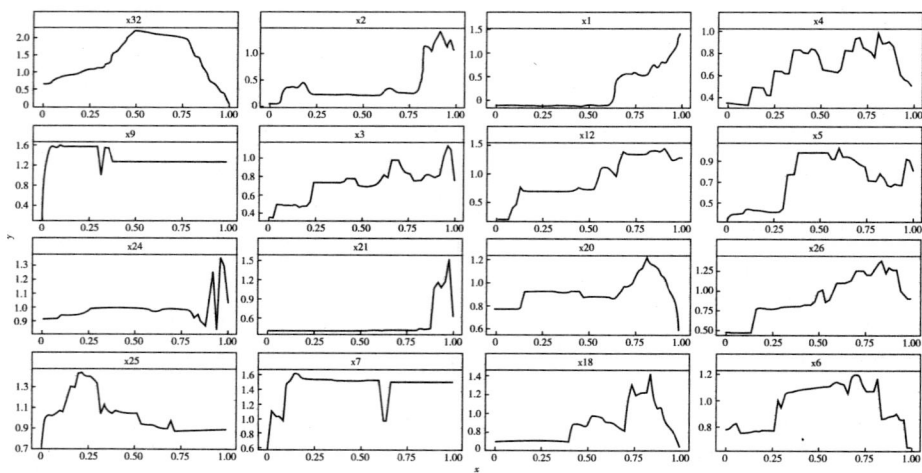

图 3-3　oneyear3 数据集变量降维图（前 16 个特征）

　　根据实际情况，将 MDG 的阈值设定为 30 即可满足预测需求，因此筛选出 13 个特征进入到后续的建模预测中，具体筛选特征的数量，不同学者根据研究需要可能会不一样，具有一定的主观性。对最终选定的

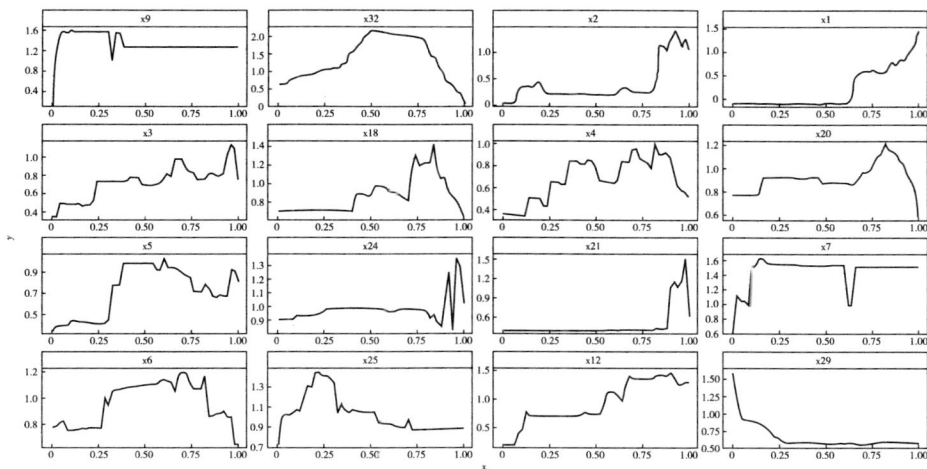

图 3-4　twoyears2 数据集变量降维图（前 16 个特征）

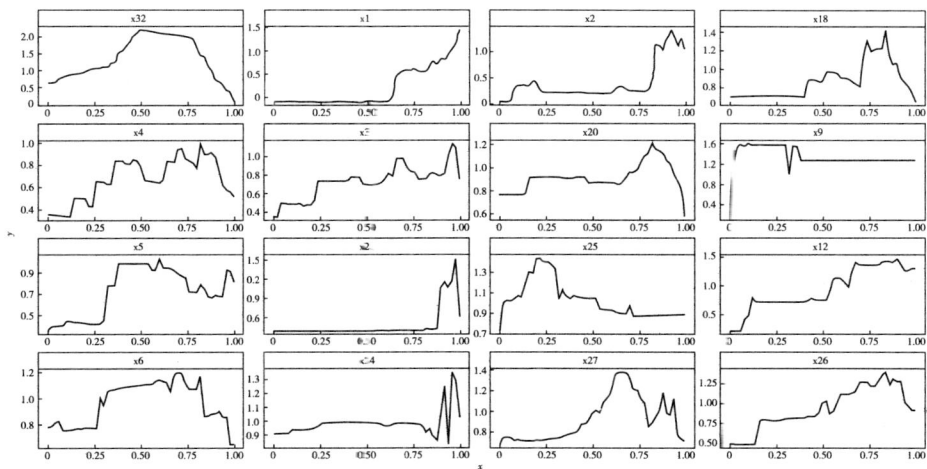

图 3-5　twoyears3 数据集变量降维图（前 16 个特征）

13 个评价特征值进行建模预测，结果如表 3-8 所示，除 T-2 年的两分类预测模型平均误判率增加了，其他三种预测模型的预测精度都得到了提高。

表 3-8 基于 PDP 技术 T-1 年和 T-2 年的财务危机分类预测误判率

两分类				
		0	1	分类误判率
T-1 年	0	1815	86	0.0452
	1	101	602	0.1437
	平均误判率（34 维）	0.10285	劣于	平均误判率（13 维）	0.09445
		0	1	分类误判率
T-2 年	0	1776	125	0.0658
	1	199	504	0.2831
	平均误判率（34 维）	0.1596	优于	平均误判率（13 维）	0.17445

三分类					
		0	1	2	分类误判率
T-1 年	0	1824	8	69	0.0405
	1	40	184	15	0.2301
	2	68	9	387	0.1659
	平均误判率（34 维）	0.16004	劣于	平均误判率（13 维）	0.1455
		0	1	2	分类误判率
T-2 年	0	1789	16	96	0.0589
	1	73	160	6	0.3305
	2	137	4	323	0.3039
	平均误判率（34 维）	0.2364	劣于	平均误判率（13 维）	0.2311

资料来源：依据上市企业收集数据编程计算结果整理所得。

综上可以得出结论：对企业财务风险评价特征体系进行 PDP 技术处理，可以对各特征的重要性进行评价，将 MDG 阈值设置在 30 后可以挑选出 13 个特征；比对未做特征选择和进行了特征选择后模型预测结果发现，预测模型经过特征选择后不仅使特征空间维度降低 67.74%，加快了计算机的运行速度，减少了时间消耗，而且其预测精度总体得到了提升，因此PDP技术对企业财务风险评价特征体系进行降维处理是一种有效的特征工程方法。

第四节　本章小结

本章主要围绕着企业财务危机评价特征体系展开研究，是OEFD企业财务危机平面维度评价和空间维度评价的基础。

首先，对评价特征进行了概念解读，发现在机器学习定义下，评价特征与传统统计学中的评价指标的性质一样，只是归属的学科领域不同，名称存在差异。评价特征体系和评价指标体系都是基于对一事件或者人物进行分析、判断、下结论而构建的评价特征或评价指标的集合。由于本书的实证研究方法主要采用了机器学习领域的算法，因此将指标的概念转为特征。同时，对企业财务危机评价特征进行了界定。关联前述的财务风险的四个组成部分（筹资风险、投资风险、资金回笼风险、盈余分配风险）的主要影响因素，在科学、直接、综合性强等原则下鉴别某一特征是否适用于企业财务危机评价。

其次，提出了企业财务危机评价特征体系搭建的基本思路：根据特定的领域知识对企业财务危机的主要流程提炼出可能会产生直接或间接影响的因素，然后按照一定的标准划分到不同特点的子特征集中，再运用上述的特征变换、特征组合方法对原特征进行技术处理，最后利用特征选择筛选出最终的特征进入到建模分析和预测中。最终搭建了包含盈利能力、偿债能力、营运能力、成长能力以及其他特征五个方面的34个特征的企业财务危机评价特征体系。

最后，比较系统地介绍了特征选择技术，总结了特征选择的低维度特征空间、高保真预测精度以及特征子集较稳定三个原则。利用 Resset 和 Wind 金融咨询终端数据库选择了 2009~2018 年的 703 家财务危机企业和 1901 家无财务危机匹配企业，共计 2604 家企业组成样本集。利用 SPSS 软件对缺失数据进行替换，替换方法为连续平均值，再利用 DPS 对数据进行规格化处理从而完成特征变化过程，以消除量纲不同对建模造成的影响。最终得到两种预测年份机制的共计 5208 个观测样本，包含 182280 个数据。对企业财务危机评价特征体系进行 PDP 技术处理，可以对各特征的重要性进行评价，将 MDG 阈值设置在 30 后可以挑选出 13 个特征；比对未做特征选择数据集和进行了特征选择数据的模型预测结果后发现，预测模型经过特征选择后不仅使特征空间维度降低 67.74%，加快了计算机的运行速度，减少了时间消耗，其预测精度总体得到了提升。

研究发现，财务比率中的总净资产收益率和平均净资产收益率、非财务比率中的前十大股东持股比例对企业是否陷入财务危机具有决定性的作用，影响程度最深，人力投入回报率、投入资本回报率对企业是否陷入财务危机具有次要的影响。总体来看，对于企业是否陷入财务危机，如果用包含产生直接影响的评价特征数来评判的话，企业的盈利能力最重要，其后是成长能力和偿债能力，靠后的是其他特征和营运能力。

第四章

智能优化算法下企业财务危机分类预判

第一节　基于统计学习建模技术的企业
财务危机分类预判

一、统计学习分类建模技术的常用种类及原理

统计学习与机器学习既有联系又有区别，统计学习全称为统计机器学习，是在统计学领域中的正式名称，而机器学习是工程领域中的名称；尽管二者名称不同，但是其包含的算法却是一样的，准确来说，机器学习是以统计学习理论为基础的工程实践方法的总称。本书后续章节涉及的统计学习算法和机器学习中的对应算法并无区别。

统计学习目标的主要模式为回归、分类和聚类，其中回归和分类可以归为监督学习的范畴，聚类则属于无监督学习的范畴，回归和分类的模型使用的统计学习算法大致相同。

本书将财务危机评价分为分类预判和回归测度两个递进子层，其中企业财务危机分类预判主要是针对企业未来一年或两年后是否会出现财务危

机以及出现财务危机的具体类型进行预测。本节将重点介绍统计学习分类建模技术的常用种类和原理。

1. Logistic 二分类模型

Logistic 二分类模型可以将数据分为 0 和 1 两类，其实现流程比较简单，主要包含线性求和、Sigmoid 函数激活、计算误差、修正参数四个步骤。

假设有一个 n 维的输入列向量，同时存在一个 n 维的参数列向量 h 以及一个偏置量 b，计算 $z = h^T x + b$，此时 z 的值域属于 $[-\infty, +\infty]$，无法实现数据的二分类。引入激活函数，将 z 的值映射到 0 和 1 之间。Logistic 二分类模型采用的是 Sigmoid 激活函数，具体形式为：

$$\sigma(x) = \frac{1}{1+e^{-x}} \tag{4-1}$$

求导可得：

$$\sigma'(x) = \sigma(x)(1-\sigma(x)) \tag{4-2}$$

将 z 代入 Sigmoid 激活函数可得：

$$a = \sigma(z) = \sigma(h^T x + b) \tag{4-3}$$

随着 x 的增大，$\sigma(x)$ 越接近 1；反之，随着 x 的减小，$\sigma(x)$ 越接近 0。当 $a > 0.5$ 时，可以判定样本属于一类；当 $a < 0.5$ 时，可以判定样本属于另外一类。

式（4-3）中最开始的参数 h 是随机的，参数 b 的值是 0，通过模型的不断训练使两个参数达到一个较优的值。模型的输入是 x，输出是 y；而实际评判的值是 a，可以定义一个代价函数 $C(a, y)$，通过调整 h 和 b 的值使代价函数最小化。对于凸优化问题，则比较简单，可以通过下式

$$\frac{\partial C}{\partial h} = 0, \quad \frac{\partial C}{\partial b} = 0 \tag{4-4}$$

直接计算 h 和 b 的最优解。然而在更多的情况下，最优解并不能求出，只能获得局部最优解，这种情况主要针对非凸优化问题或者数据规模量很大的情况，只能通过以下迭代的方法来求解：

$$h := h - \eta \frac{\partial C}{\partial h} \tag{4-5}$$

$$b := b - \eta \frac{\partial C}{\partial b} \tag{4-6}$$

同时更新代价函数,

$$C(a, y) = \frac{1}{2}(a-y)^2 \tag{4-7}$$

对代价函数进行求导可得:

$$\frac{\partial C}{\partial h} = (a-y)a(1-a)x \tag{4-8}$$

$$\frac{\partial C}{\partial b} = (a-y)a(1-a) \tag{4-9}$$

因此,得到每次迭代后的参数更新公式为:

$$h := h - \eta(a-y)a(1-a)x \tag{4-10}$$

$$b := b - \eta(a-y)a(1-a) \tag{4-11}$$

2. Logistic 多分类模型

Logsitic 多分类模型(Multinomial Logit)简称为多类别逻辑回归模型,将逻辑回归一般化为多类别问题的分类方法,可以实现根据特征值预测某样本属于多类别中的某一种。多类别逻辑回归模型是一种多分类模型,相对于二分类模型的单分类器而言,其具有多个分类器。对于数据集 x,输出为 y(包含 k 个不同的类别),分类函数用得最多的是 Softmax 回归函数,其具体形式如下:

$$h_\theta(x^{(i)}) = \begin{bmatrix} p(y^{(i)} = 1 \mid x^{(i)}, \theta) \\ p(y^{(i)} = 2 \mid x^{(i)}, \theta) \\ \vdots \\ p(y^{(i)} = k \mid x^{(i)}, \theta) \end{bmatrix} = \frac{1}{\sum_{c=1}^{k} e^{\theta_c^T x^{(i)}}} \begin{bmatrix} e^{\theta_1^T x^{(i)}} \\ e^{\theta_2^T x^{(i)}} \\ \vdots \\ e^{\theta_k^T x^{(i)}} \end{bmatrix} \tag{4-12}$$

式中,定义 $h_c(x)$ 是一个分类器,具体训练过程是挑选出标签为 c 的样本,然后将该样本的标签重置为 1,同时将剩下样本标签不是 c 的重置为 0。对于 Softmax 函数，其代价函数如下：

$$J(\theta) = -\sum_{i=1}^{m}\sum_{c=1}^{k} sign(y^{(i)} = c) \log p(y^{(i)} = c \mid x^{(i)}, \theta) \qquad (4-13)$$

展开后，形式如下：

$$J(\theta) = -\sum_{i=1}^{m}\sum_{c=1}^{k} sign(y^{(i)} = c) \log \frac{e^{\theta_c^T x^{(i)}}}{\sum_{l=1}^{k} e^{\theta_l^T x^{(i)}}} \qquad (4-14)$$

其中，sign（expression is true）= 1，可以看出，式（4-14）是 Logistic 回归损失函数的推广。Softmax 和 Sigmoid 的主要任务不同，前者是进行多分类，后者是进行二分类；前者的本质是离散概率分布，后者的本质是非线性映射。Softmax 函数的结果之和一定等于 1，而 Sigmoid 函数的结果值之和为某一正数，两者之间的联系就在于 Sigmoid 函数是极端情况下分类类别为二的 Softmax 函数。

3. 分类决策树模型

分类决策树模型是一种描述对实例进行分类的树形结构（Jungho & John，2005），主要的优点在于模型的可读性较强，对结果的解释能够以树的形式直观展现，此外分类速度较快、效率较高。分类决策树模型可以认为是 if-then 规则的一种集合，也可以认为是定义在类空间上的条件概率分布。决策树的树形结构主要由节点和有向边组成，节点可以细分为内部节点和叶节点，内部节点表示一个特征，而叶节点表示一个具体的类别。

分类决策树的本质就在于从训练数据中学习一种分类规则，生成一个相对最优的决策树，同时要求其具有一定的泛化能力，是一种由训练样本数据集估计条件概率模型。这样的条件概率模型可能具有无穷多个，而被选中的条件概率模型则要满足两个基本条件，对训练数据能够较好地拟合同时对测试样本数据能够进行较好的预测。分类决策树在进行学习时也需要构造代价函数，学习的目标就是最小化代价函数，分类决策树的代价函数往往是正则化的极大似然函数，由于这种问题是属于非凸优化问题，所以在现实中通常采用启发式的搜索算法，所得到的解是局部最优解。

分类决策数的运行过程大致是首先将所有的训练数据放在根节点，然后选择一个最优特征进行分类，使得测试数据集子集能够被正确地归类，同时构建叶节点；如果有数据子集不能被正确归类，则对这些子集重新选择最优特征继续分割，如此进行下去直到所有的子集都被基本归类到正确的类别中，或者不能再找到合适的特征进行分类为止。分类决策树往往对训练数据具有较强的预测能力，但是对测试数据会产生过拟合现象，因此需要对已经构建的分类决策树进行剪枝，以提高分类决策树的泛化能力。具体做法是去除过细的叶节点，然后将更高的父节点及其他节点变为新的叶节点；对分类决策树进行剪枝是为了得到全局最优值。

分类决策树中较常用的算法有 ID3、C4.5 和 CART 算法，算法的基础概念主要有以下几种：

（1）熵和条件熵。熵表示随机变量不确定性的度量。其定义为：

$$H(X) = -\sum_{i=1}^{n} p_i \log p_i \tag{4-15}$$

熵值越大，表示随机变量的不确定性就越大。

条件熵表示在条件概率下的熵值，如对于条件概率 $H(Y|X)$，其条件熵定义为：

$$H(Y|X) = \sum_{i=1}^{n} p_i H(Y|X=X_i) \tag{4-16}$$

若熵和条件熵中的概率是由极大似然估计所得，则对应的熵和条件熵可以被称为经验熵和条件熵。

（2）信息增益。指由于特征 X 提供了信息而导致 Y 的信息不确定得以减少的程度，计算形式如下：

$$g(D, X) = H(D) - H(D|X) \tag{4-17}$$

详细的计算方式如下：

$$g(D, X) = -\sum_{k=1}^{K} \frac{|C_k|}{|D|} \log_2 \frac{|C_k|}{|D|} - \left(-\sum_{i=1}^{n} \frac{|D_i|}{|D|} \sum_{i=1}^{K} \frac{|D_{ik}|}{|D|} \log_2 \frac{|D_{ik}|}{|D|} \right) \tag{4-18}$$

分类决策树中将信息增益的概念等同于互信息，不同的特征其互信息不同，互信息大的特征是分类能力更强。

（3）信息增益比。指信息增益与训练数据集的经验熵的比值，计算形式如下：

$$g_R(D, X) = \frac{g(D, X)}{H(D)} \tag{4-19}$$

信息增益比可以对当 $H(D)$ 偏大导致信息增益值也增大的问题进行校正。

ID3 算法的核心是对分类决策树上的各个结点应用互信息值对特征进行选择，递归地构建分类决策树。[①] 从根节点开始，对该节点计算所有可能特征的互信息值，然后选择其中最大的互信息值所对应的特征作为该节点的特征，根据特征的不同取值范围建立叶节点，以此思路陆续建立其他节点，直到最后一个分类决策树。ID3 算法相当于运用极大似然法进行概率模型的选择。C4.5 算法和 ID3 算法的本质相同，只不过 C4.5 算法在选择分类特征时的参照标准不是互信息值大小，而是信息增益比值的大小。

CART 算法的全称是分类与回归树，该算法假设决策树的形式是二叉树，内部结点特征取值分为"是"和"否"，"是"对应于左分支，"否"对应于右分支，这种决策树相当于对每个特征进行递归二分。[②] 分类树是基于基尼指数对最优特征进行选择，假设 K 类，样本点属于第 k 类的概率为 p_k，基尼指数的形式如下：

$$Gini(p) = \sum_{k=1}^{K} p_k(1-p_k) = 1 - \sum_{k=1}^{K} p_k^2 \tag{4-20}$$

对于二分类问题，假设属于其中某类的概率是 p，则对应概率分布的基尼指数为：

$$Gini(p) = 2p(1-p) \tag{4-21}$$

对于指定的样本集合 D，其基尼指数为：

$$Gini(D = 1 - \sum_{k=1}^{K} \left(\frac{|Ck|}{D}\right)^2 \tag{4-22}$$

---

① 资料来源：https：//baike. baidu. com/item/ID3% E7% AE% 97% E6% B3% 95/5522381？fr = aladdin。

② 资料来源：https：//blog. csdn. net/gzj_1101/article/details/78355234。

针对特征 X，将样本集合分成 D_1 和 D_2 两个部分，则其对应的基尼指数为：

$$Gini(D,\ X) = \frac{|D_1|}{|D|}Gini(D_1) + \frac{|D_2|}{|D|}Gini(D_2) \tag{4-23}$$

与熵类似，基尼指数的值越大，样本集合的不确定性就越大。

决策树剪枝的本质是通过分类决策树的代价函数进行最小化来实现的，从已经生成的分类决策树中去除一些叶节点或子树，并将其上一级的父节点作为新的叶节点，从而对模型进行简化。假设某分类决策树的 T 叶节点个数为 $|T|$，t 是其叶节点，该叶节点样本的个数为 N_t 个，其中属于第 k 类的样本点有 N_{tk} 个，$H_t(T)$ 为叶节点 t 上的经验熵，则可以定义分类决策树的代价函数为：

$$C_\alpha(T) = \sum_{t=1}^{T} N_t H_t(T) + \alpha|T| \tag{4-24}$$

其完整形式为：

$$C_\alpha(T) = -\sum_{t=1}^{|T|}\sum_{k=1}^{K} N_{tk}\log\frac{N_{tk}}{N_t} + \alpha(T) \tag{4-25}$$

式（4-25）中的第一项简写为 $C(T)$，用来度量分类树模型对训练数据集的预测误差，$|T|$ 度量分类树模型的复杂度，参数 α 控制着分类树模型的预测误差和复杂度之间的影响。α 越大，可以带来较简单的分类决策树模型；相反，α 越小，分类树模型越复杂。剪枝就是针对指定的 α 而言的，选择代价函数最小的分类树模型，其实就是利用正则化的极大似然估计对分类树模型进行选择。对于 CART 算法的剪枝过程，将在第五章进行介绍。

4. 随机森林分类模型

随机森林分类模型本质上也是分类决策树，只不过利用了 Bootstrap 重抽样方法从原始样本集中抽出多个样本，然后对每个样本进行分类决策树建模，再组合多棵分类决策树的预测，通过投票得到最终的预测结果（邓生雄等，2015）。随机森林分类模型流程如图 4-1 所示。

113

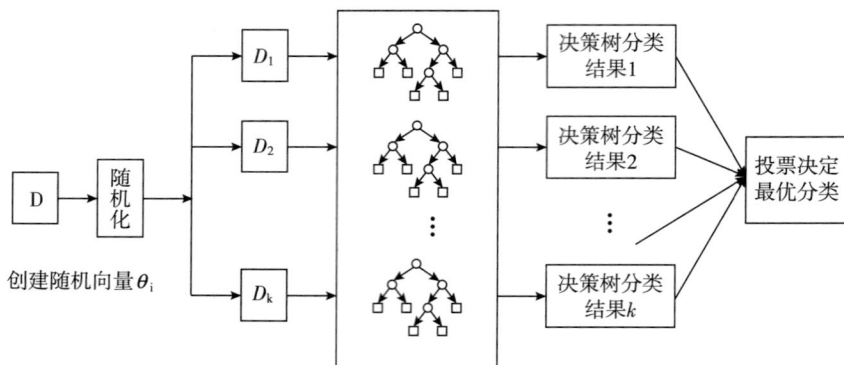

图 4-1 随机森林分类模型流程

随机森林分类模型可以克服统计学习分类决策树模型的预测精度不高并且容易出现过拟合的问题，其基础思想是通过集成多个分类树模型来提高模型的预测精度，这种方法被称为组合方法。该方法首先使用训练数据集构建一组基础分类模型，然后对这些分类模型的预测结果进行频数累计投票，产生最终预测值。为了得到这些组合模型，一般是通过产生随机向量来控制分类决策树的生长。假设为第 k 棵分类决策树生成的随机向量为 Θk，并且独立于其他随机向量 Θi，$i = 1$，$\cdots$，$k-1$，利用 Θk 和训练数据集产生一棵分类决策树，则得到的分类模型为 $h（X，\Theta_k）$。

假设某分类决策树模型为 $\{h_1（X），\cdots，h_k（X）\}$，定义其余量函数为：

$$mg(X，Y) = av_k I(h_k(X) = Y) - \max_{j \neq k} av_k I(h_k(X) = j) \qquad (4-26)$$

该函数可以用来对衡量平均正确分类数超过平均错误分类树的程度，该值越大，说明分类树的分类预测性能越优。当分类决策树模型达到一定数量时，$h_k（X）= h（X，\Theta_k）$，并服从于大数定律，并且趋向收敛于，

$$P_{X,Y}(P_\Theta(h(X，\Theta) = Y) - \max_{j \neq k} P_\Theta(h(X，\Theta) = j) < 0) \qquad (4-27)$$

由此可知，随机森林分类模型并不会随着分类决策树数量的增加而产生过拟合的问题。值得一提的是，随机森林分类模型在实践中往往比其他

算法具有更优良的预测性能，平均误判率会较低，对噪声和异常值通常能够较好地容忍，所以其应用价值更突出。

5. XGBoost 分类模型

XGBoost 模型属于监督学习模型的范畴（Chen & Guestrin，2016），主要由一系列的 CART 树组合而成，其数学形式如下：

$$\hat{y}_i = \sum_{i=1}^{K} f_k(x_i), f_k \in F \tag{4-28}$$

其中，F 表示所有可能的 CART 树，f 则表示其中一棵具体的 CART 树，模型的参数是通过优化如下的目标函数得来的：

$$\mathrm{obj}(\theta) = \sum_{i}^{n} l(y_i, \hat{y}_i) + \sum_{k=1}^{K} \Omega(f_k) \tag{4-29}$$

目标函数分为代价函数及正则项两部分。XGBoost 模型需要求解和优化的是每个叶节点的得分值，也就是 $f(x)$ 的值，XGBoost 并不是由若干棵 CART 树进行简单的组合，而是一种加法模型，其具体实现流程参见第五章。

6. 神经网络模型

神经网络的种类非常多（巫影等，2002），但是最基础的形式却是单层感知器和线性神经网络。单层感知器是一种单层前向网络，只能输出两种可能的值；而线性神经网络可以取任意值，传输函数是线性函数，采用 Widrow-Hoff 学习规则对网络的权值和偏置进行调整，两者之间的区别就在于神经元的传输函数不同。由于第五章会重点涉及反向传播神经网络的基础原理、结构和学习算法，因此在这里只对基础的神经网络原理进行介绍。

如图 4-2 所示，假设输入变量为：

$$x = [1, x_1(n), \cdots, x_N(n)]^T \tag{4-30}$$

权值向量为：

$$\omega(n) = [\omega_0(n), \omega_1(n), \cdots, \omega_N(n)]^T \tag{4-31}$$

其中，$\omega_0 = b(n)$，表示偏置，则输出的表达式为：

$$y = x^T\omega, \quad q = \mathrm{sgn}(y) \tag{4-32}$$

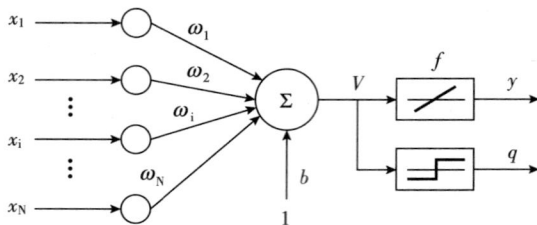

图 4-2　线性神经网络的基础结构

在网络结构中添加多个神经元节点，就可以得到多输出，这种线性神经网络结构就称 Madaline 网络结构（见图 4-3）。该网络结构可以通过一种非直接的方式解决线性不可分的问题，其基本思路是利用多个线性函数对区域进行划分，然后对每一个神经元的输出进行逻辑运算。[①] 此外，解决线性不可分问题的思路还有对神经元添加非线性成分（见图 4-4）。

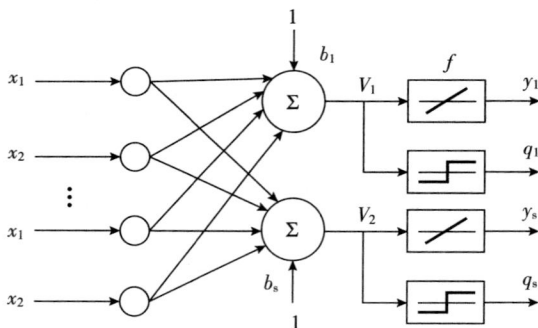

图 4-3　Madaline 神经网络的基础结构

线性神经网络的优良性能离不开 Widrow 和 Hoff（1960）提出的自适应滤波 LMS 算法（Δ 规则），该算法是自适应滤波算法中的标准算法，比较容易实现。

---

① 资料来源：https：//download. csdn. net/download/cl1028921845/4227463。

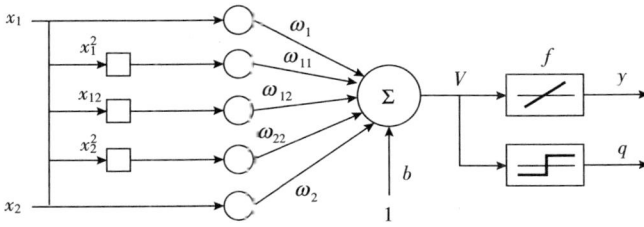

图 4-4　神经元添加非线性成分的神经网络基础结构

定义某次迭代时的误差信号为：

$$e(n) = d(n) - x^T(n)\omega(n) \tag{4-33}$$

其中，n 表示迭代次数，d 表示期望输出，其评价指标为：

$$MSE = \frac{1}{Q} \sum_{k=1}^{Q} e^2(k) \tag{4-34}$$

式中，Q 表示输入样本集的个数，同时定义代价函数为：

$$E(w) = \frac{1}{2} \left[d(n) - x^T(n)u(n) \right]^2 \tag{4-35}$$

对式（4-35）中的 ω 求偏导，可得：

$$\frac{\partial E}{\partial \omega} = -x^T(n) \left[d(n) - x^T(n)w(n) \right] \tag{4-36}$$

根据梯度下降法对权值进行调整，可得：

$$\omega(n+1) = \left[1 - \eta x^T(n)x^T(n) \right] \omega(n) + \eta x^T(n)d(n) \tag{4-37}$$

通常设置收敛条件有三种：一是达到了最大迭代次数；二是误差等于零或者变化量已经很小；三是权值变化量很小。学习率的大小会影响算法的收敛速度，若学习率太大，则可能会导致模型陷入局部最优；若学习率太小，则会导致算法运行的平均时长过长。因此，学术界比较公认的一种做法是在模型训练的初期采用较大的学习率以提高收敛速度，随着迭代次数的增加，减小学习率以保证精度，列举一种学习率下降方案如下：

$$\eta = \frac{\eta_0}{n} \tag{4-38}$$

如此一来，学习率会随着模型迭代次数的增加而快速下降。再举一例，指数下降法，具体形式是：

$$\eta = c^n \eta_0 \tag{4-39}$$

其中，c 是一个介于 0 和 1 之间的常数。

此外，支持向量机、极限学习机也是统计学习分类模型，但是并不像上述模型一样被广泛运用，由于这两种模型的预测结果比较依赖于调参过程，将在后续章节重点介绍。

二、评价流程

评价特征数据集主要是 oneyearpdp2、oneyearpdp3、twoyearspdp2、twoyearspdp3，其含义分别为使用 T-1 年的企业财务评价特征体系数据（已经 PDP 技术处理进行降维）预测 T 年的财务危机发生与否；使用 T-1 年的企业财务评价特征体系数据（已经 PDP 技术处理进行降维）预测 T 年的财务危机发生与否以及财务危机的具体种类；使用 T-2 年的企业财务评价特征体系数据（已经 PDP 技术处理进行降维）预测 T 年的财务危机发生与否；使用 T-2 年的企业财务评价特征体系数据（已经 PDP 技术处理进行降维）预测 T 年的财务危机发生与否以及财务危机的具体种类。同时，数据集中的所有数据已经进行了缺失值替换和规格化处理。评价使用的统计学习分类建模技术分别是决策树分类模型、随机森林分类模型、XGBoost 分类模型、Logistic 二分类或者多分类模型、神经网络模型等。通过使用 R 语言进行编程，区分二分类和三分类两种情况进行建模，通过多种评价指标对模型的分类失误率以及预测精度进行度量，并以图形的方式进行直观展示和比较。

三、分类预判模型性能评估

通过比对模型的预测输出与真实值之间的差异可以对模型的性能进行客观评价，如果发现模型在训练数据集中的表现优良而在测试数据集中表现却大打折扣，说明模型可能存在过拟合的现象。相反，如果在训练集和测试数据集中的表现都差强人意，则说明模型可能存在欠拟合的现象。针对不同的现象，所采取的措施也不尽相同，如为了避免过拟合现象，可以考虑增加训练数据、减少特征维数、交叉检验以及正则化；为了避免欠拟合现象，可以考虑增加新特征、尝试非线性模型等。

1. 分类评价种类

针对分类评价问题，可以通过混淆矩阵及与其相关评价指标、ROC 图、PR 图以及 AUC、Lift 提升图、K-S 图等评价指标进行综合评价。

（1）混淆矩阵及其相关评价指标。二分类模型混淆矩阵如表 4-1 所示。

表 4-1　二分类模型混淆矩阵

实际		预测		
		1	0	合计
实际	1	TP	FN	TP+FN
	0	FP	TN	FP+TN
合计		TP+FP	FN+TN	TP+FP+FN+TN

如表 4-1 所示，TP 为实际为正预测为正的样本个数、FP 为实际为负预测为正的样本个数、TN 为实际为负预测为负的样本个数、FN 为实际为正预测为负的样本个数。与混淆矩阵相关的评价指标有召回率、准确率、查准率以及 F 值。召回率（Recall）又称查全率，通过计算预测为正且正确的样本个数除以实际值应为正的样本个数的比率 $\left(\dfrac{TP}{TP+FN}\right)$。准确率（Accuracy）能够反映分类模型对整个数据集的判定能力，即能够正确区分正样本和负样本，通过计算预测为正且正确的样本个数加上预测为负且正确的样本个数除以所有样本数总和的比率。查准率（Precison）通过计算预测为正且准确的样本个数与预测为正及预测为正实际为负的样本个数综合的比率。F 值是一个比较重要的评价指标，通常被用于信息检索、推荐

系统的评价指标，通过计算 $\dfrac{2 \times \text{Recall} \times \text{Precision}}{\text{Recall} + \text{Precision}}$ 的比值得出，从统计学平均数的种类来看，F 值是查准率和查全率的调和平均数。

（2）ROC 图、PR 图以及 AUC。在混淆矩阵中，真正率（TPR）等于 $\dfrac{\text{TP}}{\text{TP} + \text{FN}}$，假正率（FPR）等于 $\dfrac{\text{FP}}{\text{FP} + \text{TN}}$，同时真正率也被称为灵敏度（Sensitivity）。以真正率为纵坐标，假正率为横坐标可以绘制 ROC 图，ROC 曲线实际上就是不同阈值下的真正率和假正率的轨迹，每一个预测结果在 ROC 空间中就是一个点。阈值就是一个分界线，在建模完成后会对测试样本的每个样本进行打分，如果指定阈值为 0.7，那么评分低于阈值样本会给出负的标签，而评分高于阈值的样本会给出正的标签。因此，随着阈值的减小，模型预测给出正的标签的概率就会增加。

PR 图实际上就是以查准率为横坐标，以查全率为纵坐标绘制的曲线，随着分类阈值的逐渐变小，查准率减小而查全率增大，比较不同分类模型的性能优劣，重点在比较哪个模型能够又快又全，绘制的曲线越往右上角接近，效果就越好。

AUC 是衡量二分类模型中最重要的评价指标，AUC 值是通过随机挑选一个正负样本，然后按照分类模型的算法计算的分值并将正样本排在负样本前面的概率，这个概率值就是 AUC 值。

（3）Lift 提升图与 K-S 图。Lift 等于 $\dfrac{\dfrac{\text{TP}}{\text{TP} + \text{FP}}}{\dfrac{\text{TP} + \text{FN}}{\text{TP} + \text{FP} + \text{FN} + \text{TN}}} = \dfrac{\text{Precision}}{\text{Accuracy}}$，Lift 值越大，说明模型的运行效果越好。KS = max（TPR - FPR），用来度量模型的最优区分效果，一般认为当 KS > 0.2 时，模型具有良好的预测准确性；如果 KS = 0 则认为模型是不具有区分度的随机模型。Lift 曲线是对一部分总体的模型性能进行评估，而混淆矩阵是对整个总体的模型性能进行评估。

2. 分类评价结果

结合对以上分类模型的性能的评价指标进行梳理，区分二分类和三分类两种情形，各种统计学习建模技术的评价结果如下：

（1）二分类情形。二分类模型包含了 oneyearpdp2 和 twoyearspdp2 两个数据集，分别代表使用 T-1 年的企业财务评价特征体系数据（已经PDP 技术处理进行降维）预测 T 年的财务危机发生与否；使用 T-2 年的企业财务评价特征体系数据（已经 PDP 技术处理进行降维）预测 T 年的财务危机发生与否。每个数据集包含了 13 个评价特征和 1 个分类标签，同时每种数据集包含了 2604 个样本，随机选择其中的 10%用于测试样本，通过设定随机种子随机测试 20 次后取评价性能最好的一次结果进行比较。

1）oneyearpdp2 建模预测结果评价。利用 R 语言编程对 oneyearpdp2 数据集建立分类决策树模型、随机森林分类模型、XGBoost 分类模型、Logistic 二分类模型以及神经网络模型，分别从以下分类评价指标进行比较。[①]

①混淆矩阵及其相关指标。建立分类决策树模型、随机森林分类模型、XGBoost 分类模型、Logistic 二分类模型以及神经网络分类模型 5 种模型对企业是否发生财务危机的预测平均准确率（Accuracy）分别为82.8%、91.6%、91.2%、72.4%、78.9%，平均准确率最高的是随机森林分类模型，最低的是 Logistic 二分类模型。五种分类模型的平均准确率是 83.38%，总体而言，分类性能比较优良，能够根据特征空间已有的特征值对企业是否发生财务危机进行较为准确的预判。图 4-5 给出了查全率和查准率之间的变化趋势。

②ROC 图。比较图 4-5～图 4-10 可以发现，通过 AUC 值来评定二元分类模型的性能优劣，XGBoost 分类模型和随机森林分类模型的性能相当，在五种分类模型中表现较优，和混淆矩阵的结果比较相近；混淆矩阵中分

---

① 由于此处研究的目的是统计学习常用分类模型的横向比较，因此不对参数进行调优，决策树的参数设置如下：Min Split 为 20，Max Depth 为 30，MIn Bucket 为 7，Complexity 为 0.01；随机森林的参数设置如下：Trees 为 500，Variables 为 3；XGBoost 参数设置如下：Max Depth 为 6，Min Split 为 20，Comlexity 为 0.01，Learning Rate 为 0.3，Threads 为 2，Iterations 为 50；神经网络设置隐藏层层数为 10，其他三种情形的参数与此相同。

类决策树的表现较好，但是在 AUC 评价指标上，分类决策树的表现和神经网络分类模型一样。

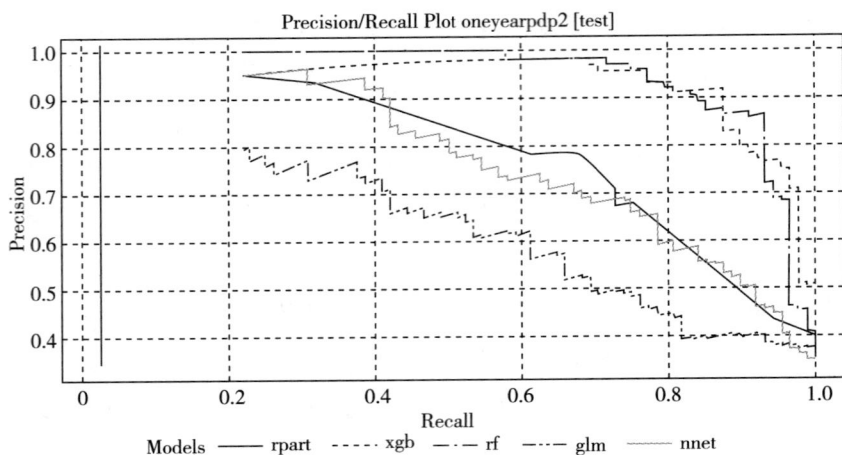

图 4-5　oneyearpdp2 数据集查全率与查准率关系变化趋势

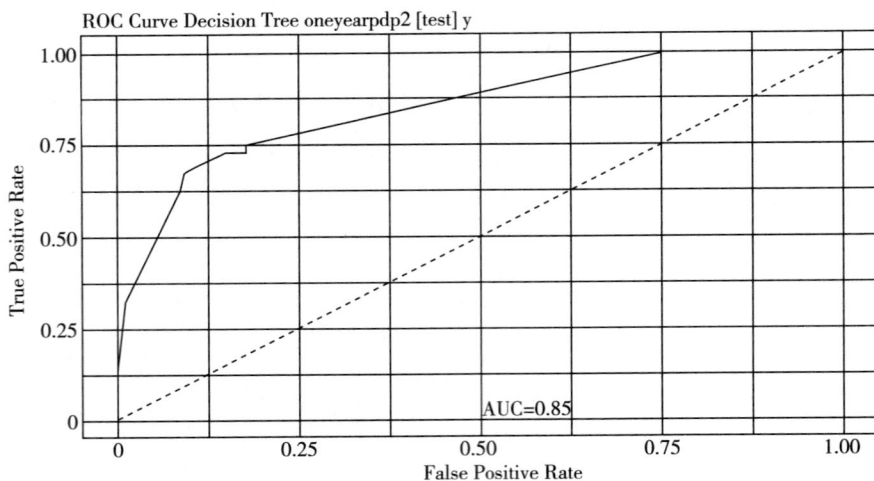

图 4-6　oneyearpdp2 数据集分类决策树模型 ROC 图

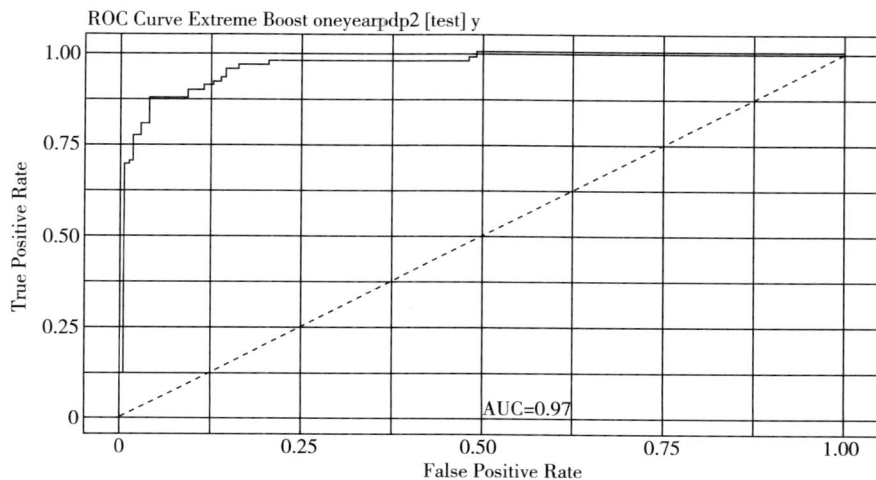

图 4-7 oneyearpdp2 数据集随机森林分类树模型 ROC 图

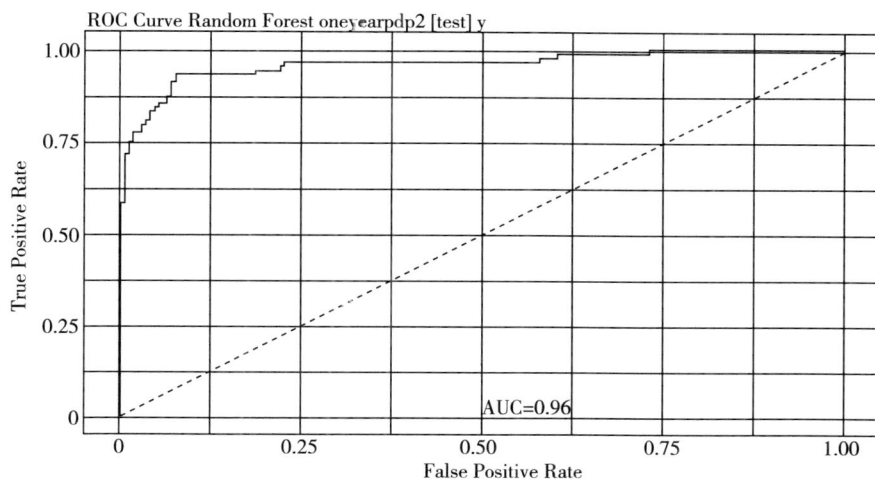

图 4-8 oneyearpdp2 数据集 XGBoost 模型 ROC 图

ROC Curve Linear oneyearpdp2 [test] y

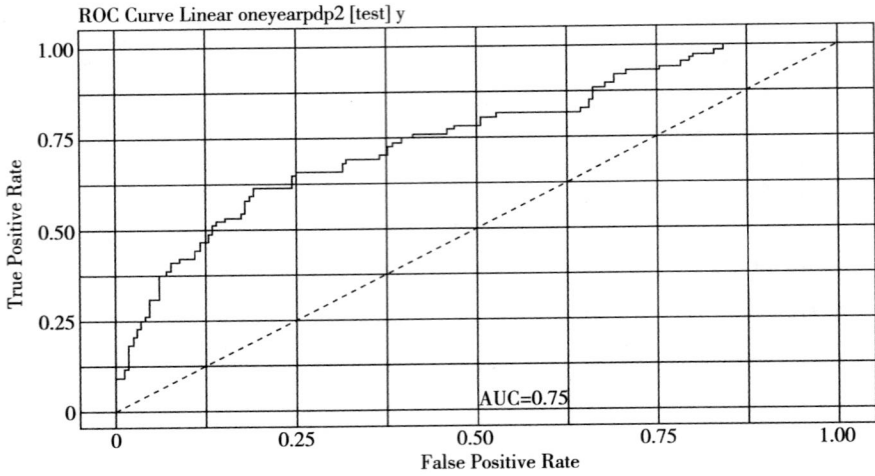

AUC=0.75

图 4-9 oneyearpdp2 数据集 Logistic 二分类树模型 ROC 图

ROC Curve Neural Net oneyearpdp2 [test] y

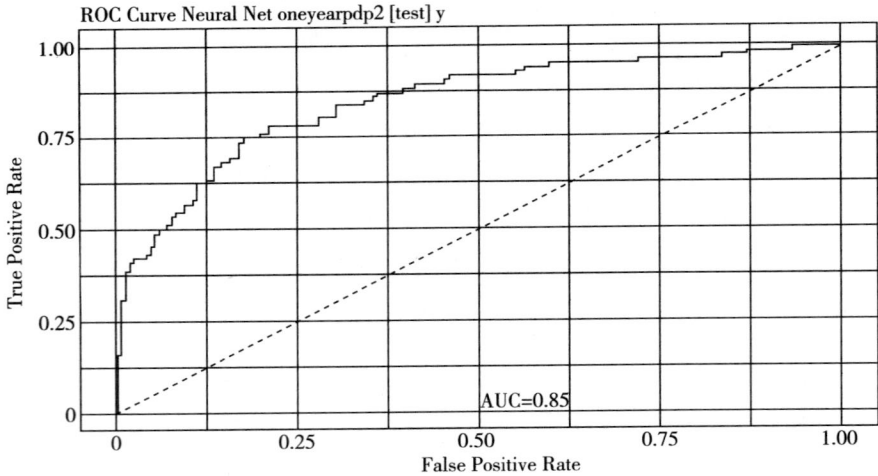

AUC=0.85

图 4-10 oneyearpdp2 数据集神经网络分类模型 ROC 图

③Lift 图。图 4-11 中，rpart 代表分类决策树模型，xgb 代表 XGBoost 分类模型，glm 代表 Logistic 二分类模型，rf 代表随机森林分类模型，nnet 代表神经网络模型。可以看出，随机森林和 XGBoost 模型的 Lift 值高、性能优；Logistic 二分类模型的 Lift 值相对较低，性能最差；神经网络分类模型和分类树决策模型性能居中。

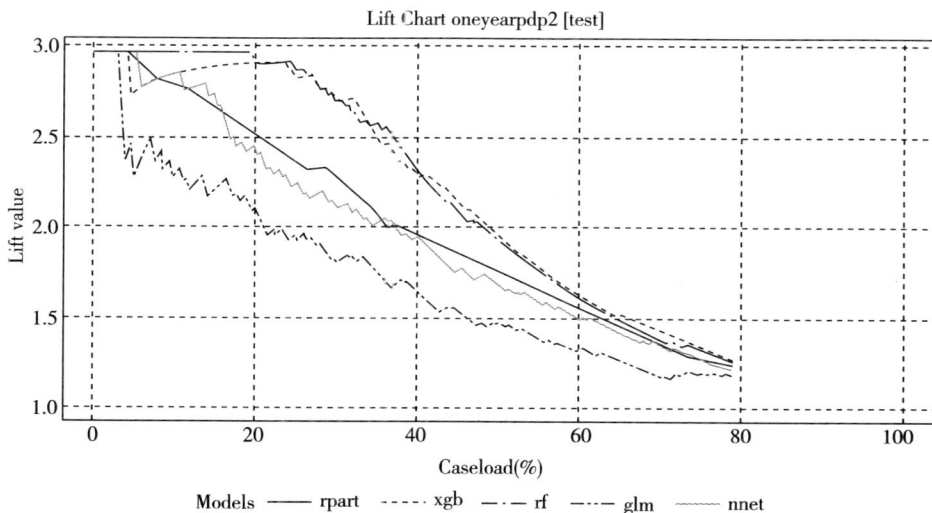

图 4-11　oneyearpdp2 数据集分类模型 Lift 图

2）twoyearspdp2 建模预测结果评价。利用 R 语言编程对 twoyearspdp2 数据集建立分类决策树模型、随机森林分类模型、XGBoost 分类模型、Logistic 二分类模型以及神经网络模型，分别从以下分类评价指标进行评价。

①混淆矩阵及其相关指标。建立分类决策树模型、随机森林分类模型、XGBoost 分类模型、Logistic 二分类模型以及神经网络分类模型五种模型对企业是否发生财务危机的预测平均准确率（Accuracy）分别为 78.9%、85.1%、85.9%、75.8%、84.6%，平均准确率最高的是 XGBoost 分类模型，最低的是 Logistic 二分类模型。五种分类模型的平均准确率是 82.06%。总体而言，模型的预测性能较好，但是和用 T-1 年的数据进行预测相比其预测准确率更低。图 4-12 给出了查全率和查准率之间的变化趋势图。

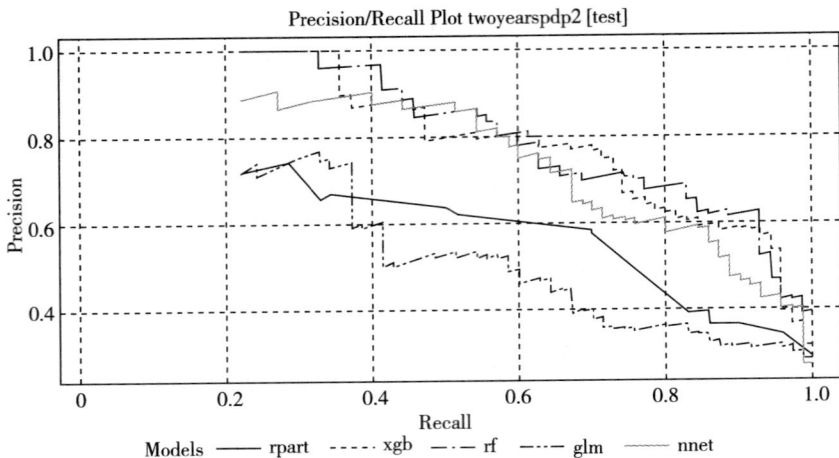

图 4-12 twoyearspdp2 数据集查全率与查准率关系变化趋势

②ROC 图。比较图 4-13~图 4-17 可以发现，通过 AUC 值来评定二元分类模型的性能优劣，随机森林分类模型在五种分类模型中表现较优，表现最差的是 Logistic 二分类模型。

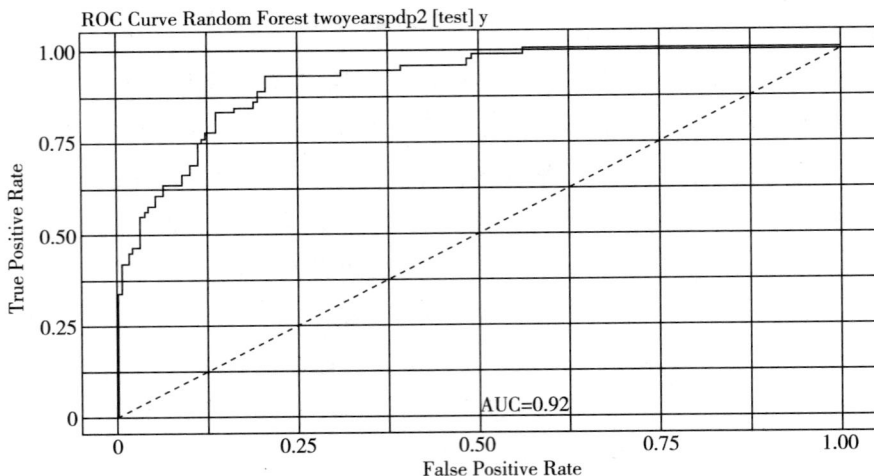

图 4-13 twoyearspdp2 数据集分类决策树模型 ROC 图

ROC Curve Decision Tree twoyearspdp2 [test] y

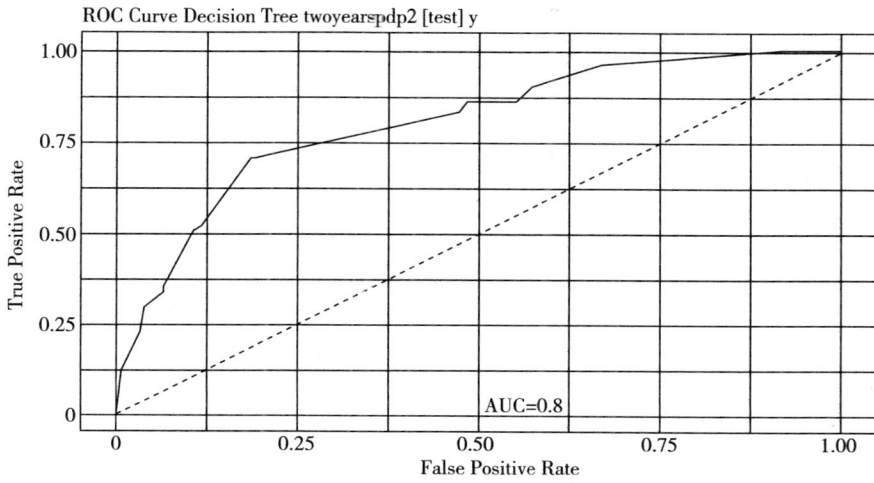

图 4-14　twoyearspdp2 数据集随机森林分类模型 ROC 图

ROC Curve Extreme Boost twoyearspdp2 [test] y

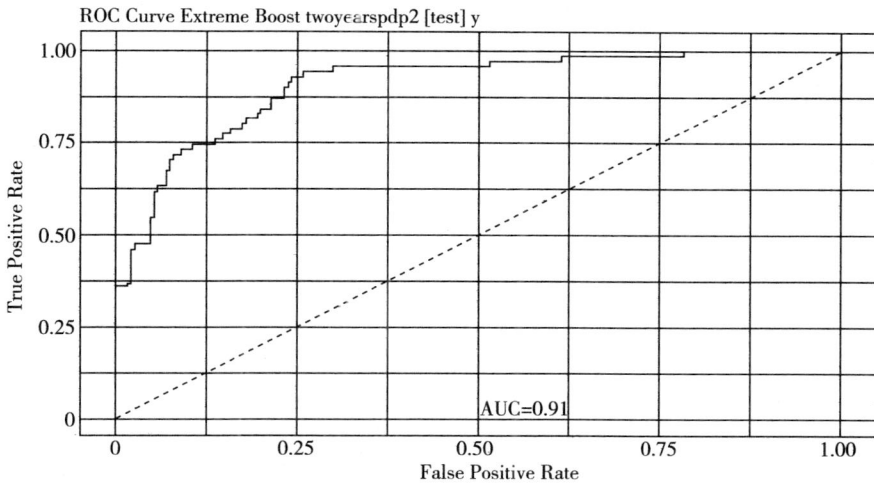

图 4-15　twoyearspdp2 数据集 XGBoost 分类模型 ROC 图

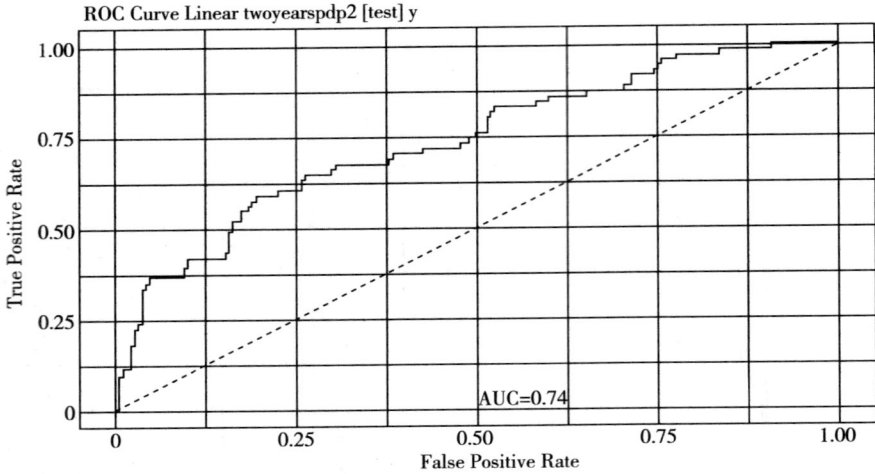

图 4-16　twoyearspdp2 数据集 Logistic 二分类模型 ROC 图

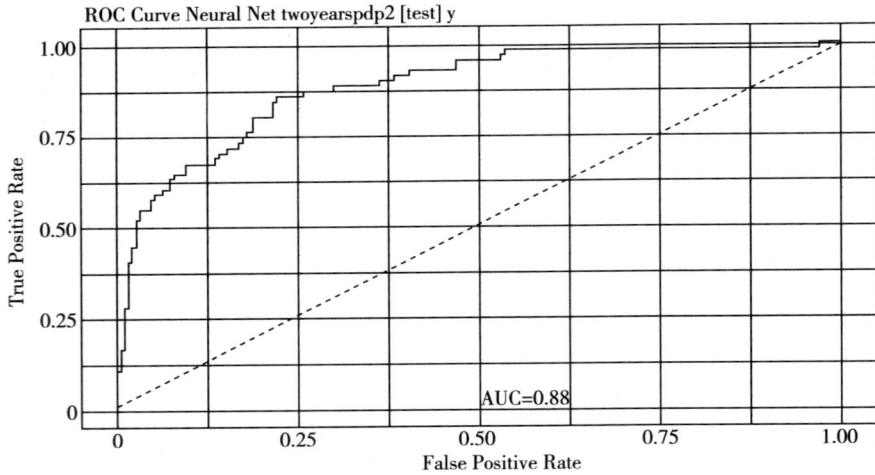

图 4-17　twoyearspdp2 数据集神经网络分类模型 ROC 图

③Lift 图。从图 4-18 可以看出，随机森林分类模型、XGBoost 分类模型和神经网络分类模型的 Lift 值较高，性能依次衰减；而性能最差的是 Logistic 二分类模型。

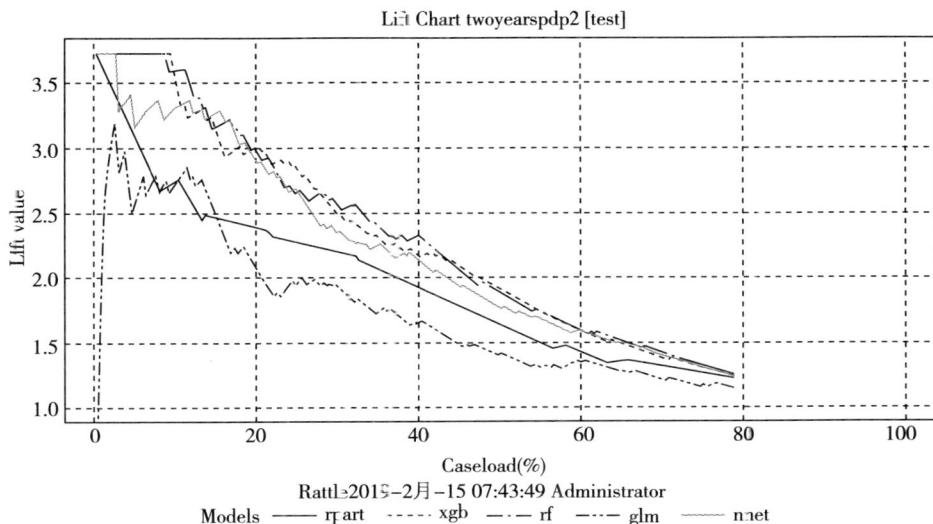

图 4-18　twoyearspdp2 数据集分类模型 Lift 图

综合以上分析可以得出结论，利用 T-1 年和 T-2 年的财务危机评价特征数据可以有效地对 T 年的财务危机进行评价，对其是否会发生财务危机做出有效预测，但是利用 T-1 年的数据进行预测，准确率会更高。

（2）三分类情形。三分类模型包含了 oneyearpdp3 和 twoyearspdp3 两个数据集，分别代表使用 T-1 年的企业财务评价特征体系数据（已经 PDP 技术处理进行降维）预测 T 年的财务危机发生与否以及发生的财务危机具体种类；使用 T-2 年的企业财务评价特征体系数据（已经 PDP 技术处理进行降维）预测 T 年的财务危机发生与否以及发生的财务危机具体种类。同二分类情形一样，每个数据集包含了 13 个评价特征和 1 个分类标签，同时每种数据集包含 2604 个样本，随机选择其中的 10% 用于测试样本，通过设定随机种子随机测试 20 次后取预测准确率的平均值作为模型的最终评价结果。

1）oneyearpdp3 建模预测结果评价。利用 R 语言编程分别为对 oneyearpdp3 数据集建立分类决策树模型、随机森林分类模型、Multinomial 分类模型,由于三分类评价指标和展现形式没有二分类指标丰富,只能从混淆矩阵进行评价。三种分类模型的平均预测准确率(Accuracy)分别是79.2%、88.5%、75.5%,随机森林分类模型的平均预测准确率最高,Multinomial 分类模型的平均预测准确率最低。

2)twoyearspdp3 建模预测结果评价。利用 R 语言编程分别对 twoyearspdp3 数据集建立分类决策树模型、随机森林分类模型、Multinomial 分类模型,由于三分类评价指标和展现形式没有二分类指标丰富,只能从混淆矩阵进行评价。三种分类模型的平均预测准确率(Accuracy)分别是76.6%、82.6、75.1%,随机森林分类模型的平均预测准确率最高,Multinomial 分类模型的平均预测准确率最低,相比于使用 T−1 年的财务危机评价特征数据对 T 年的财务危机发生与否以及发生财务危机的具体种类进行预测,其准确率整体更低,预测性能下降。

综合以上分析可知,将常用的五种统计学习分类模型(分类决策树模型、随机森林分类模型、XGBoost 分类模型、Logistic 二分类以及 Multinomial 分类模型、神经网络分类模型)运用于企业财务危机评价中;构建预测模型后发现,整体而言随机森林分类模型的预测性能最优,而 Logistic 二分类以及 Multinomial 分类模型的预测性能最差。此外,T−1 年的企业财务危机评价特征数据的预测能力比 T−2 年的企业财务危机评价特征数据的预测能力强;预测模型在预测标签为二分类的情况下比预测标签为三分类情况下表现更好、预测准确率更高。

除上述常用的五种统计学习分类模型,还有像支持向量机和极限学习机等分类性能优良的模型可以用于对企业财务危机进行评价,但是上述两种模型的预测性能和调参工作紧密相关,参数的优劣会直接影响模型的预测性能。因此,在接下来的章节中分别使用智能优化算法对支持向量机和极限学习机进行参数优化,对企业财务危机进行评价。

第二节　智能优化算法与支持向量机组合下
企业财务危机分类预判

一、支持向量机的原理、结构和参数优化

1. 支持向量机的原理

支持向量机是基于统计学习的 VC 维（Vapnik–Chervonenkis Dimension）理论和结构风险最小化原则而提出的算法。VC 维在模式识别中的定义是：对于一个指示函数集，如果其中 h 个样本能够被函数集中的函数按照 2^h 种可能的方式分开，则称 h 是该函数集的最大 VC 维。VC 维的值越大，说明其学习容量越大，学习机器越复杂。对于一些非线性的学习机器，VC 与参数个数并没有明确的对应关系，并且其计算方式不明确。结构风险最小化原则（Stuuctural Risk Minimization，SRM）是指函数集构造为一个函数子集序列，使各个子集按照 VC 维的大小排列；在每个子集中寻找最小经验风险，在子集间折中考虑经验风险和置信范围，取得实际风险的最小化。相比于传统统计学习通常采用经验风险最小化原则，结构化风险最小化原则可以在确保经验风险最小化的同时，降低统计学习模型的 VC 维，使得该模型在整个样本集上的期望风险得到控制，支持向量机正是基于这种思想提出的统计学习模型。

支持向量机是一种按监督学习方式对数据进行二元分类的广义线性分类器，其决策边界是对学习样本求解的最大边距超平面，该方法自 1963 年被提出后得到了快速发展并得到了许多扩展和改进的算法，如多分类支持向量机、最小二乘法支持向量机、支持向量机回归、支持向量机聚类、半监督支持向量机等。支持向量机模型学习问题可以表示为凸优化问题，

131

因此可以利用已知的有效算法发现目标函数的全局最小值。而其他分类方法都采用一种基于贪心学习的策略来搜索假设空间，这些方法一般只能获得局部最优解。

2. 支持向量机的结构

由于本书实证研究中所有的支持向量机都用于分类，因此仅介绍分类支持向量机的结构。

（1）线性可分的支持向量机。支持向量机算法的目标是针对分类数据，寻找到一个满足分类要求的超平面，使得该平面两侧的点距离分类面尽可能地远（张学工，2000）。假设 H_1 和 H_2 是离超平面最近的两侧点所在的平行于超平面的直线，根据算法要求，H_1 到 H_2 的距离应该最大。假设分类线方程为：

$$x\omega + b = 0 \tag{4-40}$$

对线性可分样本集 (x_i, y_i)，$i = 1, \cdots, n$，$x \in R^d$，$y \in \{+1, -1\}$。

其满足

$$y_i \left[(\omega x_i + b) \right] - 1 \geqslant 0 \tag{4-41}$$

分类间隔等于 $\dfrac{2}{\|\omega\|}$，支持向量机的学习任务就是使得 $\|\omega\|$ 最小。由于目标函数是二次的，而约束条件在参数上是线性的，因此属于凸优化的问题，存在最优解，通过标准的拉格朗日乘子方法可以解决。支持向量机的核心思想是对推广能力的控制，使得结构风险最小，结合 Wolfe 对偶理论，可以得到最优分类函数是：

$$f(x) = \operatorname{sgn}\{\omega x + b\} = \operatorname{sgn}\left\{ \sum_n \alpha_i y_i (x_i \times x) + b \right\} \tag{4-42}$$

（2）近似线性可分支持向量机。对于只拥有少量样本而无法用线性方法分开时，可以引入一个松弛变量 ξ_i（大于等于 0），即承认少量误差的存在。

此时的约束条件变成：

$$y_i(\omega x_i + b) \geqslant 1 - \xi_i, \quad i = 1, \cdots, n \tag{4-43}$$

待优化的问题表示如下：

$$\begin{cases} \min\limits_{\omega,\xi} \dfrac{1}{2}\|\omega\|^2 + C\sum\limits_{i=1}^{n}\xi_i \min\limits_{\omega,\xi}\dfrac{1}{2}\|\omega\|^2 + C\sum\limits_{i=1}^{n}\xi_i \\ \text{s. t. } y_i(\omega x_i + b) \geqslant 1 - \xi_i \\ \xi_i \geqslant 0,\ i = 1,\ \cdots,\ n \end{cases} \tag{4-44}$$

构造拉格朗日方程，得到以下对偶的拉格朗日算子：

$$\begin{cases} \min\limits_{\omega,\xi} \dfrac{1}{2}\sum\limits_{i,j=1}^{n} a_i a_j y_i y_j(x_i x_j) - \sum\limits_{i=1}^{n} a_i \\ \text{s. t. } \sum\limits_{i=1}^{n} a_i y_i = 0 \\ 0 \leqslant a_i \leqslant C,\ i = 1,\ \cdots,\ n \end{cases} \tag{4-45}$$

其中，C 为系数，体现了经验风险和表达能力的折中。

（3）非线性可分支持向量机。针对给定的样本点不能被一个超平面分离，这样的问题被称为非线性可分问题，之前的两种方法不再适用。新的解决思路是将低维的非线性问题转换为高维的线性可分问题，依托的工具是核函数，其能将所有的样本数据映射到高维空间。即实现 $x \rightarrow \phi(x)$。此时，只需要将在线性情况下的内积运算 $x_i \cdot x_j$ 转换成 $\phi(x_i) \cdot \phi(x_j)$，而具体的变换形式可以不用知道。但是这种变换需要核函数满足希尔伯特·施密特（Hibert-Schmidt）原理中的条件：对于函数 $g(x)$，当 $\int_a^b g^2(x)dx$ 有限时，$K(x_i,\ y_i)$ 就对应于某一空间的内积（$\phi(x_i) \cdot \phi(x_j)$），此时的优化问题变成：

$$\min\limits_{\alpha} \frac{1}{2}\sum\limits_{i,j=1}^{n} \alpha_i \alpha_j y_i y_j K(x_i,\ y_i) - \sum\limits_{i=1}^{n} \alpha_i \tag{4-46}$$

分类决策函数变成：

$$f(x) = \text{sgn}\left\{ \sum\limits_{i=1}^{n} \alpha_i y_i K(x_i,\ x) + b \right\} \tag{4-47}$$

目前，常用的内积核函数有以下三种：

Sigmoid 核函数：

$$K(x_i,\ x_j) = \tanh(k x_i^T x_j - \delta) \tag{4-48}$$

高斯（Gauss）径向基核函数：

$$K(x_i, x_j) = \exp(-\gamma \parallel x_i - x_j \parallel^2) \tag{4-49}$$

多项式核函数：

$$K(x_i, x_j) = (1 + x_i^T x_j)^d \tag{4-50}$$

其中，d，γ，k，δ（都大于 0），统一被称为核参数。

3. 支持向量机的参数优化

支持向量机的分类效果直接依赖参数的设置，参数的类型有两种：一是核函数中的参数，主要有多项式核函数中的指数 d、高斯核函数中的 σ；二是支持向量机自身的参数，主要有损失函数参数 ε 和 v、惩罚参数 C 等。对参数进行调节可以解决某些样本线性不可分的情况（即使经过高维空间映射后仍不可分），参数优化依然可以影响支持向量的个数和最大分类间隔。支持向量个数越少，支持向量机对样本的分类速度越快；分类间隔越大，支持向量机的泛化性能越好，对测试数据的校验误差也会更小。惩罚参数 C 过小，对超出的样本惩罚力度较小，会导致训练误差变大，模型的泛化性能下降；惩罚参数 C 过大，模型很容易对训练数据产生依赖，导致过拟合。损失函数参数 ε 主要是对回归支持向量机拟合的效果产生影响，该值越大，得到的模型中支持向量数量就越少，回归预测的精度会降低；该值越小，得到的模型中支持向量机数量就越多，但是模型的泛化性能可能会较差。

对于支持向量机，应当选取合适的核函数和相应核函数的参数值，才能保证模型的预测性能。核函数的大小决定了样本在数据空间分布的复杂程度，对于不同的核函数值，只是对映射函数进行了一定程度的改变。例如，对于高斯函数，宽度系数 σ 决定了支持向量之间的相关程度，该值越大，支持向量之间彼此的关系较强，预测模型难以达到足够的精度，容易导致欠拟合；而该值过小，支持向量之间的相关关系较弱，模型的复杂度较高，推广能力不能得到保障。因此，如何选择合适的参数直接决定着模型的性能，但是如果采用人工调参的方式，不仅费时费力，很有可能寻优结果并非最优结果；智能优化算法可以将参数的选取

（具体过程是对由参数构成的目标函数进行优化得到最优解后将最优参数反馈给支持向量机）看成一个优化问题来处理，效率高而且容易寻优到高质量的解。

二、组合评价模型的工作机制

针对企业财务危机预警的组合评价模型的工作机制是在企业财务危机评价特征体系搭建完成且经过 PDP 技术处理后的基础上，利用经过智能算法优化后的支持向量机对企业财务危机的发生与否以及财务危机的具体类型做出预测。不同的智能优化算法的理论基础以及工作原理不相同，但是共同的目标是对支持向量机的关键参数进行寻优，针对已有的四种数据集（oneyearpdp2、onyearpdp3、twoyearspdp2、twoyearspdp3）进行模型训练并通过不断迭代的方式搜寻最优解，从而在特定数据集的基础上提升模型的预测性能，最终使组合评价模型的泛化能力得到加强。

三、组合评价模型的评价流程

根据数据集的特点以及现有智能优化算法对支持向量机性能提升的程度，本书选择了七种智能优化算法对支持向量机进行优化。这七种智能优化算法依次为遗传算法、粒子群算法、模拟退火算法、布谷鸟算法、萤火虫算法、鱼群算法、引力搜索算法，因此构建了 PDP-GA-SVM 模型（遗传算法优化支持向量机）、PDP-PSO-SVM 模型（粒子群算法优化支持向量机）、PDP-SA-SVM 模型（模拟退火算法优化支持向量机）、PDP-CS-SVM 模型（布谷鸟算法优化支持向量机）、PDP-FA-SVM（萤火虫算法优化支持向量机）模型、PDP-AFSA-SVM 模型（鱼群算法优化支持向量机）以及 PDP-GSA-SVM 模型（引力搜索算法优化支持向量机），以上七种组合评价模型的工作流程不同，以下将分别介绍。

1. 遗传算法优化支持向量机模型

遗传算法优化支持向量机的简化流程如图 4-19 所示。

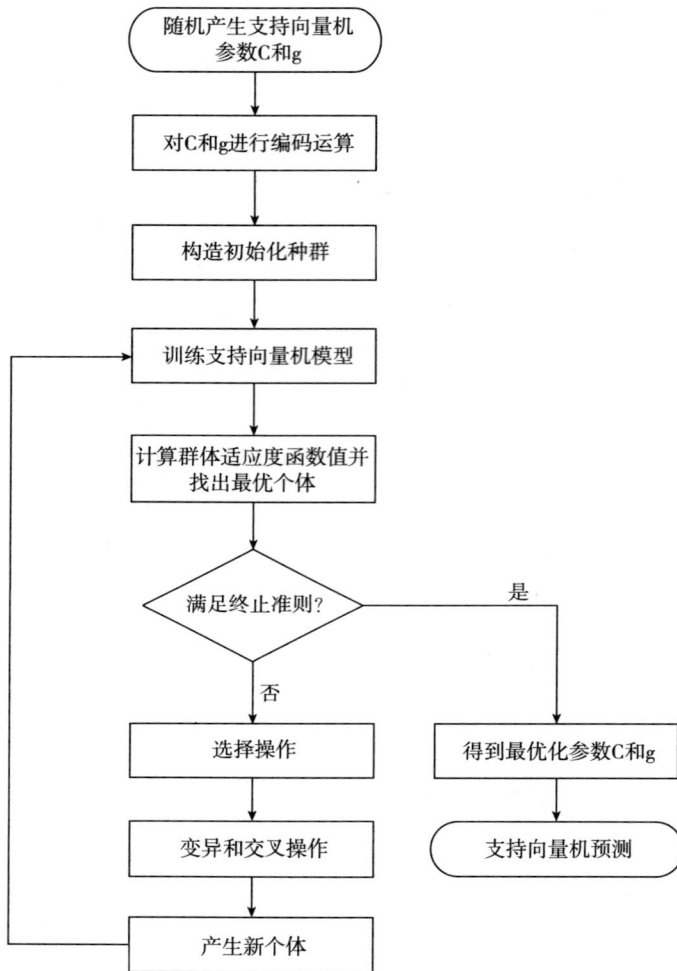

图4-19 遗传算法优化支持向量机简化流程

2. 粒子群算法优化支持向量机模型

粒子群算法优化支持向量机的简化流程如图4-20所示。

3. 模拟退火算法优化支持向量机模型

模拟退火算法优化支持向量机的简化流程如图4-21所示。

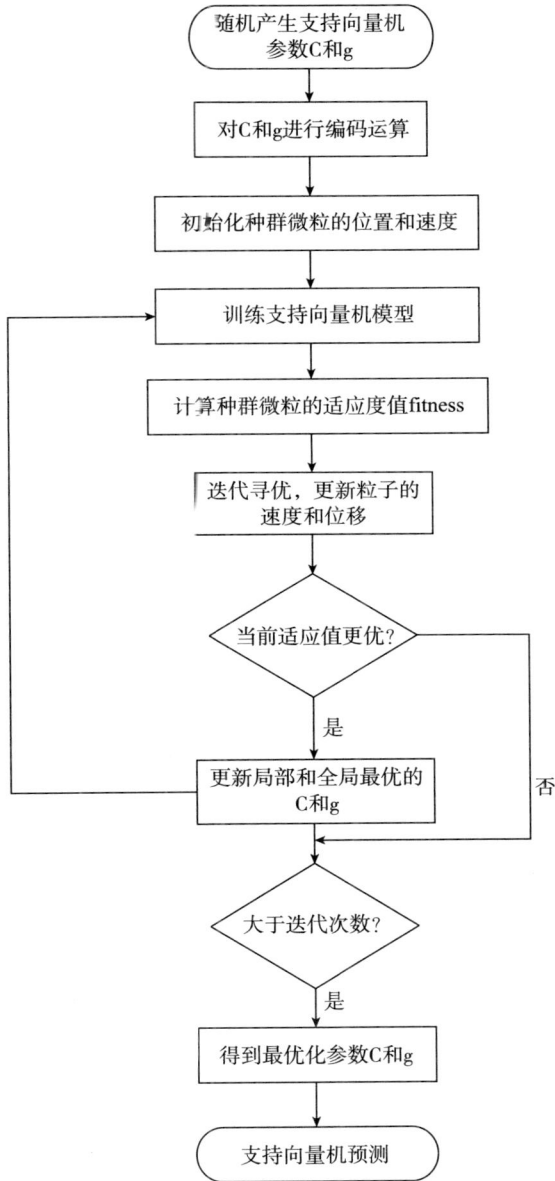

图4-20 粒子群算法优化支持向量机简化流程

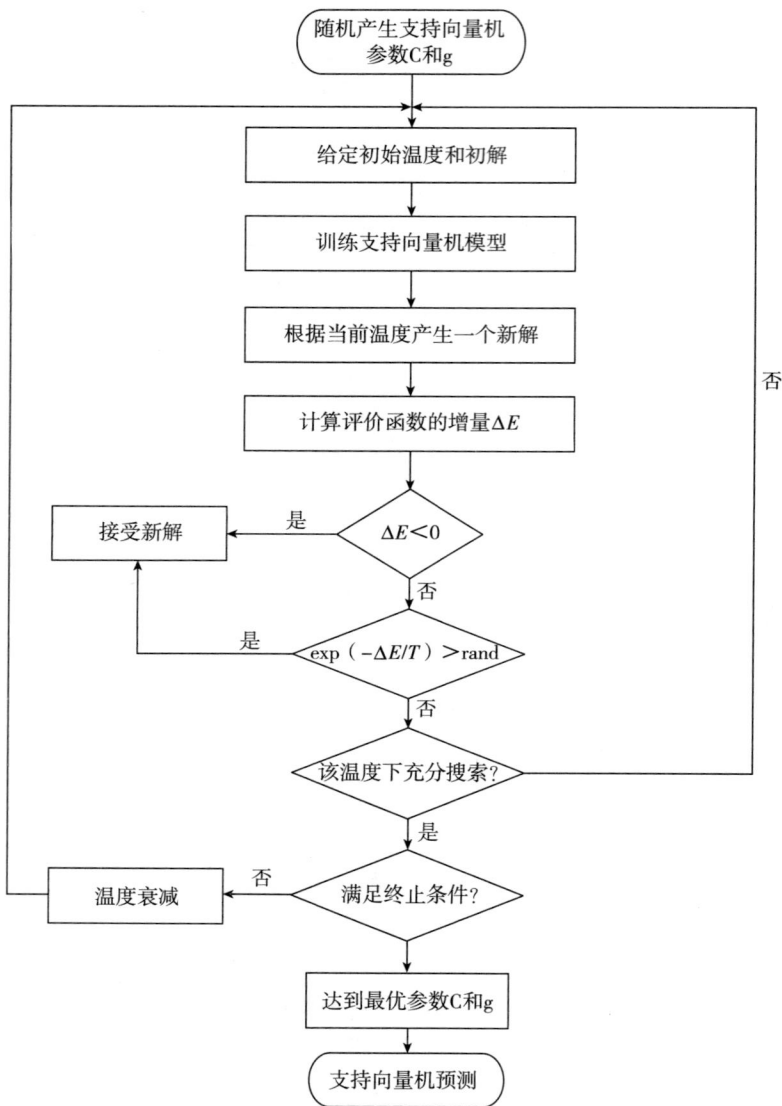

图 4-21　模拟退火算法优化支持向量机简化流程

4. 布谷鸟算法优化支持向量机模型

布谷鸟算法优化支持向量机的简化流程如图 4-22 所示。

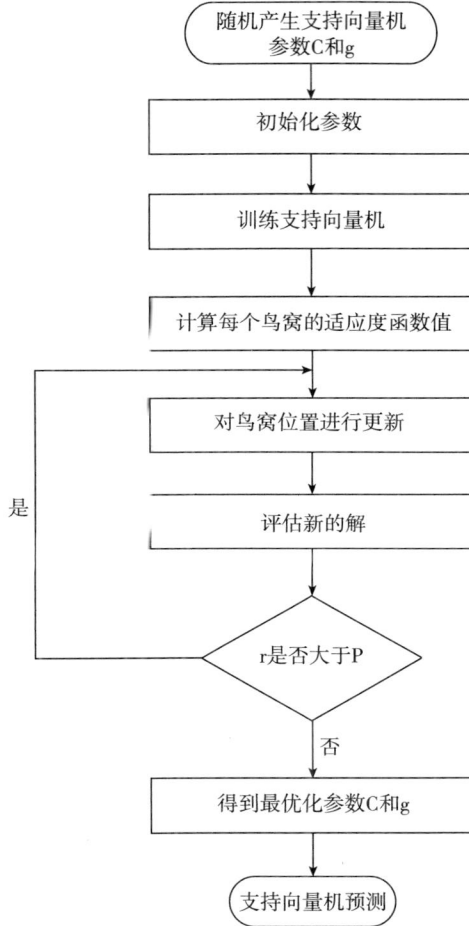

图 4-22　布谷鸟算法优化支持向量机简化流程

5. 萤火虫算法优化支持向量机模型

萤火虫算法优化支持向量机的简化流程如图 4-23 所示。

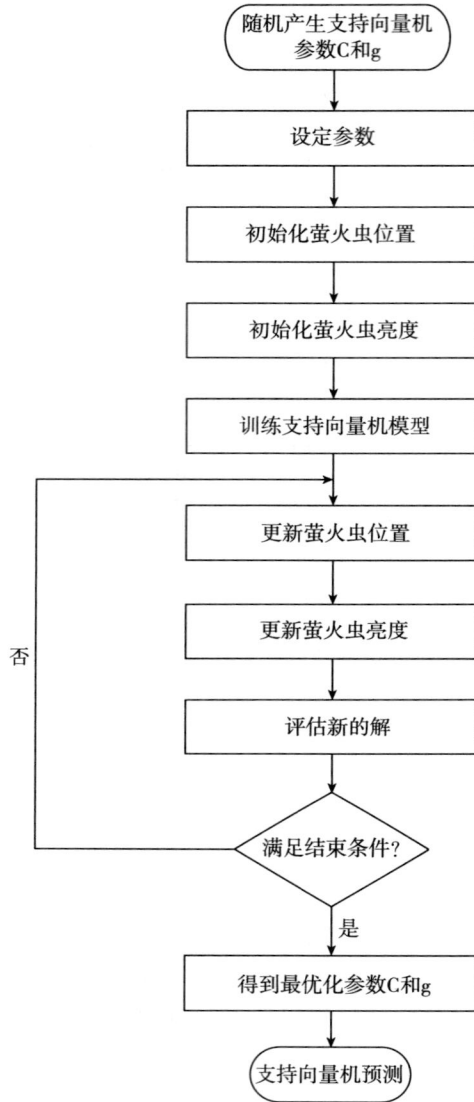

图 4-23 萤火虫算法优化支持向量机简化流程

6. 鱼群算法优化支持向量机模型

鱼群算法优化支持向量机模型的简化流程如图 4-24 所示。

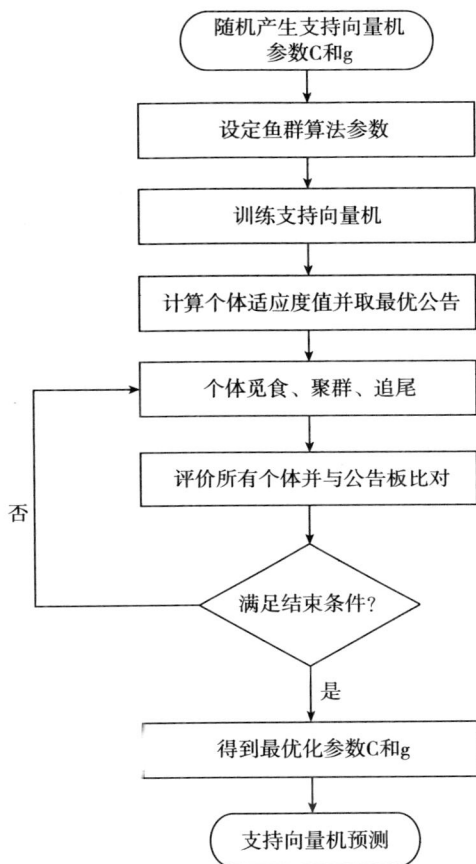

图 4-24 鱼群算法优化支持向量机简化流程

7. 引力搜索算法优化支持向量机模型

引力搜索算法优化支持向量机模型的简化流程如图 4-25 所示。

四、组合评价模型的仿真研究

根据上一节设计的七种智能优化算法优化支持向量机的组合评价模型，对 oneyearpdp2、oneyearpdp3、twoyearspdp2、twoyearspdp3 四个数据集合进行仿真研究。模型随机抽取 90% 的数据用于训练，将剩余的 10% 的数据用于测试，然后连续运行程序 20 次，以记录模型预测的平均准确率和程

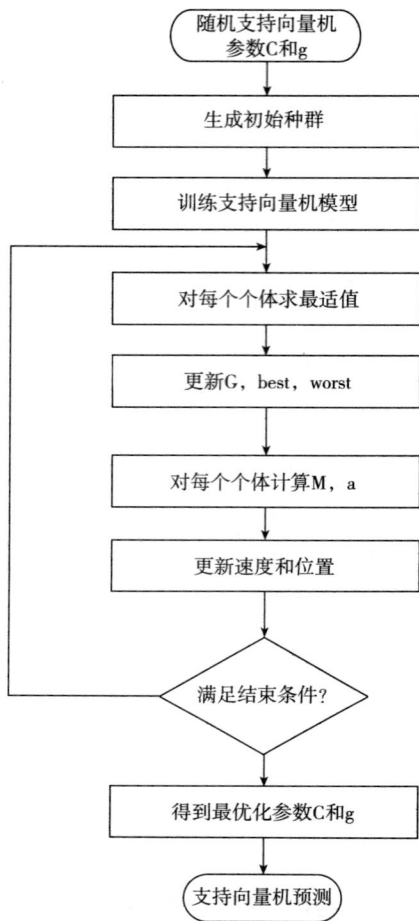

图4-25　引力搜索算法优化支持向量机简化流程

序运行的平均时长。仿真研究的软件平台是 Matlab，以下是未经智能优化算法优化的支持向量机以及经过智能优化算法优化的 7 种组合评价模型的仿真预测结果。

1. 未经智能优化算法优化支持向量机的仿真预测结果

针对 oneyearpdp2 数据集，使用 T-1 年的财务危机评价特征数据对 T 年的财务危机发生与否的平均预测准确率为 83.08%，运行的平均时长为 76.73 秒。针对 oneyearpdp3 数据集，使用 T-1 年的财务危机评价特征数据对 T 年的财务危机发生与否以及发生财务危机的具体类型的平均预测准确率为 80.38%，运行的平均时长为 75.70 秒。针对 twoyearspdp2 数据集，使用 T-2 年的财务危机评价特征数据对 T 年的财务危机发生与否的平均预测准确率为 80%，运行的平均时长为 75.75 秒。针对 twoyearspdp3 数据集，使用 T-2 年的财务危机评价特征数据对 T 年的财务危机发生与否以及发生财务危机的具体类型的平均预测准确率为 77.31%，运行的平均时长为 80.14 秒。

比较可知，未经智能优化算法优化的支持向量机使用 T-1 年的财务危机评价特征数据对 T 年的财务危机发生与否的平均预测准确率最高，使用 T-2 年的财务危机评价特征数据对 T 年的财务危机发生与否以及发生财务危机的具体类型的平均预测准确率最低，模型的预测难度从低到高。

2. 遗传算法优化支持向量机（GA-SVM）的仿真预测结果

算法的参数初始化情况如下，最大遗传代数为 200，种群最大数量为 20，参数 C 的变化范围为 0~100，参数 g 的变化范围为 0~100，支持向量机的交叉验证折数为 3，交叉概率为 0.4。

针对 oneyearpdp2 数据集，使用 T-1 年的财务危机评价特征数据对 T 年的财务危机发生与否的平均预测准确率为 87.69%，运行的平均时长为 1736.38 秒。针对 oneyearpdp2 数据集，使用 T-1 年的财务危机评价特征数据对 T 年的财务危机发生与否以及发生财务危机的具体类型的平均预测准确率为 88.08%，运行的平均时长为 1742.52 秒。针对 twoyearspdp2 数据集，使用 T-2 年的财务危机评价特征数据对 T 年的财务危机发生与否的平均预测准确率为 82.31%，运行的平均时长为 1872.33 秒。针对 twoyearspdp3 数据集，使用 T-2 年的财务危机评价特征数据对 T 年的财务危机发生与否以及发生财务危机的具体类型的平均预测准确率为 87.31%，运行的平均时长为 2091.29 秒。

比较可知，遗传算法优化支持向量机使用 T-1 年的财务危机评价特征数据对 T 年的财务危机发生与否的平均预测准确率要比使用 T-2 年的财务危机评价特征数据对 T 年的财务危机发生与否的平均预测准确率高；同未经过智能优化算法优化的支持向量机预测模型相比，其平均预测准确率整体更高，但是算法对时间的消耗量非常大。图 4-26~图 4-28 是使用遗传算法优化支持向量机对 oneyearpdp2 数据集进行预测时的输出图，由于其他类型的输出图大同小异，因此不再重复进行展示。

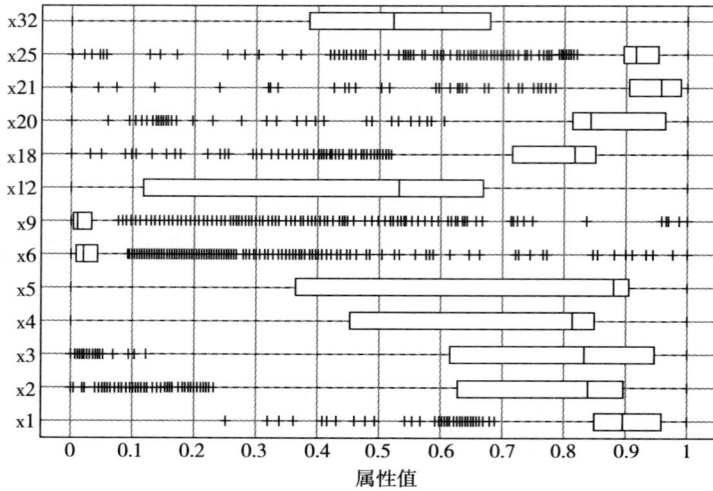

图 4-26 oneyearpdp2 数据集评价特征 box 可视化

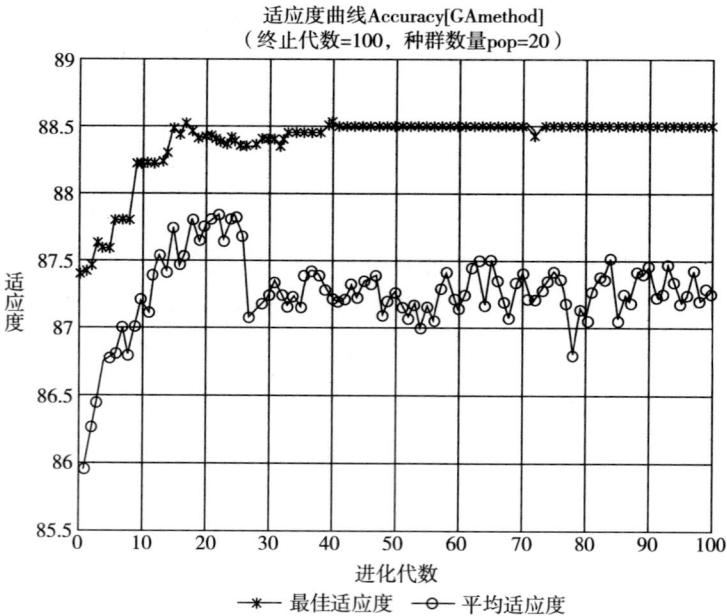

图 4-27 GA-SVM 预测 oneyearpdp2 数据集适应度曲线

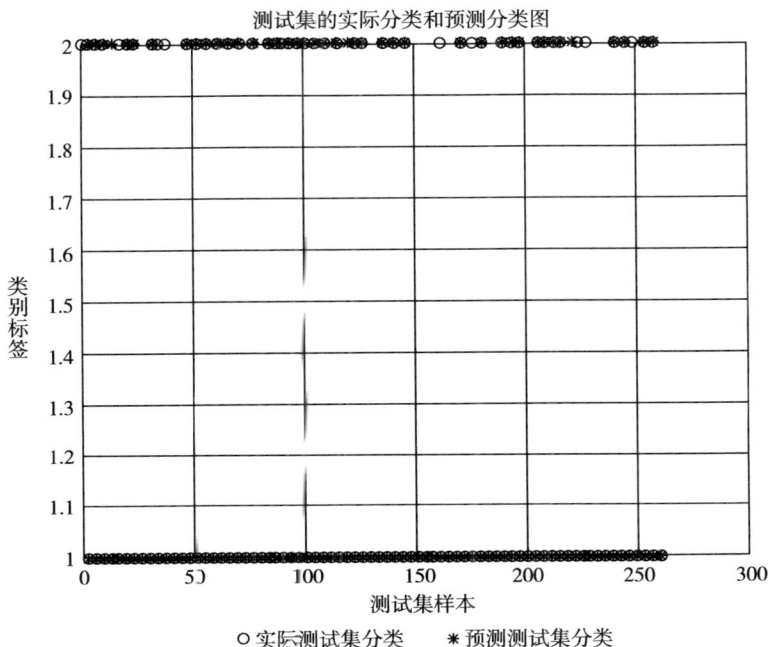

图 4-28 GA-SVM 评价 oneyearpdp 测试集实际分类与预测分类

3. 粒子群算法优化支持向量机（PSO-SVM）的仿真预测结果

算法的参数初始化情况如下，学习因子 c1 和 c2 等于 1.5，最大迭代次数等于 50，种群规模为 20，待优化参数的个数为 2，参数取值上界为 [100，100]，参数取值下界为 [0.01，0.01]，速度上界为 [5，5]，速度下界为 [-5，-5]。

针对 oneyearpdp2 数据集，使用 T-1 年的财务危机评价特征数据对 T 年的财务危机发生与否的平均预测准确率为 91.92%，运行的平均时长为 307.1 秒。针对 oneyearpdp3 数据集，使用 T-1 年的财务危机评价特征数据对 T 年的财务危机发生与否以及发生财务危机的具体类型的平均预测准确率为 87.69%，运行的平均时长为 259 秒。针对 twoyearspdp2 数据集，使用 T-2 年的财务危机评价特征数据对 T 年的财务危机发生与否的平均预测准确率为 85%，运行的平均时长为 321.68 秒。针对 twoyearspdp3 数据集，使

145

用 T-2 年的财务危机评价特征数据对 T 年的财务危机发生与否以及发生财务危机的具体类型的平均预测准确率为 88.64%，运行的平均时长为 415.91 秒。

比较可知，粒子群算法优化支持向量机使用 T-1 年的财务危机评价特征数据对 T 年的财务危机发生与否的平均预测准确率比使用 T-2 年的财务危机评价特征数据对 T 年的财务危机发生与否的平均预测准确率要高，并且针对 oneyearpdp2 的平均预测准确率能达到 90% 以上，算法运行的平均时长较短。

4. 模拟退火算法优化支持向量机（SA-SVM）的仿真预测结果

算法的参数初始化情况如下，参数取值的下界和上界分别为 ［0.01，0.01］ 和 ［100，100］，马尔科夫链长度为 100，衰减参数为 0.85，步长因子为 0.2。

针对 oneyearpdp2 数据集，使用 T-1 年的财务危机评价特征数据对 T 年的财务危机发生与否的平均预测准确率为 91.92%，运行的平均时长为 1187.2 秒。针对 oneyearpdp3 数据集，使用 T-1 年的财务危机评价特征数据对 T 年的财务危机发生与否以及发生财务危机的具体类型的平均预测准确率为 88.46%，运行的平均时长为 1589.13 秒。针对 twoyearspdp2 数据集，使用 T-2 年的财务危机评价特征数据对 T 年的财务危机发生与否的平均预测准确率为 85%，运行的平均时长为 1535.62 秒。针对 twoyearspdp3 数据集，使用 T-2 年的财务危机评价特征数据对 T 年的财务危机发生与否以及发生财务危机的具体类型的平均预测准确率为 88.46%，运行的平均时长为 1799.04 秒。

比较可知，模拟退火算法优化支持向量机使用 T-1 年的财务危机评价特征数据对 T 年的财务危机发生与否的平均预测准确率最高，使用 T-2 年的财务危机评价特征数据对 T 年的财务危机发生与否的平均预测准确率最低。

5. 布谷鸟算法优化支持向量机（CS-SVM）的仿真预测结果

算法的参数初始化情况如下，巢穴数量为 20，布谷鸟幼雏被宿主发现

的概率为 0.25，需要寻优的参数个数为 2，参数的上界和下界分别为
［0.01，0.01］和［100，100］。

　　针对 oneyearpdp2 数据集，使用 T-1 年的财务危机评价特征数据对 T
年的财务危机发生与否的平均预测准确率为 91.54%，运行的平均时长为
248.50 秒。针对 oneyearpdp3 数据集，使用 T-1 年的财务危机评价特征数
据对 T 年的财务危机发生与否以及发生财务危机的具体类型的平均预测准
确率为 88.08%，运行的平均时长为 342.60 秒。针对 twoyearspdp2 数据集，
使用 T-2 年的财务危机评价特征数据对 T 年的财务危机发生与否的平均预
测准确率为 85%，运行的平均时长为 423.16 秒。针对 twoyearspdp3 数据
集，使用 T-2 年的财务危机评价特征数据对 T 年的财务危机发生与否以及
发生财务危机的具体类型的平均预测准确率为 88.46%，运行的平均时长
为 502.07 秒。

　　比较可知，布谷鸟算法优化支持向量机使用 T-1 年的财务危机评价特
征数据对 T 年的财务危机发生与否的平均预测准确率最高，使用 T-2 年的
财务危机评价特征数据对 T 年的财务危机发生与否的平均预测准确率
为 85%。

　　6. 萤火虫算法优化支持向量机（FA-SVM）的仿真预测结果

　　算法的参数初始化情况如下，萤火虫数目为 10，最大迭代次数为 50，
步长因子为 0.5，最大吸引度为 0.2，光强吸收系数为 1。

　　针对 oneyearpdp2 数据集，使用 T-1 年的财务危机评价特征数据对 T
年的财务危机发生与否的平均预测准确率为 91.15%，运行的平均时长为
135.78 秒。针对 oneyearpdp3 数据集，使用 T-1 年的财务危机评价特征数
据对 T 年的财务危机发生与否以及发生财务危机的具体类型的平均预测准
确率为 87.70%，运行的平均时长为 139.45 秒。针对 twoyearspdp2 数据集，
使用 T-2 年的财务危机评价特征数据对 T 年的财务危机发生与否的平均预
测准确率为 84.62%，运行的平均时长为 196.53 秒。针对 twoyearspdp3 数
据集，使用 T-2 年的财务危机评价特征数据对 T 年的财务危机发生与否以
及发生财务危机的具体类型的平均预测准确率为 87.69%，运行的平均时

长为 275.18 秒。

比较可知，萤火虫算法优化支持向量机使用 T-1 年的财务危机评价特征数据对 T 年的财务危机发生与否的平均预测准确率最高，使用 T-2 年的财务危机评价特征数据对 T 年的财务危机发生与否的平均预测准确率最低。

7. 鱼群算法优化支持向量机（AFSA-SVM）的仿真预测结果

算法的参数初始化情况如下，鱼群数量为 20，最大迭代次数为 50，最多试探次数为 5，感知距离为 10，步长为 0.1，参数 c 的取值范围为 [1，100]，参数 g 的取值范围为 [0，1]。

针对 oneyearpdp2 数据集，使用 T-1 年的财务危机评价特征数据对 T 年的财务危机发生与否的平均预测准确率为 88.89%，运行的平均时长为 1155.82 秒。针对 oneyearpdp3 数据集，使用 T-1 年的财务危机评价特征数据对 T 年的财务危机发生与否以及发生财务危机的具体类型的平均预测准确率为 86.97%，运行的平均时长为 1267.97 秒。针对 twoyearspdp2 数据集，使用 T-2 年的财务危机评价特征数据对 T 年的财务危机发生与否的平均预测准确率为 80.45%，运行的平均时长为 1535.02 秒。针对 twoyearspdp3 数据集，使用 T-2 年的财务危机评价特征数据对 T 年的财务危机发生与否以及发生财务危机的具体类型的平均预测准确率为 81.61%，运行的平均时长为 1362.33 秒。

比较可知，鱼群算法优化支持向量机使用 T-1 年的财务危机评价特征数据对 T 年的财务危机发生与否的平均预测准确率最高，使用 T-2 年的财务危机评价特征数据对 T 年的财务危机发生与否的平均预测准确率最低。

8. 引力搜索算法优化支持向量机（GSA-SVM）的仿真预测结果

算法的参数初始化情况如下，群体规模为 20，最大迭代次数为 30，参数 ElitistCheck 等于 1，参数 Rpower 等于 1。

针对 oneyearpdp2 数据集，使用 T-1 年的财务危机评价特征数据对 T 年的财务危机发生与否的平均预测准确率为 91.14%，运行的平均时长为 257.39 秒。针对 oneyearpdp3 数据集，使用 T-1 年的财务危机评价特征数据对 T 年的财务危机发生与否以及发生财务危机的具体类型的平均预测准确率为 87.69%，运行的平均时长为 252.15 秒。针对 twoyearspdp2 数据集，使用 T-2 年的财务危机评价特征数据对 T 年的财务危机发生与否的平均预测准确率为 85%，运行的平均时长为 300.25 秒。针对 twoyearspdp3 数据集，使用 T-2 年的财务危机评价特征数据对 T 年的财务危机发生与否以及发生财务危机的具体类型的平均预测准确率为 88.08%，运行的平均时长为 410.81 秒。

比较可知，引力搜索算法优化支持向量机使用 T-1 年的财务危机评价特征数据对 T 年的财务危机发生与否的平均预测准确率最高，使用 T-2 年的财务危机评价特征数据对 T 年的财务危机发生与否的平均预测准确率最低。

第三节　智能优化算法与极限学习机组合下企业财务危机分类预判

一、极限学习机的原理、结构和参数优化

1. 极限学习机的原理

极限学习机（Extreme Learning Machine，ELM）是一种针对单隐含层前馈神经网络（Single-hidden Layer Feedforward Neural Network，SLFN）的新算法。容易陷入局部极小值、训练速度过慢、学习率 η 的选择对预测结果影响明显等是单隐含层前馈神经网络的缺点。极限学习机的原理是通过随机产生输入层与隐含层的连接权值以及隐含神经元的阈值，并且只需要设置隐含层神经元的个数，训练过程中不需要调整，就可以获得唯一的解。因此极限学习机的学习速度快、泛化性能优良。极限学习机算法的

精华在于 Huang 等（2006）提出的两条定理：一是极限学习机是通过增加隐含层节点的个数来达到学习目的的，而隐含层结点的个数通常情况是根据样本的个数进行确定，因此不需要进行迭代，速度较快；二是输入层和隐含层之间的权重 ω 和阈值 b 都是通过随机初始化得到的，不需要调整。

　　2. 极限学习机的结构

　　典型的单隐含层前馈神经网络主要由输入层、隐含层和输出层组成，并且输入层和隐含层以及隐含层与输出层之间是全连接的，其网络结构如图 4-29 所示。

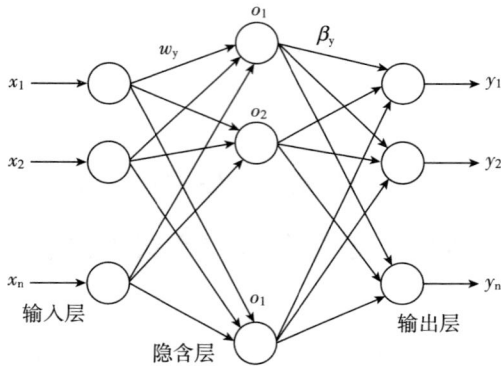

图 4-29　典型的单隐含层前馈神经网络结构

　　根据图 4-29 可知，网络结构中输入层有 η 个神经元，隐含层有 l 个神经元，输出层有 m 个神经元，w_{ij} 表示第 i 个输入层神经元与第 j 个隐含层神经元之间的连接权值，β_{jk} 表示第 j 个隐含层神经元与第 k 个神经元之间的连接权值。

　　此外，假设隐含神经元的阈值为 b，Q 个样本的训练集输入矩阵为 X 和输出矩阵为 Y，隐含层神经元的激活函数为 $g(x)$，可以得知网络的输出 T 为：

$$T=[t_1, \cdots, t_Q]_{m*Q}, \quad t_j=\begin{bmatrix} t_{1j} \\ \vdots \\ t_{mj} \end{bmatrix}_{m*1} = \begin{bmatrix} \sum_{i=1}^{l} \beta_{i1} g(w_i x_j + b_i) \\ \vdots \\ \sum_{i=1}^{l} \beta_{im} g(w_i x_j + b_i) \end{bmatrix}_{m*1} \quad (j=1, \cdots, Q)$$

(4-51)

式（4-51）可以表示为：

$$H\beta = T'$$ (4-52)

其中，H 称为神经网络的隐含层输出矩阵，具体形式如下：

$$h(w_1, \cdots, w_i, b_1, \cdots b_l, x_1, \cdots, x_Q)=\begin{bmatrix} g(w_1 x_1+b_1) \cdots g(w_l x_1+b_l) \\ \vdots \\ g(w_1 x_Q+b_1) \cdots g(w_l x_Q+b_l) \end{bmatrix}_{Q*l}$$

(4-53)

Huang 等（2006）提出了以下两条定理：

定理 1：给定任意 Q 个不同的样本 (x_i, t_i)，其中 $x_i=[x_{i1}, \cdots, x_{in}]^T \in R^n$，$t_i=[t_{i1}, \cdots, t_{im}]^T \in R^m$，一个任意区间无限可微的激活函数 $g：R \rightarrow \mathbf{R}$，则对于具有 Q 个隐含层神经元的单隐含层前馈神经网络，在任意赋值 w_i 和 b_i 的情况下，其隐含层输出矩阵 H 可逆且具有 $\|H\beta - T'\| = 0$。

定理 2：给定任意 Q 个不同的样本 (x_i, t_i)，其中 $x_i=[x_{i1}, \cdots, x_{in}]^T \in R^n$，$t_i=[t_{i1}, \cdots, t_{im}]^T \in R^m$，给定任意大于零的小误差 ε，和一个任意区间无限可微的激活函数 $g：R \rightarrow \mathbf{R}$，则总存在一个含有 $K(K \leq Q)$ 个隐含层神经元的单隐含层前馈神经网络，在任意赋值 w_i 和 b_i 的情况下，有 $\|H_{N \times L} - T_{N \times m}\| < \varepsilon$。

由定理 1 可知，当隐含层神经元个数与训练集样本个数相等时，则对于任意的 w_i 和 b_i，单隐含层前馈神经网络都可以零误差逼近训练样本。当训练集样本个数较大时，隐含层神经元个数更小，单隐含层前馈神经网络的训练误差可以逼近一个较小的误差。

因此，当激活函数无限可微时，单隐含层前馈神经网络并不需要全部进行调整，w_i 和 b_i 在训练前都可以随机选择，并且在训练过程中保持不变。而隐含层和输出层之间的连接权值 β 可以通过求解以下方程组的最小二乘解获得：

$$\min_{\beta} \| H\beta - T' \| \tag{4-54}$$

式（4-54）的解为：

$$\hat{\beta} = H^+ T' \tag{4-55}$$

其中，H^+ 为隐含层输出矩阵的 Moore-Penrose 广义矩阵。

3. 极限学习机的参数优化

极限学习机的分类效果会直接依赖于参数的设置，主要是输入权值和隐含层偏置值（也称阈值）。智能优化算法定义训练样本的期望输出和网络实际输出之间的均方误差为适应度函数，两者之间的差值为适应度函数值，对极限学习机的输入权值和隐含层偏置值进行寻优，使得适应度函数值最大（均方误差最小）从而得到最优的输入权值和隐含层偏置值，将得到的最优输入权值和隐含层偏置值代入极限学习机进行预测。

二、组合评价模型的工作机制

针对企业财务危机预警的组合评价模型的工作机制是在企业财务危机评价特征体系搭建完成并且经过 PDP 技术处理后得到选择后的特征的基础上，利用经过智能优化算法优化后的极限学习机对企业财务危机的发生与否以及财务危机的具体类型做出预测。不同的智能优化算法的理论基础以及工作原理不同，但是共同的目标是对极限学习机的关键参数进行寻优，针对已有四种数据集（oneyearpdp2、oneyearpdp3、twoyearspdp2、twoyearspdp3）进行模型训练并通过不断迭代的方式搜寻最优解，从而在特定数据集的基础上提升模型的预测性能，最终使组合评价模型的泛化能力得到加强。

三、组合评价模型的评价流程

根据数据集的特点以及现有智能优化算法对极限学习机性能提升的程度，本书选择了六种智能优化算法对极限学习机进行优化。这六种智能优化算法依次为遗传算法、粒子群算法、蝙蝠算法、模拟退火算法、蚁群算法、鱼群算法,因此构建了 PDP-GA-ELM 模型(遗传算法优化极限学习机)、PDP-PSO-ELM 模型(粒子群算法优化极限学习机)、PDP-BA-ELM 模型(蝙蝠算法优化极限学习机)、PDP-SA-ELM(模拟退火算法优化极限学习机)、PDP-ACO-ELM 模型(蚁群算法优化支持向量机)以及 PDP-AFSA-ELM 模型(鱼群算法优化极限学习机),以上六种组合评价模型的工作流程不同,以下将分别介绍。

1. 遗传算法优化极限学习机模型

遗传算法优化极限学习机的简化流程如图 4-30 所示。

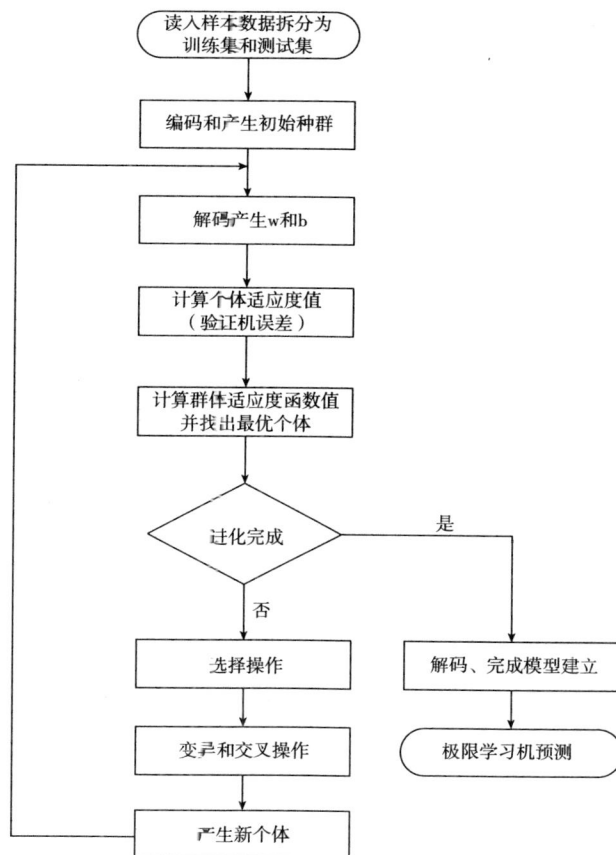

图 4-30 遗传算法优化极限学习机简化流程

153

2. 粒子群算法优化极限学习机模型

粒子群算法优化极限学习机的简化流程如图4-31所示。

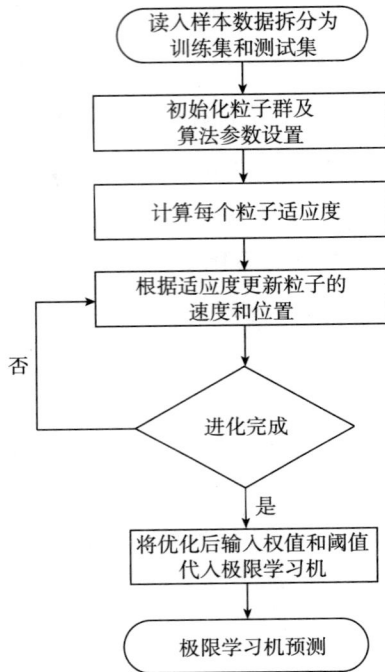

图4-31 粒子群算法优化极限学习机简化流程

3. 蝙蝠算法优化极限学习机模型

蝙蝠算法优化极限学习机的简化流程如图4-32所示。

4. 模拟退火算法优化极限学习机模型

模拟退火算法优化极限学习机的简化流程如图4-33所示。

5. 蚁群算法优化极限学习机模型

蚁群算法优化极限学习机的简化流程如图4-34所示。

6. 鱼群算法优化极限学习机模型

鱼群算法优化极限学习机的简化流程如图4-35所示。

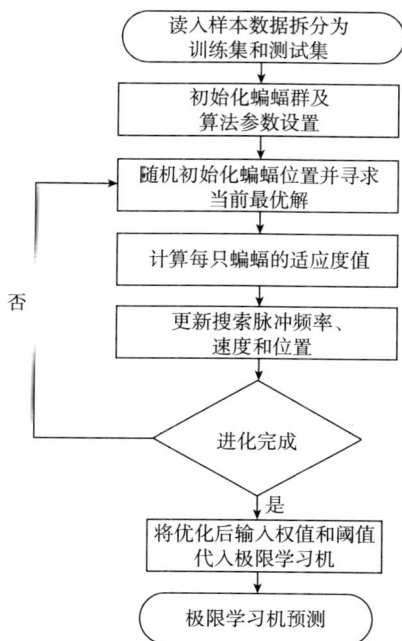

图 4-32　蝙蝠算法优化极限学习机简化流程

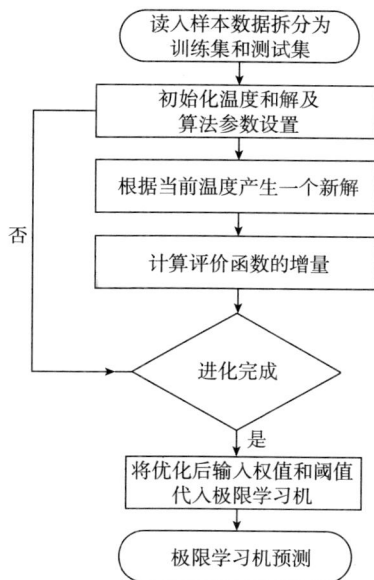

图 4-33　模拟退火算法优化极限学习机简化流程

读入样本数据拆分为
训练集和测试集

初始化变量及
算法参数设置

蚂蚁周游、记录最佳路线

更新禁忌表和信息表

进化完成

否

是

将优化后输入权值和阈值
代入极限学习机

极限学习机预测

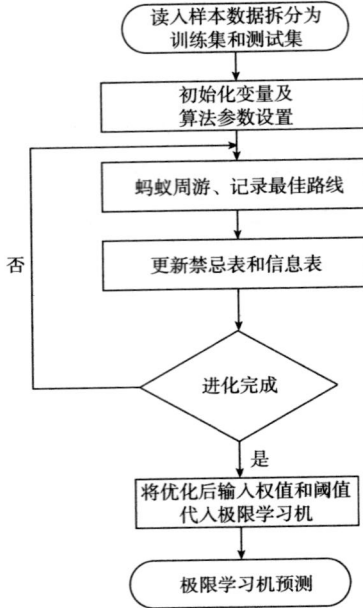

图 4-34   蚁群算法优化极限学习机简化流程

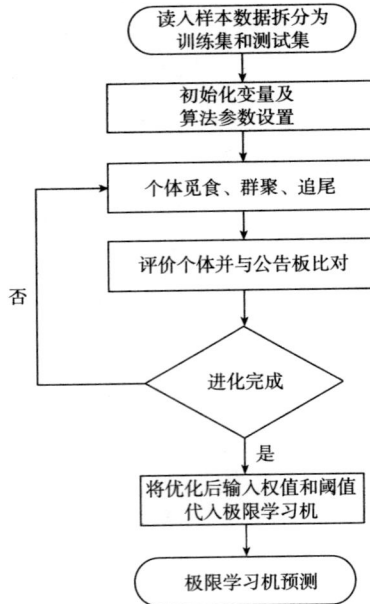

读入样本数据拆分为
训练集和测试集

初始化变量及
算法参数设置

个体觅食、群聚、追尾

评价个体并与公告板比对

进化完成

否

是

将优化后输入权值和阈值
代入极限学习机

极限学习机预测

图 4-35   鱼群算法优化极限学习机简化流程

四、组合评价模型的仿真研究

根据上一节设计的六种智能优化算法优化支持向量机的组合评价模型，对 oneyearpdp2、oneyearpdp3、twoyearspdp2、twoyearspdp3 四个数据集合进行仿真研究。模型随机抽取 90% 的数据用于训练，将剩余的 10% 的数据用于测试，然后连续运行程序 20 次，记录模型预测的平均准确率和程序的运行的平均时长。仿真研究的软件平台是 Matlab，以下是未经智能优化算法优化的极限学习机以及经过智能优化算法优化的六种组合评价模型的结果。

1. 未经智能优化算法优化极限学习机的仿真预测结果

针对 oneyearpdp2 数据集，使用 T−1 年的财务危机评价特征数据对 T 年的财务危机发生与否的平均预测准确率为 73.46%，运行的平均时长为 5.71 秒。针对 oneyearpdp3 数据集，使用 T−1 年的财务危机评价特征数据对 T 年的财务危机发生与否以及发生财务危机的具体类型的平均预测准确率为 75.77%，运行的平均时长为 3.95 秒。针对 twoyearspdp2 数据集，使用 T−2 年的财务危机评价特征数据对 T 年的财务危机发生与否的平均预测准确率为 75%，运行的平均时长为 4.54 秒。针对 twoyearspdp3 数据集，使用 T−2 年的财务危机评价特征数据对 T 年的财务危机发生与否以及发生财务危机的具体类型的平均预测准确率为 68.46%，运行的平均时长为 4.20 秒。

比较可知，未经智能算法优化的极限学习机使用 T−1 年的财务危机评价特征数据对 T 年的财务危机发生与否以及发生财务危机的具体类型的平均预测准确率最高，使用 T−2 年的财务危机评价特征数据对 T 年的财务危机发生与否以及发生财务危机的具体类型的平均预测准确率最低，模型的预测难度从低到高。

2. 遗传算法优化极限学习机（GA−ELM）的仿真预测结果

算法的参数初始化情况如下：最大进化代数为 100，种群规模为 20，交叉概率为 0.7，变异概率为 0.05。

针对 oneyearpdp2 数据集，使用 T-1 年的财务危机评价特征数据对 T 年的财务危机发生与否的平均预测准确率为 76.92%，运行的平均时长为 5.25 秒。针对 oneyearpdp3 数据集，使用 T-1 年的财务危机评价特征数据对 T 年的财务危机发生与否以及发生财务危机的具体类型的平均预测准确率为 77.31%，运行的平均时长为 5.03 秒。针对 twoyearspdp2 数据集，使用 T-2 年的财务危机评价特征数据对 T 年的财务危机发生与否的平均预测准确率为 78.85%，运行的平均时长为 4.95 秒。针对 twoyearspdp3 数据集，使用 T-2 年的财务危机评价特征数据对 T 年的财务危机发生与否以及发生财务危机的具体类型的平均预测准确率为 71.15%，运行的平均时长为 5.18 秒。

比较可知，遗传算法优化的极限学习机使用 T-2 年的财务危机评价特征数据对 T 年的财务危机发生与否的平均预测准确率最高，使用 T-2 年的财务风险评价特征数据对 T 年的财务危机发生与否以及发生财务危机的具体类型的平均预测准确率最低；整体而言使用 T-2 年的财务危机评价特征数据进行预测比使用 T-1 年的财务危机评价特征数据平均准确率更高。

3. 粒子群算法优化极限学习机（PSO-ELM）的仿真预测结果

算法的参数初始化情况如下：种群最大迭代次数为 100，群体粒子个数为 20，惯性权重取值范围为 [0.5，0.9]。

针对 oneyearpdp2 数据集，使用 T-1 年的财务危机评价特征数据对 T 年的财务危机发生与否的平均预测准确率为 76.15%，运行的平均时长为 11.77 秒。针对 oneyearpdp3 数据集，使用 T-1 年的财务危机评价特征数据对 T 年的财务危机发生与否以及发生财务危机的具体类型的平均预测准确率为 78.08%，运行的平均时长为 5.75 秒。针对 twoyearspdp2 数据集，使用 T-2 年的财务危机评价特征数据对 T 年的财务危机发生与否的平均预测准确率为 75.77%，运行的平均时长为 5.93 秒。针对 twoyearspdp3 数据集，使用 T-2 年的财务危机评价特征数据对 T 年的财务危机发生与否以及发生财务危机的具体类型的平均预测准确率为 73.85%，运行的平均时长为 5.68 秒。

比较可知，粒子群算法优化的极限学习机使用 T-1 年的财务危机评价特征数据对 T 年的财务危机发生与否以及发生财务危机的具体类型的平均预测准确率最高，使用 T-2 年的财务危机评价特征数据对 T 年的财务危机发生与否以及发生财务危机的具体类型的平均预测准确率最低。

4. 蝙蝠算法优化极限学习机（BA-ELM）的仿真预测结果

算法的参数初始化情况如下：蝙蝠个数为 20，最大迭代次数为 100，发生超声脉冲的响度为 0.5，发生超声脉冲的间隔为 0.5，脉冲频率的取值范围为 [0，2]，边界范围为 [0，1]。

针对 oneyearpdp2 数据集，使用 T-1 年的财务危机评价特征数据对 T 年的财务危机发生与否的平均预测准确率为 76.54%，运行的平均时长为 3.99 秒。针对 oneyearpdp3 数据集，使用 T-1 年的财务危机评价特征数据对 T 年的财务危机发生与否以及发生财务危机的具体类型的平均预测准确率为 77.69%，运行的平均时长为 3.45 秒。针对 twoyearspdp2 数据集，使用 T-2 年的财务危机评价特征数据对 T 年的财务危机发生与否的平均预测准确率为 76.15%，运行的平均时长为 3.54 秒。针对 twoyearspdp3 数据集，使用 T-2 年的财务危机评价特征数据对 T 年的财务危机发生与否以及发生财务危机的具体类型的平均预测准确率为 77.37%，运行的平均时长为 3.35 秒。

比较可知，蝙蝠算法优化极限学习机使用 T-1 年的财务危机评价特征数据对 T 年的财务危机发生与否以及发生财务危机的具体类型的平均预测准确率最高，使用 T-2 年的财务危机评价特征数据对 T 年的财务危机发生与否的平均预测准确率最低。

5. 模拟退火算法优化极限学习机（SA-ELM）的仿真预测结果

算法的参数初始化情况如下：马尔科夫链长度为 10，衰减因子为 0.9，步长因子为 0.01，初始温度为 100。

针对 oneyearpdp2 数据集，使用 T-1 年的财务危机评价特征数据对 T 年的财务危机发生与否的平均预测准确率为 74.62%，运行的平均时长为 8.02 秒。针对 oneyearpdp3 数据集，使用 T-1 年的财务危机评价特征数据对 T 年的财务危机发生与否以及发生财务危机的具体类型的平均预测准确率为 76.15%，运行的平均时长为 7.76 秒。针对 twoyearspdp2 数据集，使用 T-2 年的财务危机评价特征数据对 T 年的财务危机发生与否的平均预测准确率为 78.85%，运行的平均时长为 8.40 秒。针对 twoyearspdp3 数据集，使用 T-2 年的财务危机评价特征数据对 T 年的财务危机发生与否以及发生财务危机的具体类型的平均预测准确率为 73.46%，运行的平均时长为 7.99 秒。

比较可知，模拟退火算法优化极限学习机使用 T-2 年的财务危机评价特征数据对 T 年的财务危机发生与否的平均预测准确率最高，使用 T-2 年的财务危机评价特征数据对 T 年的财务危机发生与否以及发生财务危机的具体类型的平均预测准确率最低。

6. 蚁群算法优化极限学习机（ACO-ELM）的仿真预测结果

算法的参数初始化情况如下：最大迭代次数为 100，蚂蚁个数为 20，信息素蒸发系数为 0.5，转移概率常数为 0.5，搜索变量的取值范围为 [0，1]。

针对 oneyearpdp2 数据集，使用 T-1 年的财务危机评价特征数据对 T 年的财务危机发生与否的平均预测准确率为 75%，运行的平均时长为 17.10 秒。针对 oneyearpdp3 数据集，使用 T-1 年的财务危机评价特征数据对 T 年的财务危机发生与否以及发生财务危机的具体类型的平均预测准确率为 76.15%，运行的平均时长为 15.23 秒。针对 twoyearspdp2 数据集，使用 T-2 年的财务危机评价特征数据对 T 年的财务危机发生与否的平均预测准确率为 77.31%，运行的平均时长为 15.06 秒。针对 twoyearspdp3 数据集，使用 T-2 年的财务危机评价特征数据对 T 年的财务危机发生与否以及发生财务危机的具体类型的平均预测准确率为 72.31%，运行的平均时长为 15.89 秒。

比较可知，蚁群算法优化极限学习机使用 T-2 年的财务危机评价特征数据对 T 年的财务危机发生与否的平均预测准确率最高，使用 T-2 年的财务危机评价特征数据对 T 年的财务危机发生与否以及发生财务危机的具体类型的平均预测准确率最低。

7. 鱼群算法优化极限学习机（AFSA-ELM）的仿真预测结果

算法的参数初始化情况如下：最大迭代次数为 50，最多试探次数为

100，感知距离为 1，拥挤度因子为 0.618，步长为 0.1，寻优范围（x）的取值范围为 [-1，2]。鱼群算法优化极限学习对 oneyearpdp2、oneyearpdp3 数据集的适应度曲线和分类如图 4-36 和图 4-37 所示。

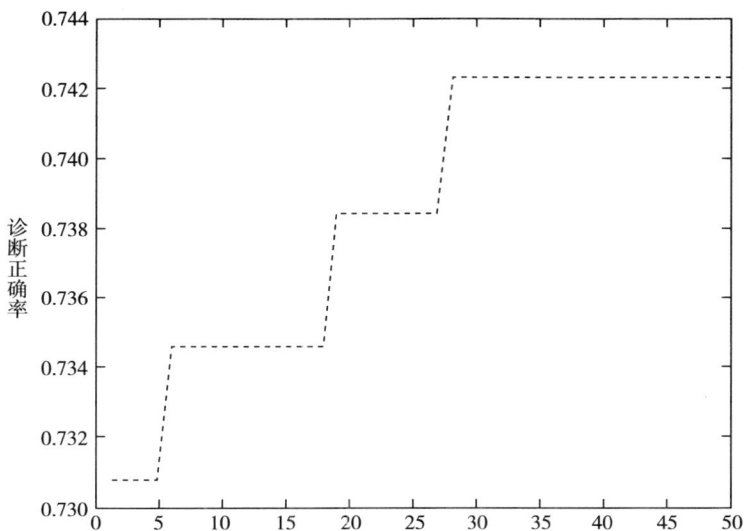

图 4-36　鱼群算法优化极限学习对 oneyearpdp2 数据集的适应度曲线

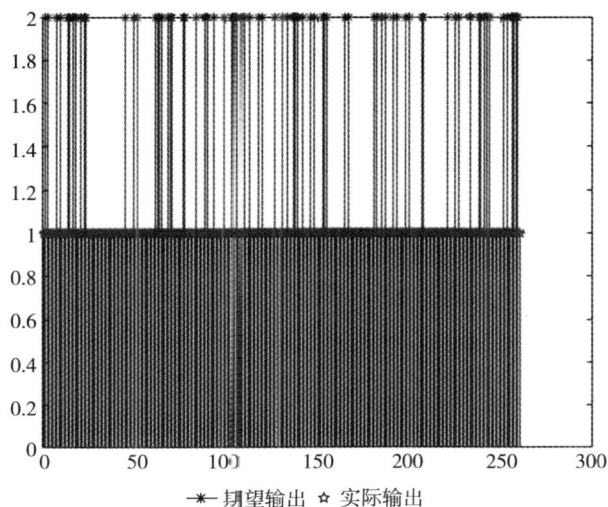

──✳── 期望输出　☆ 实际输出

图 4-37　鱼群算法优化极限学习对 oneyearpdp3 数据集的分类

161

针对 oneyearpdp2 数据集，使用 T-1 年的财务危机评价特征数据对 T 年的财务危机发生与否的平均预测准确率为 74.23%，运行的平均时长为 16.56 秒。针对 oneyearpdp3 数据集，使用 T-1 年的财务危机评价特征数据对 T 年的财务危机发生与否以及发生财务危机的具体类型的平均预测准确率为 75.77%，运行的平均时长为 26.91 秒。针对 twoyearspdp2 数据集，使用 T-2 年的财务危机评价特征数据对 T 年的财务危机发生与否的平均预测准确率为 81.15%，运行的平均时长为 9.91 秒。针对 twoyearspdp3 数据集，使用 T-2 年的财务危机评价特征数据对 T 年的财务危机发生与否以及发生财务危机的具体类型的平均预测准确率为 74.62%，运行的平均时长为 21.62 秒。

比较可知，鱼群算法优化极限学习机使用 T-2 年的财务危机评价特征数据对 T 年的财务危机发生与否的平均预测准确率最高，使用 T-2 年的财务危机评价特征数据对 T 年的财务危机发生与否以及发生财务危机的具体类型的平均预测准确率最低。

第四节　结果对比与模拟预测

一、结果对比

通过对比评价结果可知，经过智能优化算法优化的支持向量机对 one-yearpdp2、oneyearpdp3、twoyearspdp2、twoyearspdp3 数据集的预测性能得到了明显提升，使用 T-1 年的企业财务危机评价特征数据对 T 年的财务危机发生与否的预测平均准确率达到了 90.52%，所有模型的平均预测准确率达到 87.31%。此外，利用智能优化算法优化支持向量机能够明显提升对 T 年的财务危机发生与否以及发生财务危机具体类型预测的准确率。经过智能优化算法优化的极限学习机对 oneyearpdp2、oneyearpdp3、twoyearsp-dp2、twoyearspdp3 数据集的预测性能得到了一定的提升。智能优化算法优化的支持向量机预测模型对使用 T-2 年的财务危机评价特征数据对 T 年的企业财务危机发生与否以及财务危机的具体类型的预测平均准确率最高，六种智能优化算法中蝙蝠算法对极限学习机预测性能的提升作用最显著，鱼群算法优化极限学习机模型运行所花费的平均时间最长。

通过表 4-2 可知，经过智能优化算法优化的支持向量机模型的预测性能最好，其次是常用的统计学习分类模型，最后是极限学习模型。常用的统计学习分类模型中，随机森林分类模型的平均预测准确率高，并且运行的平均时长短，Logistic 模型的平均预测准确率最低。支持向量机模型中，模拟退火算法优化支持向量机模型的平均预测准确率最高，鱼群算法优化支持向量机模型的平均预测准确率最低。

表 4-2　统计学习分类模型以及智能优化算法优化 SVM、ELM 预测结果

模型分类	模型名称	oneyearpdp2（%）	oneyearpdp3（%）	twoyearspdp2（%）	twoyearspdp3（%）	平均时长（秒）
常用的统计学习分类模型	决策树	82.80	79.20	78.90	76.60	少于10
	随机森林	91.60	88.50	85.10	82.60	少于10
	XGBoost	91.20	—	85.90	—	少于10
	Logistic	72.40	75.50	75.80	75.10	少于10
	神经网络	78.90	—	84.60	—	少于10
支持向量机模型（SVM）	原生 SVM	83.08	83.38	80.00	77.31	77.08
	遗传算法	87.69	88.08	82.31	87.31	1860.63
	粒子群算法	91.92	87.69	85.00	88.64	250.92
	模拟退火算法	91.92	88.46	85.00	88.46	1527.75
	布谷鸟算法	91.54	88.08	85.00	88.46	379.08
	萤火虫算法	91.54	88.08	85.00	88.46	379.08
	鱼群算法	88.89	86.97	80.45	81.61	1392.54
	引力搜索算法	91.14	87.69	85.00	88.08	224.47

续表

模型分类	模型名称	oneyearpdp2（%）	oneyearpdp3（%）	twoyearspdp2（%）	twoyearspdp3（%）	平均时长（秒）
极限学习机模型	原生 ELM	73.46	75.77	75.00	68.46	少于 10
	遗传算法	76.92	77.31	78.85	71.15	少于 10
	粒子群算法	76.15	78.08	75.77	73.85	少于 10
	蝙蝠算法	76.54	77.69	76.15	77.37	少于 10
	模拟退火算法	74.62	76.15	78.85	73.46	少于 10
	蚁群算法	75.00	76.15	77.31	72.34	少于 10
	鱼群算法	74.23	75.77	81.15	74.62	18.75

资料来源：编程计算所得。

常用的统计学习分类模型以及极限学习机模型运行时的平均时间消耗非常少，大多少于 10 秒，支持向量机模型运行时的平均时间消耗非常多，是前两者的几十倍。但是，引力搜索算法优化支持向量机模型运行的平均时长消耗较少；鱼群算法优化极限学习机模型运行的平均时长消耗相比其他算法优化极限学习机更少。

所有模型都能够较准确地通过 T-1 年的企业财务危机评价特征数据对 T 年的企业财务危机发生与否进行预测。对常用的统计学习分类模型而言，预测难度从高到低的顺序是：使用 T-2 年的财务危机评价特征数据对 T 年的企业财务危机发生与否以及发生财务危机的具体类型进行预测、使用 T-2 年的财务危机评价特征数据对 T 年的企业财务危机发生与否进行预测、使用 T-1 年的财务危机评价特征数据对 T 年的企业财务危机发生与否以及发生财务危机的具体类型进行预测、使用 T-1 年的财务危机评价特征数据对 T 年的企业财务危机发生与否进行预测。但是对于其他两类模型而言，这种规律并不完全存在。

综上可知，如果以准确率为模型的优先选择条件，则应选择粒子群算法优化的支持向量机模型，不管是在二分类预测任务还是三分类预测任务中，其预测的准确率最高。如果以时间效率为模型的优先选择条件，则应选择常用的统计学习分类模型。但如果需要同时兼顾模型准确率和时间效率，则应选择随机森林模型，其分类性能优良。

二、模拟预测

本书收集了上市企业（共计 3689 家）数据资料对 2019 年将陷入财务危机的企业名单进行预测。由于 2018 年度的上市企业财务报表并未完全发布[①]，只能使用 2017 年的企业财务数据，因此需要使用 T-2 年制的训练模型。同时，为了能够实现对企业财务危机具体类型进行预测，所以选用的评价特征数据集为 twoyearspdp3。比较所有模型的预测效果可知，只有支持向量机类模型的平均准确率达到了 86%，因此选用了原生支持向量机、粒子群算法优化的支持向量机、遗传算法优化的支持向量机、布谷鸟算法优化的支持向量机、引力搜索算法优化的支持向量机、萤火虫算法优化的支持向量机以及鱼群算法优化的支持向量机。综合以上模型的预测结果，预测出 2019 年将有 92 家企业会被 ST，53 家企业会被 *ST，[②] 表 4-3 给出了部分预测结果。

表 4-3　支持向量机模型预测 2019 年将陷入财务危机企业信息（部分）

编号	行业	证券代码	财务危机预测类型
1	制造业	*02*6*	ST
2	电力、热力、燃气及水生产和供应业	*01*5*	ST
3	租赁和商务服务业	*00*1*	*ST
4	采矿业	*00*7*	ST
5	租赁和商务服务业	*00*3*	*ST
6	建筑业	*00*9*	ST
7	制造业	*00*7*	ST

----

① 根据中国证监会《上市公司信息披露管理办法》第十九条、第二十条规定，上市公司年报的披露时间为每个会计年度结束之日起 4 个月内；季报的披露时间为每个会计年度第 3 个月、第 9 个月结束后的 1 个月内编制完成并披露。

② 鱼群算法的预测结果显示将有 627 家企业会被 *ST，并且成功预测出了截止到 2019 年 3 月 6 日证监会公布的实施 ST 企业名单，这里的 145 家企业数据是综合了前述预测模型的预测结果之后的名单。

续表

编号	行业	证券代码	财务危机预测类型
8	租赁和商务服务业	＊00＊6＊	ST
9	制造业	＊00＊8＊	＊ST
10	房地产业	＊00＊9＊	＊ST
11	制造业	＊00＊7＊	＊ST
12	制造业	＊00＊1＊	ST
13	制造业	＊00＊3＊	＊ST
14	制造业	＊00＊4＊	＊ST
15	制造业	＊02＊5＊	ST
16	制造业	＊00＊8＊	＊ST
17	制造业	＊00＊6＊	＊ST
18	制造业	＊00＊7＊	＊ST
19	制造业	＊00＊8＊	＊ST
20	制造业	＊00＊5＊	＊ST
21	制造业	＊00＊9＊	＊ST
22	制造业	＊02＊2＊	＊ST
23	制造业	＊00＊4＊	＊ST
24	制造业	＊00＊4＊	＊ST
25	制造业	＊02＊0＊	＊ST
26	制造业	＊00＊6＊	＊ST
27	制造业	＊00＊6＊	＊ST
28	制造业	＊02＊4＊	＊ST
29	制造业	＊00＊0＊	＊ST
30	制造业	＊02＊3＊	＊ST
31	制造业	＊00＊6＊	＊ST
32	制造业	＊02＊9＊	＊ST
33	制造业	＊00＊2＊	＊ST
34	制造业	＊02＊7＊	ST
35	制造业	＊00＊8＊	＊ST
36	制造业	＊02＊6＊	＊ST

注：因涉及上市企业隐私，故对交易代码进行了隐藏处理。

根据 Wind 金融咨询终端的数据，按照事件的发生日期进行检索发现 2019 年有 6 家企业被沪深交易所实施 ST 或者 *ST，其中被实施 ST 的上市企业有东海洋（股票代码为 002086）、康得新（股票代码为 002450）、九有（股票代码为 600462）和长油（股票代码为 601975），被实施 *ST 的上市企业有津滨（股票代码为 000897）和河化（股票代码为 000953）。使用训练好的支持向量机模型预测了 2019 年将陷入财务危机企业，发现成功预测了其中 4 家企业（津滨、长油、康得新、九有）。

第五节 本章小结

本章是 OEFD 企业财务危机平面维度评价的重要组成部分，位于企业财务危机预警的第一子层。重点解决了如何使用第二章搭建的企业财务危机评价特征体系以及经过特征选择后的评价特征数据集对企业的财务危机进行分类预判的问题。借助了传统统计学习分类模型、支持向量机以及智能优化算法与支持向量机组合的评价模型、极限学习机以及智能优化算法与极限学习机组合的评价模型等多种模型进行分类预判，研究得到以下结论。

第一，智能优化算法可以提升机器学习算法的分类预判性能，但仅限于纵向比较，不适用于横向比较。纵向比较上，智能优化算法优化的支持向量机和智能优化算法优化的极限学习机分类预判性能都比未经智能优化算法优化的支持向量机和未经智能优化算法优化的极限学习机得到了较大幅度的提升。横向比较上，经过智能优化算法优化的极限学习机分类预判性能相比于常用的统计学习大多数分类模型更差，但都优于 Logistic 回归模型。智能优化算法可以帮助统计学习算法找到全局最优解，但也会造成程序收敛速度较慢，运行的消耗时长增加。同样的一种智能优化算法，对模型的分类预判性能的最终提升还取决于统计学习算法本身的性能。

第二，比较 T-1 年的企业财务危机评价特征数据集和 T-2 年的企业财务危机评价特征数据集的预测效果可知，前者的分类预判性能更优。比较二分类预判任务（有无财务危机）和三分类预判任务（有无财务危机以及财务危机的具体类型），前者的分类预判性能更优。但也存在特例，经过智能优化算法优化的支持向量机模型使用 T-2 年的企业财务危机评价特征数据集对企业 T 年是否陷入财务危机以及财务危机的具体类型的分类预判性能更优。结合企业的实际情况可知，尽管 T-1 年的企业财务危机评价特征数据集的分类预判性能往往更好，但当 T-1 年的企业财务危机评价特征数据集公布时，企业已经进入了第 T 年，此时对企业进行财务危机预警尽管可以给出分类预判结果，如果预判企业将会陷入财务危机，其并不能及时地剖析财务危机产生的原因、调整企业战略、采取防御措施消除财务危机，企业的损失仍不可挽回。因此，本书构建的智能优化算法优化支持向量机模型能够使用 T-2 年的企业财务危机评价特征数据集对企业是否会陷入财务危机提前进行有效预判，使企业能够提前一年部署好抵抗和消除财务危机的策略，具有重要的现实意义。

第三，使用训练好的支持向量机模型预测了 2019 年将陷入财务危机企业，比对沪深交易所已经公布的 6 家 ST 和 *ST 名单可知，成功预测出了 4 家企业。并且发现 2019 年将陷入财务危机企业所属的行业主要是制造业，科学研究和技术服务业，交通运输、仓储和邮储业，租赁和商务服务业。

一、投影寻踪综合评价原理

投影寻踪（Projection Pursuit）综合评价法是 Friedamn 和 Tukey（1974）提出的一种既可做探素性分析又可做确定性分析的聚类和分类分析方法。投影寻踪聚类模型是指由于事先没有固定的分类标准，只是利用模型对样本的评价特征进行运算再进行合理分类。投影寻踪分类模型是根据给定的级别标准利用模型对样本的评价特征进行运算再对等级水平做出评价。投影寻踪综合评价原理是通过不同的角度对数据进行分析，从最有利于反映数据特征和达到充分挖掘数据信息的角度寻找最优投影方向。投影寻踪综合评价法能够在评价特征权重不确定的情况下，通过把高维数据投影到低维（通常是 1~3 维）子空间上，对于投影的构形，采用投影特征函数来衡量投影所反映某种结构可能性的大小，寻找使投影特征函数达到最优（即能反映高维数据结构或特征）的投影值，然后根据该投影值来分析高维数据的结构特征，或根据该投影值与研究系统的输出值之间的散点图构造数学模型以预测系统的输出。[①]

相比于其他需要人工对评价特征进行赋权重或制定标准值的综合评价模型（层次分析法、Topsis 评价法、综合指数法）而言，投影寻踪综合评价法省去了专家判分的主观步骤，避免了人为干扰因素，从而更准确和便捷。因此，投影寻踪综合评价法在定量评价特征数据的处理上更具优势，是一种有效的用于高维数据分析的降维技术，适用于高维、非线性、非正态问题的分析和处理，并且其评价结果与实际情况比较相符，因此被广泛运用于企业竞争力、灾情评估、环境质量综合评价研究中。

二、投影寻踪综合评价流程

1. 投影综合评价的建模过程

投影寻踪综合评价（聚类分析）的建模过程由以下步骤组成：

步骤一：评价特征数据的规格化（又称最大最小化）。设样本集为：

$$\{x^*(i, j) \mid i=1, \cdots, p\}$$

其中，$x^*(i, j)$ 是第 i 个样本的第 j 个特征值，n 和 p 分别代表样本的个数和特征的个数，规格化处理的目的是消除不同的特征值量纲造成的影响。

对于高优特征（越大越优）：

$$x(i, j) = \frac{x^*(i, j) - x_{\min}(j)}{x_{\max}(j) - x_{\min}(j)} \tag{5-1}$$

对于低优特征（越小越优）：

$$x(i, j) = \frac{x_{\max}(j) - x^*(i, j)}{x_{\max}(j) - x_{\min}(j)} \tag{5-2}$$

其中，$x_{\max}(j)$ 和 $x_{\min}(j)$ 分别是第 j 个评价特征上的最大值和最小值，$x(i, j)$ 是评价特征值归一化的序列。

步骤二：构造投影特征函数 $Q(a)$。投影寻踪综合评价法旨在将 p 维

---

① 参见 DPS2010 年版教材第 8 篇第 44 章。

数据 $\{x^*(i,j) \mid i=1, \cdots, p\}$ 综合成以 $a=\{a(1), \cdots, a(p)\}$ 为投影方向的一维投影值，

$$z(i) = \sum_{j=1}^{p} a(j)x(i,j), \quad i=1, \cdots, n \tag{5-3}$$

式中，a 为单位长度向量，根据 $\{z(i) \mid i=1, \cdots, n\}$ 的一维散点图进行聚类分析。理想中的聚类分析结果是：总体来看，投影点形成了不同的部分，不同的部分之间能够分散开，而单独部分里的局部投影点尽可能集聚。

因此，构造的投影特征函数可以表示成：

$$Q(a) = S_z D_z \tag{5-4}$$

其中，

$$S_z = \sqrt{\frac{\sum_{i=1}^{n}(z(i)-E(z))^2}{n-1}} \tag{5-5}$$

$$D_z = \sum_{i=1}^{n}\sum_{j=1}^{n}[R-r(i,j)] \cdot u[R-r(i,j)] \tag{5-6}$$

式中，$E(z)$ 是序列 $\{z(i) \mid i=1, \cdots, n\}$ 的平均值；R 为局部密度的窗口半径（也被称作密度阈值，是关键的参数）；$r(i,j)=\mid z(i)-a(j)\mid$ 表示样本之间的距离；$u(x)$ 是一单位阶跃函数，当 $x \geq 0$ 时，$u(x)$ 等于 1，否则，其值等于 0。

当采用标准差和密度阈值来构造投影特征时，密度阈值就成了唯一的参数，其会直接影响投影寻踪综合评价的结果。针对特定的样本数据，密度阈值的取值不同得到的投影方向向量的值不同，而理想的投影寻踪综合评价是利用评价特征的最优投影方向进行投影。找到合理的密度阈值对投影寻踪综合评价分析极为重要。密度阈值的取值既不能使包含在视窗内的样本点个数太少，以免在滑动平均时的偏差太大；同时密度阈值也不能随着样本数据量的增大而快速增大。要想合理地综合评价结果就必须选择合理的密度阈值，有学者使用智能优化算法（加速遗传算法）对密度阈值进

行寻优,[①] 从而对特定的样本数据得到最优的投影方向向量。没有特定的方法可以统一密度阈值的取值标准，大多数情况下需要手工多次测试予以确定，不过较普遍的做法是采用 Friedman 的建议，将密度阈值设为全部样本评价特征的方差的 10%。不过，也有学者认为密度阈值的取值范围应该位于 $[r_{\max}, 2p]$ 之间才能保证投影特征函数的取值达到最大，因此可以考虑将密度阈值的取值设定为评价特征的维数，这也是本书采用的密度阈值的取值思路。

步骤三：优化投影特征函数。针对特定的样本数据，不同的投影方向得到的投影特征函数值不同，因此可以通过求解投影指标函数最大化问题来估计最佳投影方向。

实现目标函数的最大化：

$$\max: Q(a) = S_z D_z \tag{5-7}$$

$$s.t. \sum_{j=1}^{p} a^2(j) = 1 \tag{5-8}$$

步骤四：将上一个步骤得到的最佳投影方向代入式（5-9）：

$$z(i) = \sum_{j=1}^{p} a(j)x(i, j), \ i=1, \cdots, n \tag{5-9}$$

可以得到每个样本的投影值 $z(i)$，然后根据该值的大小对样本进行排序，该值越大，说明综合评价的得分越高，在同一批样本中表现越优异。

2. 企业财务危机测度的投影寻踪综合评价流程

这里需要对企业财务危机作出进一步的限定，为了有效衔接"先预警、后测度"的评价逻辑，并且只对已经陷入财务危机或者将陷入财务危机的企业进行严重程度测度；而对那些没有陷入财务危机的企业不予考虑，这也是本书不同于以往学者之处。[②]

---

① 这种方法也是采用了智能优化算法对投影寻踪综合评价的参数进行优化，囿于篇幅，本书只将智能优化算法用于分类和回归模型中。

② 以往学者对企业一视同仁，采用相同的方法对未陷入财务危机企业和已陷入财务危机企业进行财务危机严重程度的测度，并不会进行区分。

　　根据上述介绍的投影寻踪综合评价建模过程，结合本书研究问题的实际情况，下面设定企业财务危机测度的投影寻踪综合评价流程。首先，收集到 2009～2018 年的陷入财务危机的企业的评价特征原始数据（共计 703 家企业，34 个评价特征），这些企业的共同特点是被做出 ST 或者 *ST 处理。其次，研究采用的软件平台是 DPS 标准版；在正式进行分析前，需要对评价特征原始数据统一做出规格化（最大最小化）处理。再次，设定密度阈值（R）为 34，选定 x_{10}、x_{11}、x_{13}、x_{25}、x_{29}、x_{30}、x_{31}、x_{34} 为低优评价特征，等待程序输出综合评价结果。最后，程序将输出每个评价特征的最佳投影方向和每个样本的投影函数值，根据投影函数值对样本进行排序，并且依据财务危机严重程度的不同分成不同的类别。

　　需要特别说明的是，根据第三章的预警结果发现，使用 T-1 年的企业财务危机评价特征数据对企业财务危机进行预测要比使用 T-2 年的企业财务危机评价特征数据对企业财务危机进行预测的准确率更高。因此，在对企业第 T 年的财务危机进行测度时，采用的是该企业 T-1 年的数据，而不再区分 T-1 年和 T-2 年两种情况进行分析。

三、企业财务危机测度值计算结果

　　企业财务危机 FPfdv 值是由本书设计的用于测定已经陷入财务危机（被 ST 或者 *ST）或者预判将会陷入财务危机企业的严重程度。运用企业财务危机测度的投影寻踪综合评价模型对 703 家企业进行测度。投影寻踪综合评价模型的输入局部密度控制参数（密度阈值）为 34，投影值标准差为 0.3887，局部密度为 6324526.17，目标函数值为 2458242.09，得到各评价特征的最佳投影方向如表 5-1 所示。

表 5-1　企业财务危机测度的投影寻踪综合评价模型的最佳投影方向

评价特征	最佳投影方向	评价特征	最佳投影方向	评价特征	最佳投影方向
x_1	0.0037	x_2	0.3727	x_3	0.1755

评价特征	最佳投影方向	评价特征	最佳投影方向	评价特征	最佳投影方向
x_4	0.2794	x_{15}	0.0668	x_{26}	0.0164
x_5	0.3282	x_{16}	0.0733	x_{27}	0.0221
x_6	0.0053	x_{17}	0.1444	x_{28}	0.025
x_7	0.0188	x_{18}	0.0458	x_{29}	0.0013
x_8	0.0712	x_{19}	0.0259	x_{30}	0.1819
x_9	0.0174	x_{20}	0.0068	x_{31}	0.0761
x_{10}	0.194	x_{21}	0.1196	x_{32}	0.1795
x_{11}	0.0205	x_{22}	0.0711	x_{33}	0.1989
x_{12}	0.064	x_{23}	0.0666	x_{34}	0.6499
x_{13}	0.0056	x_{24}	0.0596		
x_{14}	0.014	x_{25}	0.0339		

资料来源：根据程序计算结果整理所得。

对表5-1中最佳投影方向进行排序可以得知，对企业财务危机测度的投影寻踪综合评价模型影响程度由高到低的五个评价特征是担保总额占净资产比例（x_{34}）、总净资产收益率（x_2）、销售净利率（x_5）、人力投入回报率（x_4）、机构持股比例合计（x_{33}）。

经过计算可知，针对2009~2018年陷入财务危机的企业财务危机PPfdv值取值范围是［0.8181，2.7962］，按照该值从大到小排序，依据描述性统计学的四分位数原理，分为四个子区间，相对财务危机等级为一般（Ⅳ）、较严重（Ⅲ）、严重（Ⅱ）和非常严重（Ⅰ），警示灯的颜色分别为蓝色、黄色、橙色和红色。企业财务危机PPfdv值可以推广的结论是：当PPfdv<2.0168时，说明企业的财务危机处于非常严重的等级，警示灯颜色为红色；当2.0168≤PPfdv<2.3143时，说明企业的财务危机处于严重等级，警示灯颜色为橙色；当2.3143≤PPfdv<2.4571时，说明企业的财务危机处于较严重等级，警示灯颜色为黄色；当PPfdv≥2.4571时，说明企业的财务危机处于一般等级，警示灯颜色为蓝色。表5-2~表5-11给出了2009~2018年陷入财务危机的企业的财务危机

PPfdv 值对应的警示灯。

表5-2　2009 年陷入财务危机企业（部分）的财务危机 PPfdv 值警示灯

交易代码	PPfdv 值	警示灯	交易代码	PPfdv 值	警示灯	交易代码	PPfdv 值	警示灯
600115	2.4555	黄色	200168	2.3917	黄色	600890	2.3497	黄色
600633	2.4532	黄色	000818	2.3871	黄色	000751	2.3458	黄色
600591	2.4436	黄色	000955	2.3793	黄色	600701	2.3450	黄色
000018	2.4287	黄色	600234	2.3776	黄色	000586	2.3445	黄色
000918	2.4153	黄色	600340	2.3693	黄色	000750	2.3439	黄色
600728	2.4106	黄色	000535	2.3676	黄色	002145	2.3404	黄色
600313	2.4033	黄色	000004	2.3611	黄色	000720	2.3356	黄色
600253	2.4002	黄色	600800	2.3601	黄色	600217	2.2124	橙色
200770	2.3960	黄色	002002	2.3567	黄色	600421	2.1568	橙色
000697	2.3926	黄色	600149	2.3520	黄色	200030	2.0364	橙色
430013	2.3925	黄色	600130	2.3512	黄色	000030	2.0016	红色

资料来源：根据程序计算结果整理所得。

表5-3　2010 年陷入财务危机企业（部分）的财务危机 PPfdv 值警示灯

交易代码	PPfdv 值	警示灯	交易代码	PPfdv 值	警示灯	交易代码	PPfdv 值	警示灯
001896	2.4302	黄色	000902	2.1420	橙色	000509	2.0987	橙色
000557	2.3635	黄色	600080	2.1347	橙色	000676	2.0973	橙色
000629	2.2947	橙色	600373	2.1288	橙色	600515	2.0968	橙色
600860	2.2778	橙色	600562	2.1283	橙色	000760	2.0949	橙色
000035	2.2549	橙色	600722	2.1221	橙色	600084	2.0875	橙色
600984	2.2281	橙色	000716	2.1210	橙色	200017	2.0847	橙色
002072	2.2020	橙色	000430	2.1176	橙色	600179	2.0829	橙色
600299	2.1860	橙色	000703	2.1126	橙色	000922	2.0793	橙色
600131	2.1734	橙色	600490	2.1109	橙色	600091	1.8600	红色
600769	2.1702	橙色	000939	2.1080	橙色	000068	1.8238	红色
600301	2.1542	橙色	000598	2.1051	橙色	000820	1.4365	红色

资料来源：根据程序计算结果整理所得。

表 5-4 2011 年陷入财务危机企业（部分）的财务危机 PPfdv 值警示灯

交易代码	PPfdv 值	警示灯	交易代码	PPfdv 值	警示灯	交易代码	PPfdv 值	警示灯
000035	2.0282	橙色	600281	1.7559	红色	600365	1.6195	红色
600792	1.8522	红色	600892	1.7260	红色	600678	1.5985	红色
600335	1.8306	红色	600671	1.7177	红色	000545	1.5875	红色
900951	1.8160	红色	000409	1.7173	红色	000607	1.5816	红色
600766	1.8095	红色	600539	1.7150	红色	002113	1.5259	红色
002200	1.7956	红色	000595	1.7076	红色	000737	1.4751	红色
600604	1.7833	红色	900946	1.6940	红色	000892	1.4713	红色
000602	1.7785	红色	600228	1.6740	红色	600715	1.2258	红色
600203	1.7660	红色	900902	1.6730	红色	000677	1.1551	红色

资料来源：根据程序计算结果整理所得。

表 5-5 2012 年陷入财务危机企业（部分）的财务危机 PPfdv 值警示灯

交易代码	PPfdv 值	警示灯	交易代码	PPfdv 值	警示灯	交易代码	PPfdv 值	警示灯
200056	1.7616	红色	600087	1.3955	红色	000720	1.2742	红色
000056	1.7497	红色	000669	1.3773	红色	000815	1.2663	红色
600894	1.5754	红色	600250	1.3745	红色	000420	1.2612	红色
000155	1.5017	红色	600766	1.3710	红色	600603	1.2299	红色
600882	1.4277	红色	002114	1.3675	红色	000806	1.2258	红色
600579	1.4171	红色	600265	1.3666	红色	600076	1.2138	红色
000677	1.4167	红色	000585	1.3531	红色	000576	1.1947	红色
000838	1.4151	红色	600733	1.3511	红色	600359	1.1367	红色
000767	1.4044	红色	000899	1.3437	红色	000751	1.0278	红色
600338	1.4003	红色	600532	1.3383	红色	000972	0.8192	红色

资料来源：根据程序计算结果整理所得。

表 5-6 2013 年陷入财务危机企业（部分）的财务危机 PPfdv 值警示灯

交易代码	PPfdv 值	警示灯	交易代码	PPfdv 值	警示灯	交易代码	PPfdv 值	警示灯
000898	1.6888	红色	000520	1.6360	红色	600301	1.6049	红色
002265	1.6373	红色	601919	1.6075	红色	000018	1.6005	红色

续表

交易代码	PPfdv 值	警示灯	交易代码	PPfdv 值	警示灯	交易代码	PFfdv 值	警示灯
000908	1.5990	红色	600074	1.4919	红色	000676	1.3797	红色
000953	1.5735	红色	000958	1.4901	红色	200505	1.3788	红色
000617	1.5647	红色	002047	1.4794	红色	000505	1.3727	红色
600444	1.5364	红色	900955	1.4728	红色	600265	1.3551	红色
200018	1.5340	红色	000504	1.4509	红色	000717	1.3305	红色
600980	1.5130	红色	600961	1.4466	红色	600538	1.2704	红色
600556	1.5067	红色	600319	1.4452	红色	600234	1.2422	红色
002162	1.5047	红色	600769	1.4044	红色	002506	1.1849	红色
600555	1.4969	红色	600750	1.3881	红色	200054	0.8181	红色

资料来源：根据程序计算结果整理所得。

表5-7　2014年陷入财务危机企业（部分）的财务危机 PPfdv 值警示灯

交易代码	PPfdv 值	警示灯	交易代码	PPfdv 值	警示灯	交易代码	PPfdv 值	警示灯
600282	1.9062	红色	002160	1.7291	红色	601558	1.6204	红色
430197	1.9006	红色	600689	1.7290	红色	002459	1.6186	红色
600598	1.8437	红色	600871	1.7270	红色	000779	1.6163	红色
600860	1.8258	红色	900922	1.7269	红色	000659	1.6136	红色
002164	1.7900	红色	000322	1.7173	红色	600306	1.601	红色
002127	1.7683	红色	002234	1.7068	红色	600228	1.5653	红色
430232	1.7593	红色	002006	1.7056	红色	002015	1.5352	红色
002134	1.7510	红色	600299	1.6987	红色	600247	1.5174	红色
600075	1.7398	红色	000928	1.6974	红色	600145	1.3763	红色

资料来源：根据程序计算结果整理所得。

表5-8　2015年陷入财务危机企业（部分）的财务危机 PPfdv 值警示灯

交易代码	PPfdv 值	警示灯	交易代码	PPfdv 值	警示灯	交易代码	PPfdv 值	警示灯
831472	2.6525	蓝色	430627	2.5648	蓝色	430231	2.5280	蓝色
000059	2.6211	蓝色	430188	2.5624	蓝色	600071	2.5244	蓝色
000927	2.6081	蓝色	600962	2.5363	蓝色	600401	2.5218	蓝色

续表

交易代码	PPfdv 值	警示灯	交易代码	PPfdv 值	警示灯	交易代码	PPfdv 值	警示灯
600644	2.5020	蓝色	600242	2.4743	蓝色	000892	2.3473	黄色
600217	2.4974	蓝色	000068	2.4693	蓝色	000611	2.3348	黄色
600984	2.4965	蓝色	000677	2.4674	蓝色	430136	2.3335	黄色
600608	2.4948	蓝色	000995	2.4618	蓝色	600870	2.3143	黄色
600691	2.4877	蓝色	000799	2.3690	黄色	600091	2.2986	橙色
600722	2.4851	蓝色	430173	2.3628	黄色	002608	2.2257	橙色
000590	2.4793	蓝色	600408	2.3516	黄色	600656	2.1364	橙色

资料来源：根据程序计算结果整理所得。

表 5-9　2016 年陷入财务危机企业（部分）的财务危机 PPfdv 值警示灯

交易代码	PPfdv 值	警示灯	交易代码	PPfdv 值	警示灯	交易代码	PPfdv 值	警示灯
430079	2.3659	黄色	002069	2.2457	橙色	600760	2.0409	橙色
430110	2.3313	黄色	830967	2.2392	橙色	002379	2.0340	橙色
834888	2.3184	黄色	200706	2.2220	橙色	600306	2.0310	橙色
002336	2.2952	橙色	000617	2.2213	橙色	430635	2.0153	红色
835449	2.2778	橙色	833359	2.2062	橙色	831051	2.0134	红色
833235	2.2669	橙色	600581	2.2045	橙色	600179	1.9960	红色
002423	2.2635	橙色	834485	2.1986	橙色	002289	1.9949	红色
831110	2.2500	橙色	000913	2.1958	橙色	600234	1.9741	红色
002513	2.2476	橙色	430734	2.1939	橙色	600212	1.9340	红色
600381	2.2457	橙色	200468	2.1937	橙色	000717	1.9304	红色

资料来源：根据程序计算结果整理所得。

表 5-10　2017 年陷入财务危机企业（部分）的财务危机 PPfdv 值警示灯

交易代码	PPfdv 值	警示灯	交易代码	PPfdv 值	警示灯	交易代码	PPfdv 值	警示灯
836096	2.7962	蓝色	836454	2.6407	蓝色	430010	2.6182	蓝色
835651	2.6892	蓝色	600403	2.6373	蓝色	601005	2.6142	蓝色
837676	2.6737	蓝色	834564	2.6296	蓝色	836198	2.6102	蓝色
832916	2.6453	蓝色	834632	2.6243	蓝色	831506	2.6086	蓝色

续表

交易代码	PPfdv 值	警示灯	交易代码	PPfdv 值	警示灯	交易代码	PPfdv 值	警示灯
831749	2.5967	蓝色	831574	2.5449	蓝色	600228	2.3731	黄色
000932	2.5925	蓝色	836506	2.5433	蓝色	835931	2.3715	黄色
834207	2.5889	蓝色	833558	2.5332	蓝色	002248	2.3705	黄色
600121	2.5859	蓝色	600860	2.5288	蓝色	835986	2.3695	黄色
834030	2.5786	蓝色	002473	2.5266	蓝色	002070	2.3622	黄色
839529	2.5701	蓝色	430694	2.5264	蓝色	600877	2.3611	黄色
000710	2.5578	蓝色	833345	2.5260	蓝色	600696	2.2099	橙色
839633	2.5573	蓝色	835095	2.5205	蓝色	430339	2.2030	橙色
831963	2.5558	蓝色	600608	2.3831	黄色	870343	2.1663	橙色
832237	2.5556	蓝色	600767	2.3810	黄色	837421	2.0943	橙色
000780	2.5490	蓝色	000693	2.3768	黄色	836642	2.0872	橙色
832438	2.5450	蓝色	835491	2.3749	黄色	831335	2.0132	红色

资料来源：根据程序计算结果整理所得。

表 5-11　2018 年陷入财务危机企业（部分）的财务危机 PPfdv 值警示灯

交易代码	PPfdv 值	警示灯	交易代码	PPfdv 值	警示灯	交易代码	PPfdv 值	警示灯
871596	2.7477	蓝色	871935	2.5930	蓝色	834656	2.4313	黄色
837096	2.6996	蓝色	835571	2.5923	蓝色	000816	2.4291	黄色
831131	2.6476	蓝色	871310	2.5897	蓝色	430450	2.4278	黄色
000048	2.6262	蓝色	600778	2.4400	黄色	871390	2.4265	黄色
002018	2.6179	蓝色	839966	2.4386	黄色	600807	2.4256	黄色
836089	2.6141	蓝色	600399	2.4384	黄色	835863	2.4251	黄色
834582	2.6114	蓝色	838342	2.4363	黄色	836570	2.3643	黄色
831342	2.6084	蓝色	834800	2.4353	黄色	002260	2.3641	黄色
870546	2.5986	蓝色	002194	2.4338	黄色	000995	2.3532	黄色
832417	2.5984	蓝色	838225	2.4337	黄色	834524	2.3467	黄色
871450	2.5961	蓝色	834540	2.4335	黄色	600193	2.3453	黄色
002147	2.5961	蓝色	000720	2.4317	黄色	600289	2.3387	黄色
600539	2.5951	蓝色	000409	2.4317	黄色	838609	2.3324	黄色

续表

交易代码	PPfdv 值	警示灯	交易代码	PPfdv 值	警示灯	交易代码	PPfdv 值	警示灯
000893	2.3279	黄色	870263	2.2922	橙色	002188	2.1417	橙色
870522	2.3199	黄色	600198	2.2826	橙色	900906	1.8945	红色
000422	2.2929	橙色	836571	2.1598	橙色	834638	1.8856	红色

资料来源：根据程序计算结果整理所得。

从表 5-2 至表 5-11 可以看出，2009 年陷入财务危机企业的财务危机 PPfdv 值警示灯总体呈现黄色和橙色两种，红色警示灯较少，说明这些企业的财务危机严重程度总体处于较严重和严重的水平。而到了 2010 年，陷入财务危机企业的财务危机 PPfdv 值警示灯总体呈现橙色和红色两种，说明这些企业的财务危机严重程度总体处于严重和非常严重的水平，相比 2009 年陷入财务危机企业的财务危机严重程度进一步加深。而 2011~2014 年陷入财务危机企业的财务危机 PPfdv 值警示灯基本都是红色警示灯，比 2010 年陷入财务危机企业的财务危机严重程度更进一步加深，说明这几年陷入财务危机企业的财务状况非常糟糕，是近十年中表现最不理想的年度。从 2015 年开始，陷入财务危机企业的财务危机 PPfdv 值警示灯呈现出多数蓝色、黄色和少数橙色、红色的状态，并且企业财务危机的严重程度依次减弱，企业的财务状况依次见好。出现这种情况可能的原因在于股市行情的波动，2017 年 1 月 1 日至 2017 年 12 月 31 日的上证和深证成指的历史 PE/PB 走势如图 5-1 和图 5-2 所示，历史 PE/PB 值是最重要的历史数据，是市场历来对股票价值进行判断最重要的依据之一。

值得说明的是，由于本书使用 T-1 年的企业财务评价特征数据反映 T 年的财务危机状况，因此本书的 T 年范围是 2009~2018 年，也就是企业财务危机 PPfdv 值警示灯所对应的年度。综合图 5-1 和图 5-2 可以看出，两者的走势基本相同，几个对应波峰和波谷的大致关键时间节点是 2008 年 1 月 1 日、2009 年 1 月 1 日、2010 年 1 月 1 日、2015 年 1 月 1 日以及 2016 年 1 月 1 日。指数点位近十年中分别在 2008 年和 2015 年达到了较高值，上证指数冲破了 5000 点，其余时间比较低迷，并且在其中的几个时间段呈现出断崖式的下降。

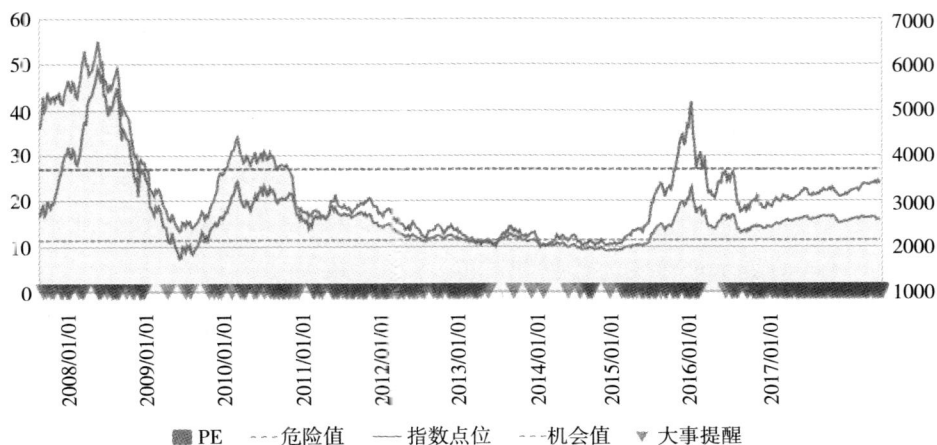

图 5-1　2007~2017 年上证综指历史 PE/PB 走势

资料来源：Wind 金融咨询终端。下同。

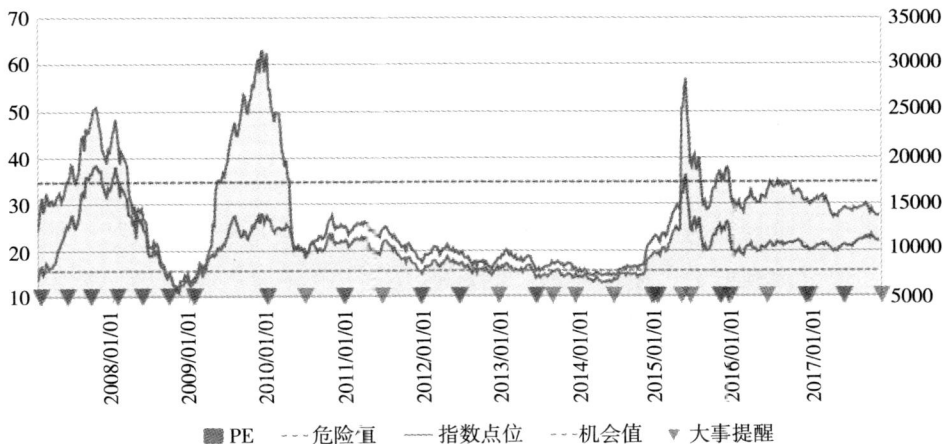

图 5-2　2007~2017 年深证综指历史 PE/PB 走势

结合表 5-2 至表 5-11 的陷入财务危机的企业财务危机 PPfdv 值警示灯情况以及图 5-1 和图 5-2 的上证和深证成指的历史 PE/PB 走势图，发现二者存在着密切的关联。企业财务危机 PPfdv 值警示灯整体呈现红色的时间段正好位于市场行情低迷的 2010~2014 年，到了 2015 年后警示灯则以蓝色、黄色和橙色为主，对应于 2015 年后的股市整体回暖。并且在 2015 年企业财务危机 PPfdv 值警示灯以蓝色和黄色为主，红色和橙色警示灯几乎不存在；但是 2016 年企业财务危机 PPfdv 值警示灯则以橙色为主，对应着股市行情的回落；2017 年和 2018 年股市行情的见好也使企业财务危机 PPfdv 值警示灯转变为蓝色和黄色。

综上，本书提出的针对陷入财务危机企业的财务危机 PPfdv 值的测度方法可以有效地反映企业财务危机的严重程度，并且测度结果与股市的市场行情高度相关，二者之间存在紧密的联系。尽管可以通过评价特征体系的 34 个评价特征对企业财务危机 PPfdv 值进行测度，但是仍可通过降维的思路尽量通过较少的特征（PDP 选择的 13 个特征）使用统计学习模型进行学习，可以更快捷、更有效地预测。

根据预警理论，本书构建了 OEFD 企业财务危机平面维度评价预警信息表，通过表 5-12 可知，不同的企业财务危机警度（红色、橙色、黄色、蓝色）所对应的警情（评价特征）各不同。红色警度的警情最多，评价特征覆盖了盈利能力、偿债能力、营运能力、成长能力和其他特征，但是盈利能力、偿债能力、成长能力缺失是主要原因。橙色和蓝色警度的警情也全面覆盖了盈利能力、偿债能力、营运能力、成长能力和其他特征的评价特征，但是盈利能力、偿债能力、成长能力缺失并不是主要原因。黄色警度的警情主要覆盖了偿债能力和其他特征，净资产负债率过高、流动负债权益比率过高、资本固定化率过高、机构持股比例过低是主要原因。

表 5-12 OEFD 企业财务危机平面维度评价预警信息

警度	红色	橙色	黄色	蓝色
PPfdv 取值范围	(0.8181, 2.0168]	(2.0168, 2.3143]	(2.3143, 2.4571]	(2.4571, 2.7962]

续表

警度	红色	橙色	黄色	蓝色
风险等级	非常严重（Ⅰ）	严重（Ⅱ）	较严重（Ⅲ）	一般（Ⅳ）
警情	①总净资产收益率过低 ②投入资本回报率过低 ③人力投入回报率过低 ④销售净利率过低 ⑤流动比率过低 ⑥保守速动比率过低 ⑦现金比率过低 ⑧总资产周转率过低 ⑨基本每股收益同比增长率过低 ⑩净利润同比增长率过低 ⑪净资产收益率同比增长率过低 ⑫固定资产投资扩张率过低 ⑬经营活动净收益/利润总额比值过低 ⑭现金股利保障倍数过低 ⑮前十大股东持股比例过低	①平均净资产收益率过低 ②产权比率过高 ③流动资产周转率过低 ④存货周转率过低 ⑤货币资金同比增长率过低 ⑥营业外收支净额过高 ⑦全部资产现金回收率过低	①净资产负债率过高 ②流动负债权益比率过高 ③资本固定化率过高 ④机构持股比例过低	①主营业务比率过低 ②已获利息倍数过低 ③长期债务比过高 ④应收账款周转率过低 ⑤营业总收入同比增长率过低 ⑥经营活动产生的现金流量净额/营业收入比值过低 ⑦资产负债率过高 ⑧担保总额占净资产比例过高
警情属性	①盈利能力（4/6） ②偿债能力（3/7） ③营运能力（1/4） ④成长能力（4/6） ⑤其他特征（3/11）	①盈利能力（1/6） ②偿债能力（1/7） ③营运能力（2/4） ④成长能力（1/6） ⑤其他特征（2/11）	①偿债能力（1/7） ②其他特征（3/11）	①盈利能力（1/6） ②偿债能力（2/7） ③营运能力（1/4） ④成长能力（1/6） ⑤其他特征（3/11）

资料来源：根据程序计算结果整理所得。

第二节　基于统计学习建模技术的企业财务危机回归测度

一、统计学习回归建模技术的常用种类及原理

相关与回归分析是统计学科中最基础的分析方法，传统的统计回归方

法主要有简单线性回归、用于生存分析数据的 Cox 回归模型、岭回归、LASSO 回归、偏最小二乘回归。简单线性回归对误差项一般是要求其服从均值为零的正态分布,对简单线性回归系数的 t 检验和 F 检验也是基于此假设;尽管简单线性模型实现简单、处理快捷,但是研究所采用的数据集是否满足模型的假设,很难进行验证。当自变量多于 2 时,变量之间则可能会出现多重共线性的情况,轻微的多重共线性一般不会对模型的预测产生较大影响,但是高度的多重共线性会造成矩阵的逆不稳定而导致模型求解困难。一般可以使用方差膨胀因子(Variance Inflation Factor, VIF)对多元变量间的多重共线性进行度量,如果方差膨胀因子大于 5 或者 10 说明模型可能存在多重共线性问题。这时需要考虑使用岭回归、LASSO(Least Absolute Shrinkage and Selection Operator)回归、偏最小二乘回归模型。

岭回归(Ridge Regression)是一种用于共线性数据分析的有偏估计回归方法[1],其本质是一种改良的 OLS(最小二乘估计)方法,缺点是需要放弃最小二乘法的无偏性,损失了部分信息和降低了精度,但是可以获得更符合实际的回归系数,是一种更可靠的回归方法,比较适用于病态数据的拟合过程。与普通回归相比,尽管相关系数的平方值会降低,但是回归系数的显著性却明显高于普通回归,因此针对共线性问题和病态数据而言其实用性更强。LASSO 回归是一种压缩估计回归方法,通过构造一个惩罚函数得到一个更为精练的模型,将一些系数压缩的同时设定一些系数为 0,保留了子集收缩的特点,但是针对复共线性数据的估计存在有偏。相对于岭回归,LASSO 回归不仅可以较好地解决过拟合问题,而且可以在参数缩减过程中将一些重复而又没必要的参数直接缩减为 0,从而达到提取有用特征的作用。但是 LASSO 回归的计算过程由于范数不是连续可导的[2],因此其计算过程相对更复杂。此外,岭回归引入的 L_2 范数惩罚项,而 LAS-

---

① 资料来源:https://baike.baidu.com/item/%E5%B2%AD%E5%9B%9E%E5%BD%92/554917? fr=aladdin。

② 范数(Norm)是数学中的一种基本概念。在泛函分析中,它定义在赋范线性空间中,并满足一定的条件,即第一,非负性;第二,齐次性;第三,三角不等式。

SO 回归引入的是 L₁ 范数惩罚项，LASSO 回归能够使损失函数中的大部分 θ 变成 0，而岭回归的所有 θ 都存在，因此在计算量上 LASSO 回归将远远小于岭回归。偏最小二乘回归（Partial Least Squares Regression）也称双线性因子模型，通过将自变量和因变量转到一个新空间进行线性回归建模，而不是为了寻求二者之间最小方差的超平面，它集合了主成分分析法、典型相关分析法和多元线性回归分析法的优点。

上述传统的回归模型一般都需要对待分析的数据做出一定的假设，对模型的优劣也需要根据经验来判断，而大多数情况下，数据分布的真实情况不得而知，因此这导致了上述模型的局限性。而统计学习回归方法则不需要对数据做任何假设，并且评定模型的优劣可以通过交叉验证的方式进行。常用的统计学习回归模型有回归树模型、Bagging 和 Boosting 回归模型、随机森林回归模型、人工神经网络回归模型。由于人工神经网络模型已经在第四章比较重点地进行了介绍，因此这里仅对前三种回归模型的原理进行简单介绍。

1. 回归树模型

回归树模型通过 CART 算法实现，假设 X 和 Y 分别表示输入和输出变量，并且输出变量的形式是连续式的，给定数据集 $D=\{(x_1, y_1), \cdots, (x_N, y_N)\}$，再将输入空间划分为 M 个单元 $R_1, \cdots, R_M$，并且在每个单元上 R_i 上都有一个固定的输出值 C_i，因此构建的回归树模型可以表示成：

$$f(x) = \sum_{m=1}^{M} c_m I(x \in \mathbf{R}_m) \tag{5-10}$$

回归树模型的预测误差（相当于分类中的基尼指数）为：

$$\sum_{x_i \in \mathbf{R}_m} (y_i - f(x_i))^2 \tag{5-11}$$

当预测误差达到最小时，可以得到每个单元上的最优输出值（该输出值是该单元上所有样本输出的平均值）。求解模型的关键就在于如何对空间进行划分，可以考虑采用启发式的方法，选择 $x_j = s$ 作为切分变量和切分点并定义两个互补的区域：

$$R_1(j, s) = \{x \mid x^{(j)} \leq s\}$$

$$R_2(j, s) = \{x \mid x^{(j)} > s\} \tag{5-12}$$

求解如下函数 $x_j = s$ 对进行寻优：

$$\min_{j,s}\Big[\min_{c_1}\sum_{x_i \in \mathbf{R}_1(j, s)}(y_i - c_1)^2 + \min_{c_2}\sum_{x_i \in \mathbf{R}_2(j, s)}(y_i - c_2)^2\Big] \tag{5-13}$$

遍历所有输入变量，找到最优切分变量 j，构成一个对 (j, s)，对每个区域不断重复上述过程，直到满足条件为止，可以得到最小二乘回归树。

CART 剪枝是为了使模型变得更简单而从一棵完整的决策树的底端剪去一些子树，从而能够对未知数据具有更高的预测准确率。CART 剪枝主要由两个步骤组成：第一步剪枝形成一个新的子树序列；第二步是对剪枝得到的新子树序列进行交叉验证，得到最优子树。

2. Bagging 和 Boosting 回归模型

Bagging（Bootstrap Aggregating）[1]，俗称套袋法，算法的核心思想是对样本集进行有放回抽样（某个样本在某次训练中可以不出现也可以多次出现），让学习算法进行多轮训练，训练之后可以得到一个预测函数序列 $h_1, \cdots, h_n$，最终的回归预测函数对预测样本采用简单平均法进行判别。

Boosting（Adaptive Boosting）[2] 算法的核心思想是在对训练样本进行抽样时，会自动进行调整，如在某一次抽样中，某些样本点在产生弱学习器的决策时产生了较大的误差，说明它们在样本集中可能缺乏代表性，于是在后续的抽样时可以增加其被抽中的概率以改善这种情况。Boosting 算法可以对产生的多个学习器通过求加权平均的方式进行预测，也可以使用其他方法对学习器进行组合，因此 Boosting 方法的种类比较多样。

两者之间的主要区别有三点：第一，Bagging 回归模型的训练集是随机的，且各训练集之间是独立的，而 Boosting 回归模型每一次的训练集都依赖于上一次学习的结果，因此其并不独立；第二，Bagging 回归模型每个学

---

[1]　资料来源：https://baike.baidu.com/item/bagging/15454674。

[2]　资料来源：https://baike.baidu.com/item/Boosting/1403912? fr=aladdin。

习器的预测函数是没有权重的，而 Boosting 回归模型会根据每一次训练的训练集误差得到本次预测函数的权重；第三，Bagging 回归模型的每个预测函数可以并行生成，而 Boosting 回归模型顺序生成，因此 Bagging 回归模型的时间成本比 Boosting 更低。

3. 随机森林回归模型

随机森林回归算法是由 Breiman 提出的[1]，其核心思想是基于统计学习基础理论，利用自助重抽样的方法从原始样本集合中选取多个样本，然后构建回归决策树，对于未知样本的预测则是将所有决策树的平均预测值作为模型的输出。

随机森林回归算法包括如下步骤：

步骤一：利用自助重抽样的方法进行采样，随机产生 θ_1，$\cdots$，θ_k 等 k 个训练集，然后对每个训练集构建对应的回归树 $\{T(x, \theta_1)\}$，$\cdots$，$\{(x, \theta_k)\}$。

步骤二：假设模型的评价特征有 N 维，从中抽取 n 个评价特征，并以最好的分裂方式对分裂节点进行分裂；然后让每棵回归树自由生成，不需要进行剪枝。

步骤三：对于输出未知的预测样本，单棵回归树 $T(\theta)$ 的预测可以通过叶节点 $l(x, \theta)$ 的观测值求平均值获得。假设某个观测值 X_i 属于叶节点 $l(x, \theta)$ 且不等于 0，其权重为 $\omega_i(x, \theta)$，权重之和等于 1。

步骤四：单棵回归树的预测值可以通过计算 $\mu(\hat{x}) = \sum_{i=1}^{n} \omega_i(x, \theta) Y_i$ 得到。

步骤五：对决策树权重 $\omega_i(x, \theta)$ 取平均可以得到每个观测值 $Y_i \in (1, \cdots, n)$ 的权重，计算方式如下：

$$\omega_i(x) = \frac{1}{k} \sum_{i=1}^{k} \omega_i(x, \theta_i) Y \tag{5-14}$$

① 资料来源：https：//baike.baidu.com/item/%E9%9A%8F%E6%9C%BA%E6%A3%AE%E6%9E%97/1974765? fr=aladdin。

则随机森林回归的预测值为：

$$\hat{\mu(x)} = \sum_{i=1}^{n} \omega_i(x) Y_i \qquad (5-15)$$

二、评价流程

评价数据集主要有 PPfdv2、PPfdv3，其含义都是使用 T-1 年的企业财务危机评价特征体系数据（已经 PDP 技术处理进行降维）预测 T 年陷入财务危机企业的财务风险 PPfdv 值，但是二者选用的评价特征集不同。PPfdv2 使用的评价特征集和 oneyearpdp2 的评价特征集一样；PPfdv3 使用的评价特征集和 oneyearpdp3 的评价特征集一样。同时，数据集中的所有数据已经进行了缺失值替换和规格化处理。评价使用的统计学习回归建模技术分别是普通线性回归模型、回归树回归模型、Bagging 回归模型、Boosting 回归模型、随机森林回归模型、人工神经网络回归模型等。

三、回归测度模型性能评估

要想了解不同的回归模型对企业财务风险的预测性能如何，需要使用回归模型的评估指标，主要有均方误差（Mean Squared Error，MSE）、均方根误差（Root Mean Squared Error，RMSE）、平均绝对误差（Mean Absolute Error，MAE）、R^2 决定系数。假设回归模型输出的真实值为 y_i，平均值为 $\bar{y}$，平均值为 $\hat{y}$，均方误差是通过真实值减去平均值后平方的均值，计算表达式为：

$$MSE = \frac{1}{m} \sum_{i=1}^{m} (y_i - \hat{y_i})^2 \qquad (5-16)$$

均方误差一般可以作为线性回归函数的 L_2 范式的损失函数。

为了更好地对数据做出描述，对均方误差进行开根号处理可以得到均方根误差，其计算表达式为：

$$RMSE = \sqrt{\frac{1}{m} \sum_{i=1}^{m} (y_i - \hat{y_i})^2} \qquad (5-17)$$

平均绝对误差是将模型的真实值减去预测值之后求平均后得到的值，其计算表达式为：

$$MAE = \frac{1}{m} \sum_{i=1}^{m} |y_i - \hat{y}_i|$$ (5-18)

平均绝对误差一般可以作为线性回归函数的 L_1 范式的损失函数。

R^2 决定系数可以通过数据的变化来表征模型拟合的优劣，取值范围位于 0 和 1 之间，越接近 1 说明模型对因变量的预测能力越强，模型对数据的拟合效果越好，其计算表达式为：

$$R^2 = \frac{SSR}{SST} = 1 - \frac{\sum_{i=1}^{m} (y_i - \hat{y}_i)^2}{\sum_{i=1}^{m} (y_i - \bar{y})^2}$$ (5-19)

通过使用 R 语言进行编程建立六种回归模型，本书对不同回归模型进行评价采用的评价指标主要是均方根误差和 R^2 决定系数。

1. 普通线性回归模型

经过软件 R 语言编程处理得到结果如下：对 PPfdv2 建立线性回归方程，模型的均方根误差为 0.1218，R^2 决定系数为 0.9017；对 PPfdv3 建立线性回归方程，模型的均方根误差为 0.1195，R^2 决定系数为 0.9057，两种回归模型的常数项和系数估计结果如表 5-13 和表 5-14 所示。

表 5-13　PPfdv2 数据集线性回归方程常数项和系数估计结果

变量	估计值	变量	估计值	变量	估计值
常数项	0.06511	x5	0.22128***	x20	0.02582
x1	0.11434**	x7	-0.35266.	x21	0.52614***
x2	0.70255***	x9	0.46536*	x24	0.49828***
x3	0.22079***	x12	0.14334***	x32	0.36805***
x4	0.51075***	x18	-0.37676***		

注：***、**、*、·分别表示在 0.001、0.01、0.05 和 0.1 的水平下显著。下同。

189

表 5-14　PPfdv3 数据集线性回归方程常数项和系数估计结果

变量	估计值	变量	估计值	变量	估计值
常数项	0.61117***	x5	0.39593***	X24	0.09551
x1	0.07054*	X9	0.03379	x25	-0.07720.
x2	0.56199***	X12	0.37151***	x26	-0.02386***
x3	0.33524***	X20	-0.24837***	x32	0.33074***
x4	0.40705***	X21	0.34546***		

根据均方根误差和 R^2 决定系数以及结合表 5-12 和表 5-13 可知，使用 PPfdv3 数据集的评价特征对企业财务危机的 PPfdv 值有更高的预测精度，并且均方根误差较小，两种模型的系数绝大多数都能通过 t 检验，模型总体比较理想（见图 5-3 和图 5-4）。

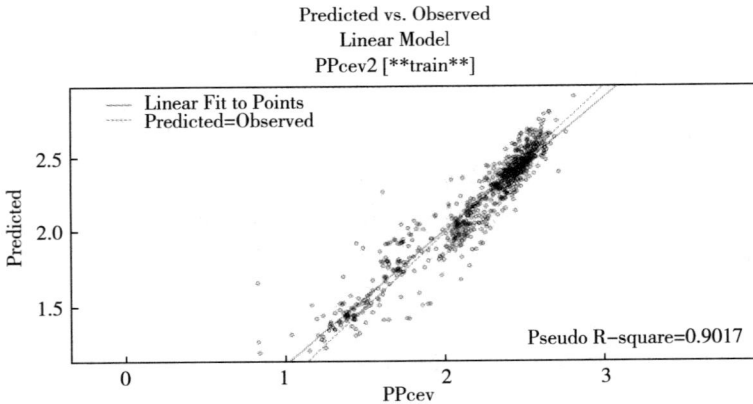

图 5-3　PPfdv2 数据集财务危机 PPfdv 真实值与预测值拟合图（线性回归模型）

2. 回归树模型

经过软件 R 语言编程处理得到结果如下：对 PPfdv2 建立回归树模型，模型的均方根误差为 0.1245，R^2 决定系数为 0.8972；对 PPfdv3 建立回归树模型，模型的均方根误差为 0.1285，R^2 决定系数为 0.8906。① 两种回

---

① 回归树模型的参数设置如下：Min Split 为 20，Max Depth 为 30，Min Bucket 为 7，Complexity 为 0.01。

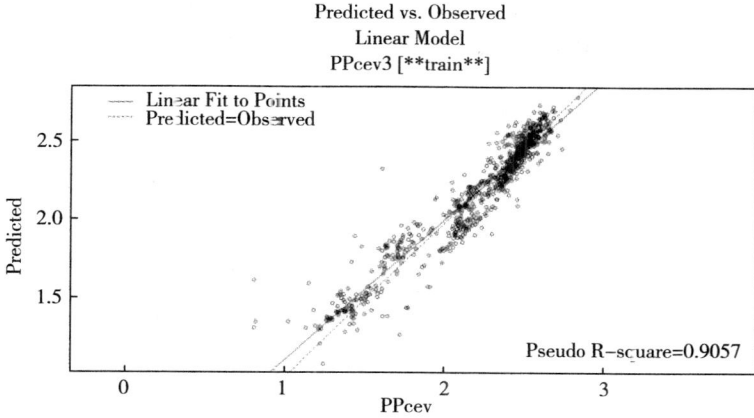

Predicted vs. Observed
Linear Model
PPcev3 [**train**]

Pseudo R-square=0.9057

图 5-4　PPfdv3 数据集财务危机 PPfdv 真实值与预测值拟合图（线性回归模型）

归树模型的树结构以及模型输出的预测值与真实值拟合图如图 5-5～图 5-8 所示。

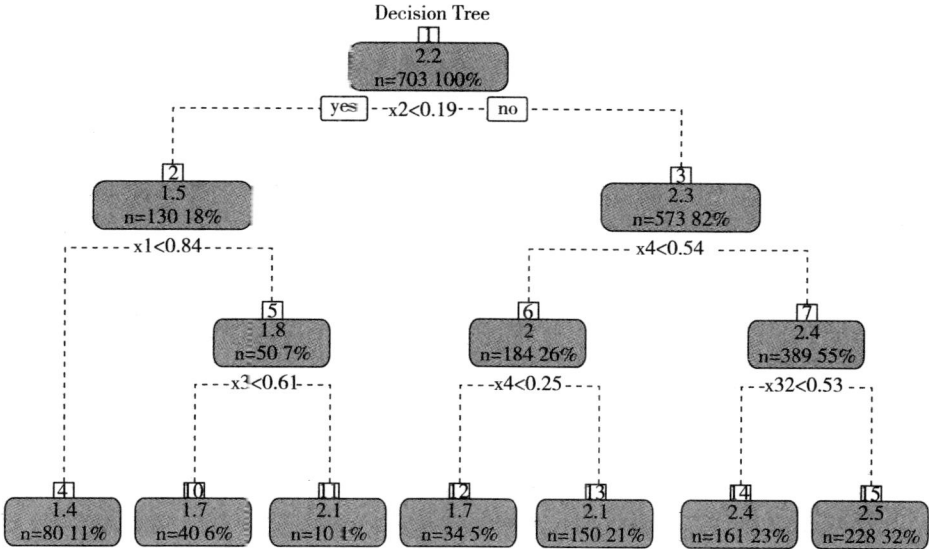

图 5-5　PPfdv2 数据集财务危机回归树结构

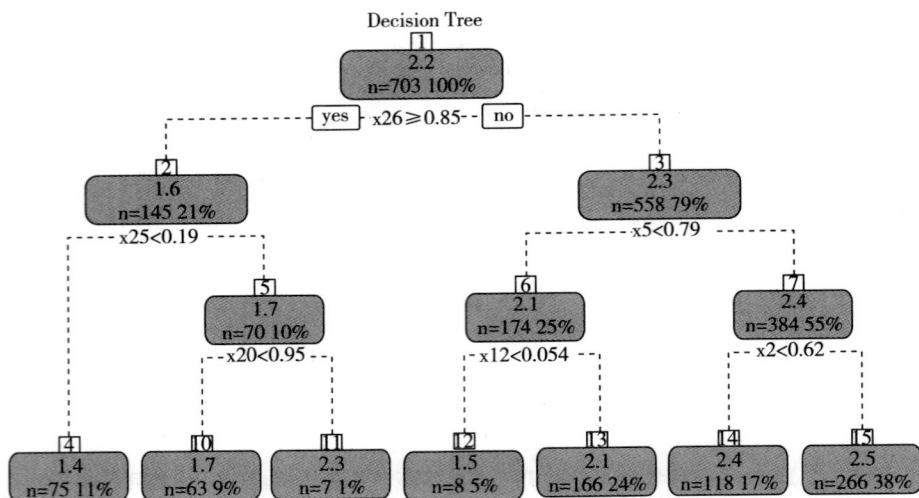

图 5-6　PPfdv3 数据集财务危机回归树结构

　　从图 5-5 和图 5-6 可以看出，针对 PPfdv2 数据集，回归树使用的分裂特征主要有 x_2、x_1、x_4、x_3、x_{32}，针对 PPfdv3 数据集，回归树使用的分裂特征主要有 x_{26}、x_{25}、x_5、x_{20}、x_2。

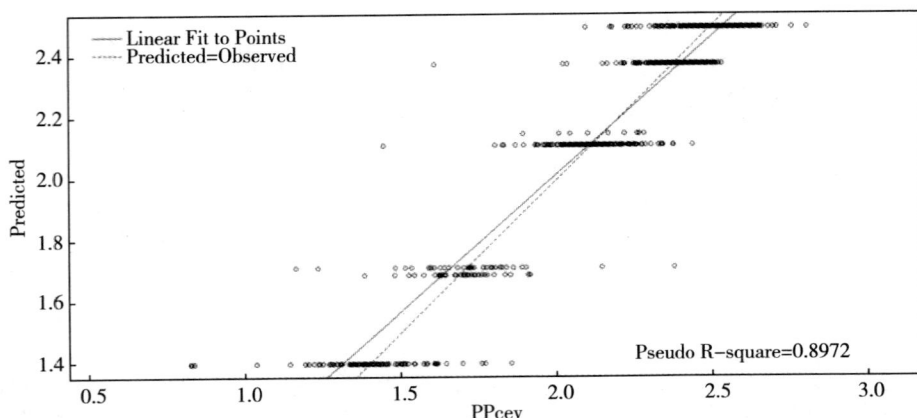

图 5-7　PPfdv2 数据集财务危机 PPfdv 真实值与预测值拟合图（回归树模型）

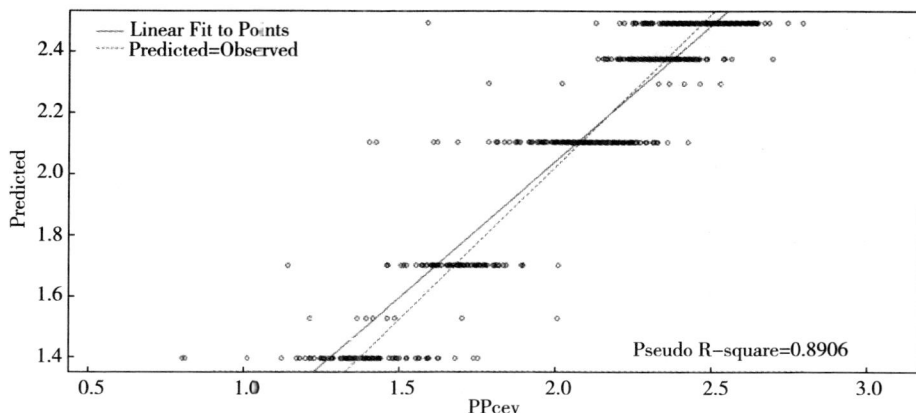

图 5-8　PPfdv3 数据集财务危机 PPfdv 真实值与预测值拟合图（回归树模型）

3. Bagging 模型

经过软件 R 语言编程处理得到结果如下：对 PPfdv2 建立 Bagging 回归模型，模型的均方根误差为 0.0169，R^2 决定系数为 0.9102；对 PPfdv3 建立 Bagging 回归模型，模型的均方根误差为 0.0105，R^2 决定系数为 0.9042。

4. Boosting 模型

经过软件 R 语言编程处理得到结果如下：对 PPfdv2 建立 Boosting 回归模型，模型的均方根误差为 0.0112，R^2 决定系数为 0.9256；对 PPfdv3 建立 Boosting 回归模型，模型的均方根误差为 0.0103，R^2 决定系数为 0.9315。

5. 随机森林回归模型

经过软件 R 语言编程处理得到结果如下：对 PPfdv2 建立随机森林回归模型，模型的均方根误差为 0.0355，R^2 决定系数为 0.9403；对 PPfdv3 建立随机森林回归模型，模型的均方根误差为 0.0024，R^2 决定系数为 0.9368。

6. 人工神经网络模型

经过软件 R 语言编程处理得到结果如下：对 PPfdv2 建立人工神经网

络回归模型，模型的均方根误差为 0.0691，R^2 决定系数为 0.9684；对 PPfdv3 建立人工神经网络回归模型，模型的均方根误差为 0.0709，R^2 决定系数为 0.9667（见图 5-9 和图 5-10）。[①]

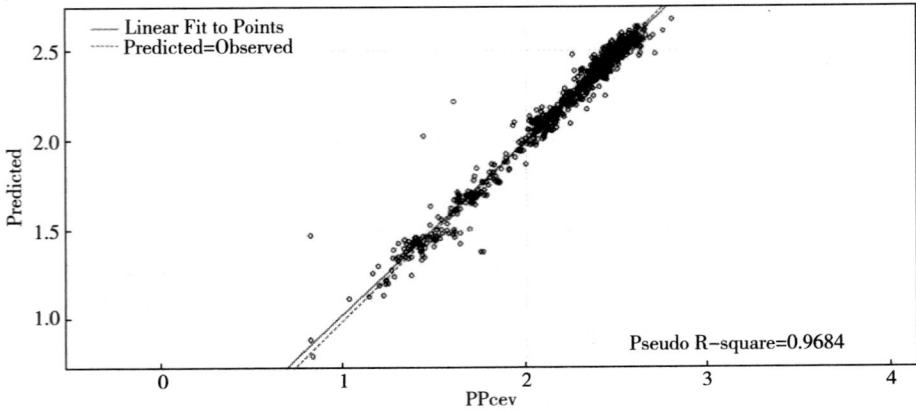

图 5-9 PPfdv2 数据集财务危机 PPfdv 真实值与预测值拟合图（人工神经网络模型）

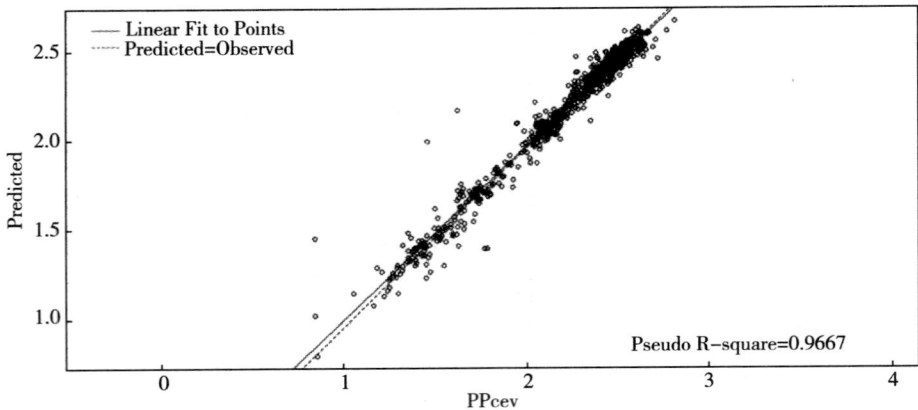

图 5-10 PPfdv3 数据集财务危机 PPfdv 真实值与预测值拟合图（人工神经网络模型）

综合以上所有回归模型的评价结果绘制成表 5-15，比较得知，针对

---

① 人工神经网络的隐含层层数设置为 10。

PPfdv2 数据集，Boosting 回归模型的均方根误差最小，人工神经网络回归模型的 R^2 决定系数最高；针对 PPfdv3 数据集，随机森林回归模型的均方根误差最小，人工神经网络回归模型的 R^2 决定系数最高。总体来看，针对 PPfdv2 数据建立的回归模型的平均均方根误差为 0.0632，略小于针对 PPfdv3 数据建立的回归模型的平均均方根误差 0.0664；同时，针对 PPfdv2 数据建立的回归模型的平均 R^2 决定系数为 0.9233，略高于针对 PPfdv3 数据建立的回归模型的平均 R^2 决定系数 0.9226。因此，PPfdv2 数据集使用的评价特征对企业财务危机 PPfdv 值的预测效果更好。

表 5-15　PPfdv3 数据集线性回归方程常数项和系数估计结果

回归模型	PPfdv2		PPfdv3	
评价指标	RMSE	R^2	RMSE	R^2
线性	0.1218	0.9017	0.1195	0.9057
回归树	0.1245	0.8972	0.185	0.8906
Bagging	0.0169	0.9102	0.0105	0.9042
Boosting	0.0112	0.9256	0.0103	0.9315
随机森林	0.0355	0.9403	0.0024	0.9368
人工神经网络	0.0691	0.9648	0.0709	0.9667

第三节　智能优化算法与反向传播神经网络组合下企业财务危机回归测度

一、反向传播神经网络的原理、结构和参数优化

1. 反向传播神经网络的原理

反向传播神经网络（Back Propagtion，BP）由 Rumelhart 和 McClelland

（1986）为首的科学家提出的概念，是一种按照误差逆向传播算法训练的多层前馈神经网络，是应用最广泛的神经网络（张兴旺等，2015）。反向传播神经网络是一种多层前馈网络，其核心思想是利用梯度下降法使人工神经网络模型的输出值与真实值之间的均方误差达到最小。反向传播神经网络是所有前馈神经网络中的核心部分，同时其在整个神经网络体系中占据着重要的地位（80%左右的占比），被广泛地运用于分类、回归、逼近、识别和压缩领域。

反向传播神经网络的传播过程分为信号的正向传播以及误差的反向传播两个方面。计算误差输出时，神经网络是按照从输入层到输出层的方向进行；而对神经网络进行参数调优的过程中神经网络则是从输出层到输入层的方向进行。正向传播时，输入信号经由隐含层到输出节点的过程需要进行非线性变化，然后产生输出信号；如果神经网络的输出值与真实值不符，则进入误差的反向传播过程。误差反向传播是指将输出误差通过隐含层向输入层逐层地进行反传，并将误差分摊给各层的所有单元，通过各单元的反馈对神经网络的参数进行调优，使误差沿着梯度方向下降，通过反复对训练样本进行学习，当达到终止条件时，模型停止训练。

2. 反向传播神经网络的结构

反向传播神经网络一般是多层的（陈明，2013），其隐含层可以是单层的也可以是多层的。具体特点是网络的层与层通过全连接的方式进行连接，处于同一层的神经元之间没有连接。网络的传递函数必须可微，一般使用 Sigmoid 函数或线性函数作为传递函数，根据输出值是否包含负值又可分为 Tan-Sigmoid 和 Log-Sigmoid，反向传播神经网络一般在隐含层中采用 Sigmoid 函数作为传递函数，然后在输出层中使用线性函数作为传递函数，一个典型的包含两个隐含层的反向传播神经网络的结构如图 5-11 所示。

反向传播神经网络与反馈神经网络的结构存在显著区别，反馈神经主要包含 Hopfielld 网络、Elman 网络，反馈神经网络主要是指网络的输出值会作为输入值重新进入到神经网络进行迭代计算，直到网络的输出值达到稳定状态为止。而反向传播神经网络主要是指误差信号的反向传播，可用于模型的参数调优。

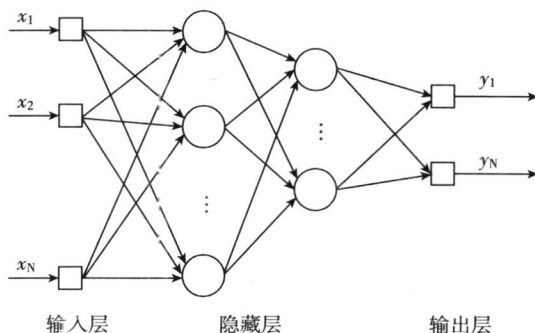

图 5-11 包含两个隐含层的反向传播神经网络结构

构建反向传播神经网络需要确定网络的层数和每层的神经元个数，之后最重要的就是确定各层之间的权值系数。由于反向传播神经网络属于监督学习，因此需要将样本拆分为训练样本和测试样本。在对训练样本进行学习时，可以使用随机值作为初始权重，然后根据某种训练准则对权值进行修改，使输出值和真实值之间的误差不断减少，直到神经网络满足终止条件为止。对权值进行修改有不同的准则，常用的是使用最速下降法（标准反向传播神经网络）；此外，还存在动量最速下降法、拟牛顿法等一些改进算法。以下通过三层的反向传播神经网络（单隐含层）说明权值的调整过程。

假设输入、隐含层和输出神经元个数分别为 M、I 和 J，输入层、隐含层、输出层中的某个神经元分别记为 x_m、k_i、y_i，从输入层到隐含层再到输出层的连接权值分别为 ω_{mi} 和 ω_{ij}，再用 u 和 v 分别表示每一层的输入和输出。

那么反向传播神经网络的输出表示为：

$$Y(n) = [v_j^1, \cdots, v_j^J] \tag{5-20}$$

预测值的真实值为：

$$d(n) = [d_1, \cdots, d_J] \tag{5-21}$$

经过 n 次迭代之后的误差信号记为：

$$e_j(n) = d_j(n) - Y_j(n) \tag{5-22}$$

将误差能量记为：

$$e(n) = \frac{1}{2} \sum_{j=1}^{J} e_j^2(n) \tag{5-23}$$

结合 u 和 v，定义隐含层某个神经元的输入为：

$$u_I^i(n) = \sum_{m=1}^{M} \omega_{mi}(n) v_M^m(n) \tag{5-24}$$

假设 $f(x)$ 为 Sigmoid 传递函数，则得到该神经元的输出为：

$$v_I^i(n) = f(u_I^i(n)) \tag{5-25}$$

定义输出层某神经元的输入为：

$$u_J^i(n) = \sum_{i=1}^{I} \omega_{ij}(n) v_I^i(n) \tag{5-26}$$

假设 $g(x)$ 为线性函数，则得到该神经元的输出为：

$$v_J^j(n) = g(u_J^j(n)) \tag{5-27}$$

然后进入到误差信号的反向传播过程，需要调整输出层与隐含层之间的权值 ω_{ij}，根据最速下降法计算误差对权值 ω_{ij} 的梯度，然后沿着该方向的反方向进行调整，公式表达如下：

$$\Delta\omega_{ij}(n) = -\eta \frac{\partial e(n)}{\partial \omega_{ij}(n)} \tag{5-28}$$

$$\omega_{ij}(n+1) = \Delta\omega_{ij}(n) + \omega_{ij}(n) \tag{5-29}$$

对梯度偏导，借助微分的链式法则可得：

$$\frac{\partial e(n)}{\partial \omega i_j(n)} = -e_j(n) g'(u_J^j(n)) v_I^i(n) \tag{5-30}$$

权值修正量为：

$$\Delta\omega_{ij}(n) = \eta e_j(n) g'(u_J^j(n)) v_I^i(n) \tag{5-31}$$

又由于 $g(x)$ 为线性函数，因此其导数为 1，所以，

$$\Delta\omega_{ij}(n) = \eta e_j(n) v_I^i(n) \tag{5-32}$$

再对隐含层和输入层之间的权值 ω_{ij} 进行调整，与上述过程类似可得：

$$\Delta\omega_{mi}(n) = \eta e_I(n) v_M^m(n) \qquad\qquad (5-33)$$

权值调整量可以使用学习率、局部梯度和上一层的输出信号相乘得到。

3. 反向传播神经网络的参数优化

如果直接使用反向传播神经网络会面临以下困难：学习过程较为漫长，收敛速度缓慢，模型比较容易陷入局部最小值，也容易出现过拟合的现象，其中的关键参数需要靠经验或者多次试验来进行选择。为了解决以上困难，有学者进行了一系列改进研究，归纳起来主要有优化网络初始的权值、添加动量项、改进学习率、改进激励函数、改进优化算法和与智能优化算法进行结合等方法。本书主要采用智能优化算法对反向传播神经网络进行优化，反向传播神经网络需要优化的参数主要是权值和阈值，将训练样本计算出来的输出误差作为智能优化算法中的适应度函数，误差值作为适应度值。智能优化算法通过优化搜索的方式对反向传播神经网络的权值和阈值进行训练，从而得到更小的误差。模型不断进行迭代直到产生了符合要求的误差或者达到其他终止条件时，算法终止，此时得到的权值和阈值是最优的，即完成反向传播神经网络的参数优化过程。

二、组合评价模型的工作机制

针对企业财务危机测度的组合评价模型的工作机制是在企业财务危机评价特征体系搭建完成且经过 PDP 技术处理后得到选择后的特征的基础上，利用经过智能优化算法优化后的反向传播神经网络对企业财务危机的 PPfdv 值作出预测。不同的智能优化算法的理论基础以及工作原理不同，但是共同的目标是对反向传播神经网络的关键参数进行寻优，针对已有两种数据集（PPfdv2 和 PPfdv3）进行模型训练并通过不断迭代的方式搜寻最优解，从而在特定数据集的基础上提升模型的预测性能，最终使组合评价模型的泛化能力得到加强。

三、组合评价模型的评价流程

根据数据集的特点以及现有智能优化算法对反向传番神经网络性能提

升的程度，本书选择了六种智能优化算法对支持向量机进行优化。这六种智能优化算法依次为遗传算法、粒子群算法、布谷鸟算法、鱼群算法、蚁群算法、思维进化算法，因此构建了 PDP-GA-BP 模型（遗传算法优化反向传播神经网络）、PDP-PSO-BP 模型（粒子群算法优化反向传播神经网络）、PDP-CS-SVM 模型（布谷鸟算法优化反向传播神经网络）、PDP-AFSA-BP 模型（鱼群算法优化反向传播神经网络）、PDP-ACO-BP 模型（蚁群算法优化反向传播神经网络）和 PDP-MEA-BP 模型（思维进化算法优化反向传播神经网络），以上六种组合评价模型的工作流程各不相同，以下将分别介绍。

1. 遗传算法优化反向传播神经网络模型

遗传算法优化反向传播神经网络的简化流程如图 5-12 所示。

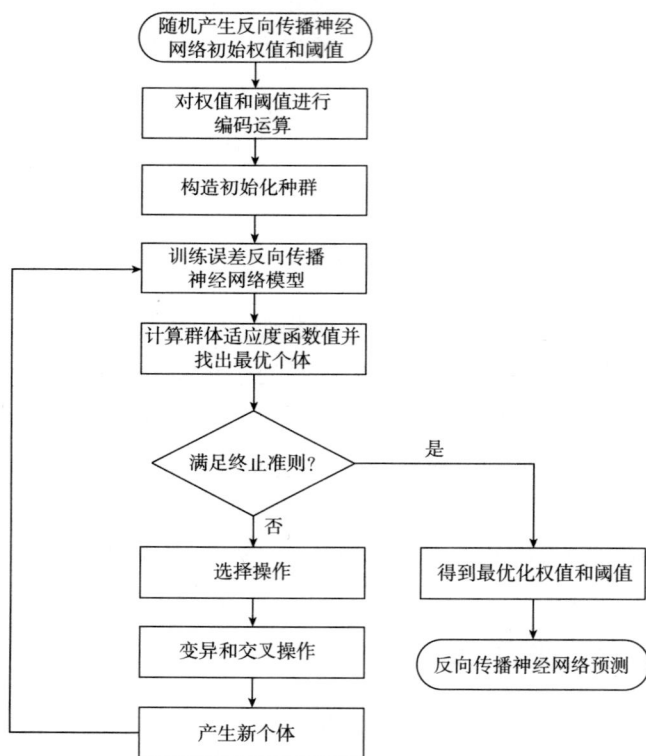

图 5-12　遗传算法优化反向传播神经网络简化流程

2. 粒子群算法优化反向传播神经网络模型

粒子群算法优化反向传播神经网络的简化流程如图 5-13 所示。

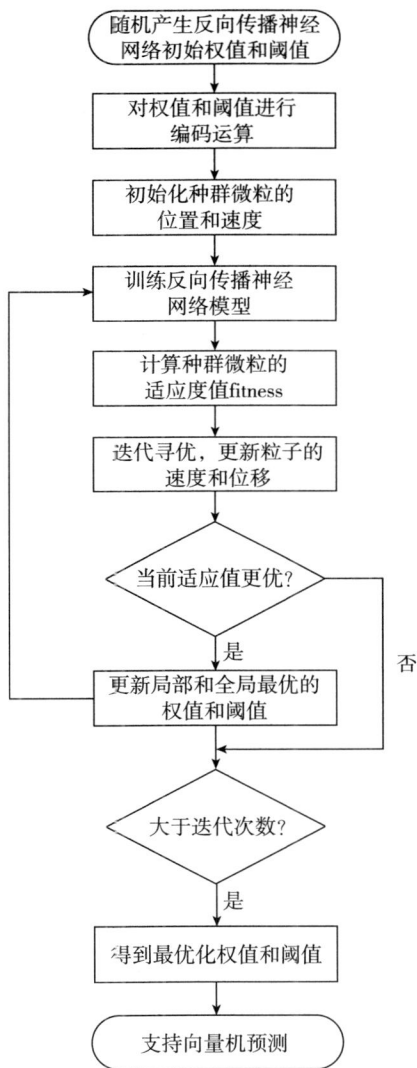

图 5-13 粒子群算法优化反向传播神经网络简化流程

3. 布谷鸟算法优化反向传播神经网络模型

布谷鸟算法优化反向传播神经网络的简化流程如图5-14所示。

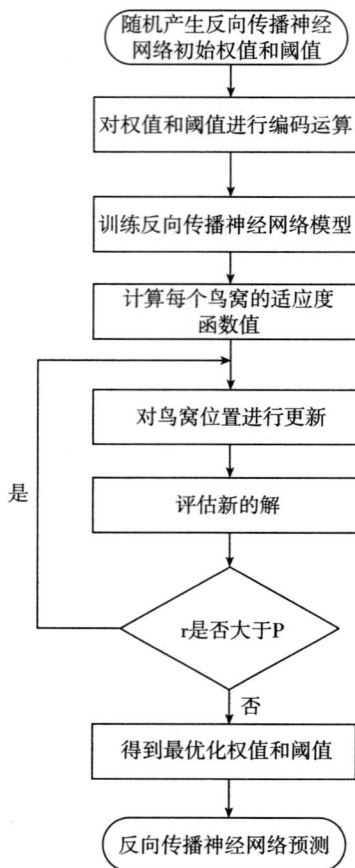

图5-14　布谷鸟算法优化反向传播神经网络简化流程

4. 鱼群算法优化反向传播神经网络模型

鱼群算法优化反向传播神经网络的简化流程如图5-15所示。

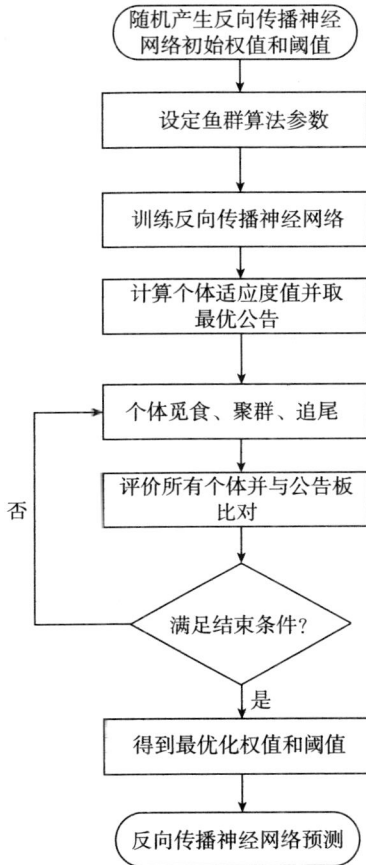

图 5-15　鱼群算法优化反向传播神经网络简化流程

5. 蚁群算法优化反向传播神经网络模型

蚁群算法优化反向传播神经网络的简化流程如图 5-16 所示。

6. 思维进化算法优化反向传播神经网络模型

思维进化算法优化反向传播神经网络的简化流程如图 5-17 所示。

四、组合评价模型的仿真研究

根据上一节设计的六种智能优化算法优化反向传播神经网络机的组合

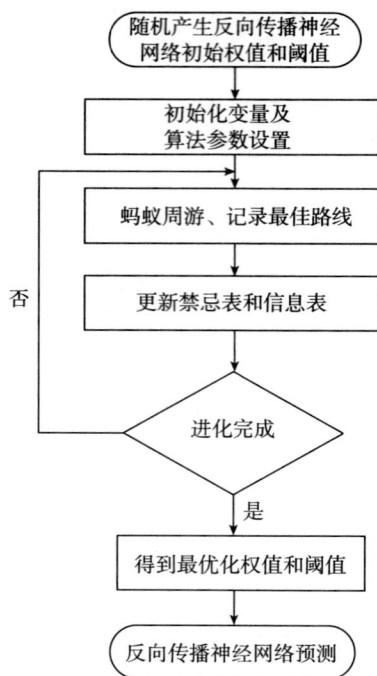

图 5-16 蚁群算法优化反向传播神经网络简化流程

评价模型，对 PPfdv2 和 PPfdv3 两个数据集合进行仿真研究。模型随机抽取 90% 的数据用于训练，将剩余的 10% 的数据用于测试，然后连续运行程序 20 次，记录模型预测的平均准确率和程序运行的平均时长。仿真研究的软件平台是 MatlabR2016a，以下是未经智能优化算法优化的反向传播神经网络以及经过智能优化算法优化的六种组合评价模型的结果。

1. 未经智能优化算法优化反向传播神经网络的仿真预测结果

针对 PPfdv2 数据集，反向传播神经网络模型得到的均方根误差为 0.1231，R^2 决定系数为 0.9461，运行的平均时长为 13.99 秒；针对 PPfdv3 数据集，反向传播神经网络模型得到的均方根误差为 0.0979，R^2 决定系数为 0.9487，运行的平均时长为 6.78 秒。

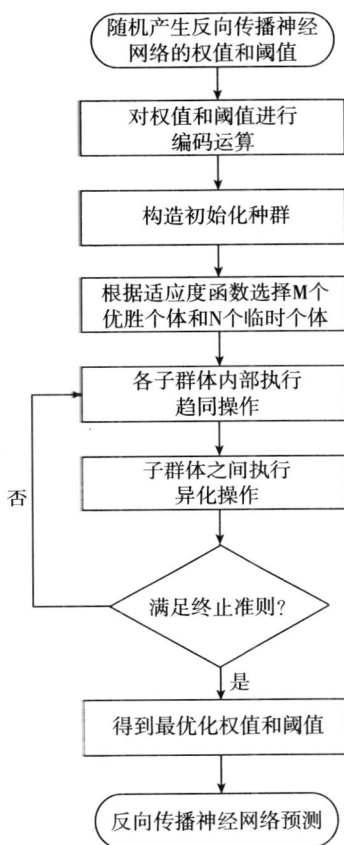

图 5-17　思维进化算法优化反向传播神经网络简化流程

2. 遗传算法优化反向传播神经网络的仿真预测结果

算法的参数设置如下：最大进化代数为 100，种群规模为 20，交叉概率为 0.4，变异概率为 0.2。遗传算法优化反向传播神经网络的损失函数迭代、测试样本的预测误差及 R^2 决定系数如图 5-18 至图 5-20 所示。

针对 PPfdv2 数据集，遗传算法优化反向传播神经网络模型得到的均方根误差为 0.1021，R^2 决定系数为 0.9483，运行的平均时长为 8.56 秒；针对 PPfdv3 数据集，遗传算法优化反向传播神经网络模型得到的均方根误差为 0.1033，R^2 决定系数为 0.9481，运行的平均时长为 12.72 秒。

Best Validation Performance is 0.0077992 at epoch 6

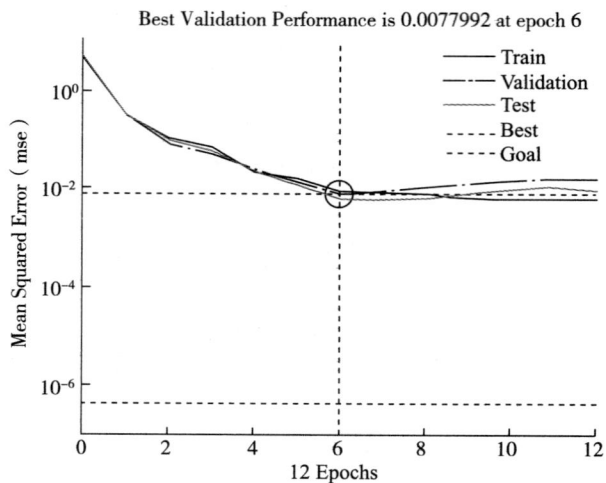

图 5-18　遗传算法优化反向传播神经网络损失函数迭代图（**PPfdv2 数据集**）

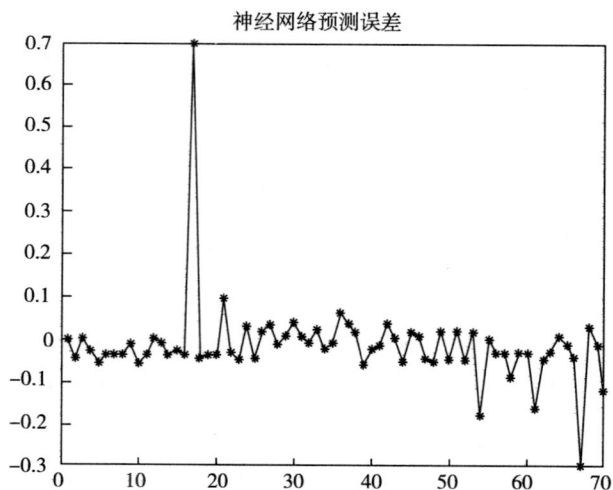

神经网络预测误差

图 5-19　遗传算法优化反向传播神经网络测试样本的预测误差图（**PPfdv2 数据集**）

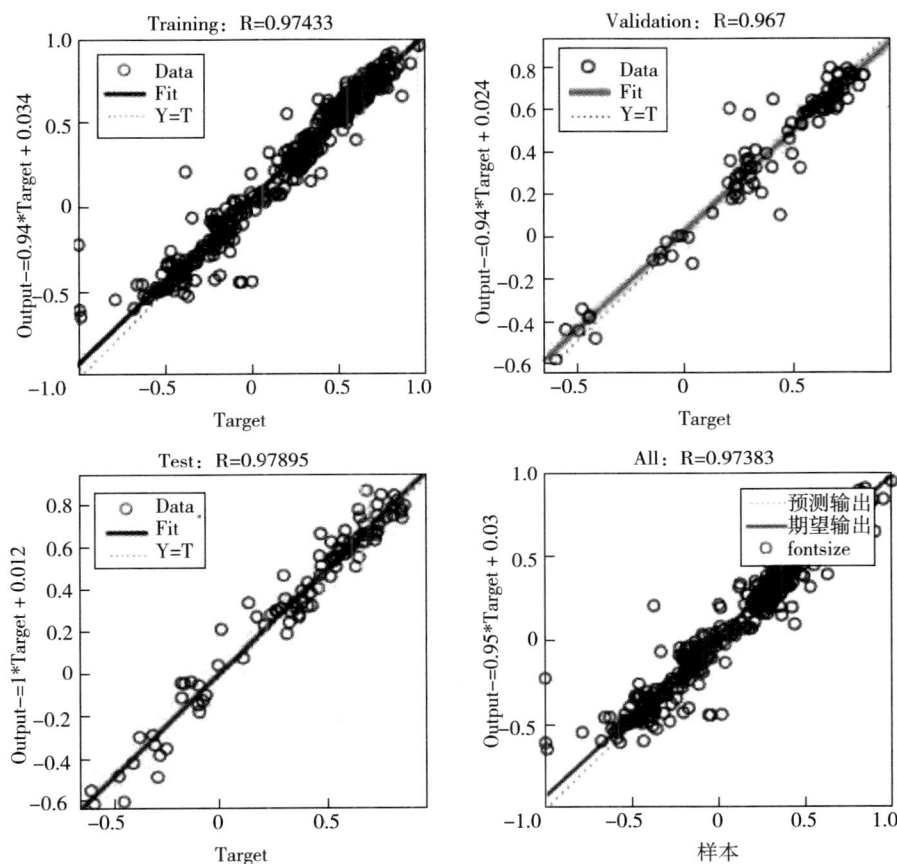

图 5-20　遗传算法优化反向传播神经网络的 R^2 决定系数图 （PPfdv2 数据集）

3. 粒子群算法优化反向传播神经网络的仿真预测结果

算法的参数设置如下：学习因子 c1 和 c2 等于 2，速度上界为 0.5，惯性权重的范围设为 0.3~0.9，最小误差设为 0.001。

针对 PPfdv2 数据集，粒子群算法优化反向传播神经网络模型得到的均方根误差为 0.0949，R^2 决定系数为 0.9518，运行的平均时长为 99.55 秒；针对 PPfdv3 数据集，粒子群算法优化反向传播神经网络模型得到的均方根误差为 0.0998，R^2 决定系数为 0.9518，运行的平均时长为 95.60 秒。

4. 布谷鸟算法优化反向传播神经网络的仿真预测结果

算法设置布谷鸟幼雏被发现的概率为 0.25。针对 PPfdv2 数据集，布谷鸟算法优化反向传播神经网络模型得到的均方根误差为 0.1275，R^2 决定系数为 0.9274，运行的平均时长为 115.53 秒；针对 PPfdv3 数据集，布谷鸟算法优化反向传播神经网络模型得到的均方根误差为 0.1049，R^2 决定系数为 0.9481，运行的平均时长为 121.90 秒。

5. 鱼群算法优化反向传播神经网络的仿真预测结果

算法的参数设置如下：人工鱼群规模为 50，最大迭代次数为 10，最大试探次数为 50，感知距离为 1，拥挤度因子为 0.618，移动步长为 0.01。

针对 PPfdv2 数据集，鱼群算法优化反向传播神经网络模型得到的均方根误差为 0.0009，R^2 决定系数为 0.9942，运行的平均时长为 16.27 秒；针对 PPfdv3 数据集，鱼群算法优化反向传播神经网络模型得到的均方根误差为 0.0013，R^2 决定系数为 0.9907，运行的平均时长为 16.87 秒。

6. 蚁群算法优化反向传播神经网络的仿真预测结果

算法的参数设置如下：蚂蚁数量为 10 个，蚂蚁移动次数为 10，信息素挥发系数为 0.8，转移概率常数为 0.2。

针对 PPfdv2 数据集，蚁群算法优化反向传播神经网络模型得到的均方根误差为 0.0090，R^2 决定系数为 0.9538，运行的平均时长为 26.85 秒；针对 PPfdv3 数据集，蚁群算法优化反向传播神经网络模型得到的均方根误差为 0.1124，R^2 决定系数为 0.9349，运行的平均时长为 32.18 秒。

7. 思维进化算法优化反向传播神经网络的仿真预测结果

算法的参数设置如下：种群大小为 200，优胜子种群个数为 5，临时子种群个数为 5，子种群大小为 20。

针对 PPfdv2 数据集，思维进化算法优化反向传播神经网络模型得到的均方根误差为 0.0975，R^2 决定系数为 0.9394，运行的平均时长为 20.80 秒；针对 PPfdv3 数据集，思维进化算法优化反向传播神经网络模型得到的均方根误差为 0.1086，R^2 决定系数为 0.9572，运行的平均时长为 23.81 秒。

第四节 结果对比和模拟预测

一、结果对比

通过对比评价结果可知，经过智能优化算法优化的反向传播神经网络对 PPfdv2、PPfdv3 两个数据集的预测性能得到了一定的提升。总体来看，使用 PPfdv2 数据集的评价特征对企业财务危机 PPfdv 值进行预测的平均均方根误差为 0.0793，略低于使用 PPfdv2 数据集的评价特征对企业财务危机 PPfdv 值进行预测的平均均方根误差 0.0897。但是使用 PPfdv3 数据集的评价特征对企业财务危机 PPfdv 值进行预测的平均 R^2 决定系数为 0.9542，略高于使用 PPfdv3 数据集的评价特征对企业财务危机 PPfdv 值进行预测的平均 R^2 决定系数 0.9515。

通过表 5-16 可知，经过智能优化算法优化的反向传播神经网络模型的预测性能在 R^2 决定系数评价层面上表现更好；但是在均方根误差评价层面上，统计学习常见的回归模型的预测性能会更好。

表 5-16 统计学习回归模型以及智能优化算法优化 BP 预测结果一览表

模型分类	模型名称	PPfdv2			PPfdv3		
	评价指标	RMSE	R^2	时间消耗（秒）	RMSE	R^2	平均时长（秒）
常用统计学习回归模型	线性	0.1218	0.9017	少于 10	0.1195	0.9057	少于 10
	回归树	0.1245	0.8972	少于 10	0.1850	0.8906	少于 10
	Bagging	0.0169	0.9102	少于 10	0.0105	0.9042	少于 10
	Boosting	0.0112	0.9256	少于 10	0.0103	0.9315	少于 10
	随机森林	0.0355	0.9403	少于 10	0.0024	0.9368	少于 10
	神经网络	0.0691	0.9648	少于 10	0.0709	0.9667	少于 10

模型分类	模型名称	PPfdv2			PPfdv3		
	评价指标	RMSE	R^2	时间消耗（秒）	RMSE	R^2	平均时长（秒）
误差反向传播神经网络模型	原生 BP	0.1231	0.9461	13.99	0.0979	0.9487	少于 10
	遗传算法	0.1021	0.9483	少于 10	0.1033	0.9481	12.72
	粒子群算法	0.0949	0.9518	99.55	0.0998	0.9518	95.60
	布谷鸟算法	0.1275	0.9274	115.53	0.1049	0.9481	121.9
	鱼群算法	0.0009	0.9942	16.27	0.0013	0.9907	16.87
	蚁群算法	0.009	0.9538	26.85	0.1124	0.9349	32.18
	思维进化算法	0.0975	0.9394	20.80	0.1086	0.9572	23.81

资料来源：编程计算所得。

如果需要对反向传播神经网络的参数进行智能优化算法优化，则模型所消耗的时间一般较统计学习常用的回归模型较多，其中布谷鸟算法优化反向传播神经网络花费的时间最多，而鱼群算法优化的反向传播神经网络不仅拥有最高的 R^2 决定系数，并且其所花费的时间相对较少。

神经网络类回归模型（包括统计学习常用的人工神经网络和反向传播神经网络）的预测性能在 R^2 决定系数评价层面上整体比其他统计学习模型更好，平均 R^2 决定系数能达到 0.9545。

综合比较可知，使用 PPfdv3 数据集的评价特征对企业财务危机 PPfdv 值进行预测会具有更高的 R^2 决定系数，而使用 PPfdv2 数据集的评价特征对企业财务危机 PPfdv 值进行预测会具有更低的均方根误差。鱼群算法优化的反向传播神经网络对企业财务危机 PPfdv 值的预测性能最好。

二、模拟预测

依据第四章的预测结果，2019 年会有 145 家企业陷入财务危机（包括 ST 和 *ST 两种类型），本书使用训练好的鱼群算法优化反向传播神经网络对这 145 家企业的财务危机 PPfdv 值进行预测（同分类预测一样，选用的评价特征数据集为 twoyearspdp3），评价其财务危机严重程度，部分陷入财务危机企业的 PPfdv 值和警示灯预测结果如表 5-17 所示。

表 5-17　反向传播神经网络模型预测 2019 年将陷入财务危机企业 PPfdv 值（部分）

编号	行业	证券代码	财务危机类型	PPfdv 值	警示灯
1	制造业	*02*6*	ST	1.7156	红色
2	电力、热力、燃气及水生产和供应业	*01*5*	ST	1.7719	红色
3	租赁和商务服务业	*00*1*	*ST	1.8940	红色
4	采矿业	*00*7*	ST	1.9038	红色
5	租赁和商务服务业	*00*3*	*ST	1.9072	红色
6	建筑业	*00*9*	ST	1.9171	红色
7	制造业	*00*7*	ST	2.0197	橙色
8	租赁和商务服务业	*00*6*	ST	2.0206	橙色
9	制造业	*00*8*	*ST	2.1222	橙色
10	房地产业	*00*9*	*ST	2.1245	橙色
11	制造业	*00*7*	*ST	2.1247	橙色
12	制造业	*00*1*	ST	2.1252	橙色
13	制造业	*00*37*	*ST	2.1260	橙色
14	制造业	*00*4*	*ST	2.1283	橙色
15	制造业	*02*5*	ST	2.1283	橙色
16	制造业	*00*8*	*ST	2.1295	橙色
17	制造业	*00*6*	*ST	2.1301	橙色
18	制造业	*00*7*	*ST	2.1301	橙色
19	制造业	*00*8*	*ST	2.1303	橙色
20	制造业	*00*5*	*ST	2.1304	橙色
21	制造业	*00*9*	*ST	2.1305	橙色
22	制造业	*02*2*	*ST	2.1307	橙色
23	制造业	*00*4*	*ST	2.1310	橙色
24	制造业	*00*4*	*ST	2.1314	橙色
25	制造业	*02*0*	*ST	2.1314	橙色
26	制造业	*00*6*	*ST	2.1316	橙色

编号	行业	证券代码	财务危机类型	PPfdv 值	警示灯
27	制造业	* 00 * 6 *	* ST	2.1316	橙色
28	制造业	* 02 * 4 *	* ST	2.1316	橙色
29	制造业	* 00 * 0 *	* ST	2.1317	橙色
30	制造业	* 02 * 3 *	* ST	2.1317	橙色
31	制造业	* 00 * 6 *	* ST	2.1323	橙色
32	制造业	* 02 * 9 *	* ST	2.1324	橙色
33	制造业	* 00 * 2 *	* ST	2.1325	橙色
34	制造业	* 02 * 6 *	ST	1.7156	红色
35	电力、热力、燃气及水生产和供应业	* 01 * 5 *	ST	1.7719	红色
36	租赁和商务服务业	* 00 * 1 *	* ST	1.8940	红色

注：因涉及上市企业隐私，故对交易代码进行了隐藏处理。

　　根据第四章分类预测的结果可知，津滨（股票代码为000897）上市企业将被沪深交易所 * ST 处理，康得新（股票代码为002450）、九有（股票代码为600462）、长油（股票代码为601975）3家上市企业将被沪深交易所 ST 处理。鱼群算法优化反向传播神经网络对企业财务危机 PPfdv 值预测结果显示，津滨（股票代码为000897）的 PPfdv 值为2.1245，警度为橙色；康得新（股票代码为002450）的 PPfdv 值为2.1283，警度为橙色；九有（股票代码为600462）的 PPfdv 值为2.0206，警度为橙色；长油（股票代码为601975）的 PPfdv 值为2.1554，警度为橙色。

第五节　本章小结

　　本章是 OEFD 企业财务危机平面维度评价的重要组成部分，位于企业财务危机预警的第二子层。重点解决了如何使用第二章搭建的企业财务危机评价特征体系结合投影寻踪综合评价法对企业财务危机的严重程度进行测度的问题，计算出了企业财务危机 PPfdv 值，并且使用经过特征选择后的特征数据对企业的财务危机 PPfdv 值进行预测。研究使用的数据集主要有 PPfdv2 和 PPfdv3，两个数据集的样本企业是一样的，但是评价特征则不同。本书借助传统统计学习回归模型、反向传播神经网络以及智能优化算法与反向传播神经网络组合的评价模型对企业财务危机 PPfdv 值进行回归测度，得到以下结论：

第一，使用企业财务危机原始评价特征数据集，运用投影寻踪综合评价法独立定义和测度了企业财务危机 PPfdv。PPfdv 值可以对企业财务危机的严重程度进行评估，取值区间为 0.8181~2.7962，该值越大说明企业的财务危机严重程度越低，该值越小说明企业的财务危机严重程度越高。将 PPfdv 值从小到大排序，把财务危机分成 4 个等级，分别为非常严重（Ⅰ）、严重（Ⅱ）、较严重（Ⅲ）和一般（Ⅳ），指定对应的警示灯（警度）分别为红色、橙色、黄色和蓝色。通过和历年股市行情走势比对发现，本书提出的针对陷入财务危机企业的财务危机 PPfdv 值的测度方法可以有效地反映企业财务危机的严重程度，并且测度结果与股市的市场行情高度相关，二者之间存在紧密的联系。

第二，根据 OEFD 企业财务危机平面维度评价预警信息表可知，不同的企业财务危机警度（红色、橙色、黄色、蓝色）所对应的警情（评价特征）各不同。红色警度的警情最多，评价特征覆盖了盈利能力、偿债能力、营运能力、成长能力和其他特征，但是盈利能力、偿债能力、成长能力缺失是主要原因。橙色和蓝色警度的警情也全面覆盖了盈利能力、偿债能力、营运能力、成长能力和其他特征的评价特征，但是盈利能力、偿债能力、成长能力缺失并不是主要原因。黄色警度的警情主要覆盖了偿债能力和其他特征，净资产负债率过高、流动负债权益比率过高、资本固定化率过高、机构持股比例过低是主要原因。

第三，通过智能优化算法优化的反向传播神经网络可以使用 PDP 技术处理后较少的评价特征对企业财务危机的 PPfdv 值进行准确的预测，从而使 OEFD 企业财务危机评价方法能够使用 13 维的评价特征数据集。首先使用训练好的智能优化算法优化的支持向量机对企业是否陷入财务危机以及财务危机的种类进行预测，如果预测企业将会陷入财务危机，再使用训练好的智能优化算法优化的反向传播神经网络预测企业的 PPfdv 值，根据预警信息表对企业财务危机进行预警。

第六章
地统计分析下企业财务危机空间分布评价

第一节　点模式分析

一、点要素性质及企业坐标位置的确定

在正式进入地统计分析之前，对空间统计分析的发展过程、关键问题、核心概念进行回顾对解决问题具有现实意义。长久以来，主流经济学习惯于考虑时间维度为多而考虑空间维度较少，即使考虑了空间维度也多从区域经济的视角（省份为多）进行空间计量分析，而忽略了空间包含点、线、面三种要素的本质。现代主流经济学习惯于默认空间是均质的，并不存在差异，因而在实证研究中主观忽略了这种客观存在的差异性（Wong & Lee，2008）。正如现代区域科学之父沃尔特·艾萨德所指出的，经济学分析是"在一个没有空间维度的空中楼阁中"进行的。造成这种现象的原因主要在于现代经济学的模型化发展，随着实证研究方法的模型化与工具化趋势不断加深，空间因素长期未被主流经济学所接纳。经济活动

在空间中的聚集本质上是更加难以模型化的收益递增规律的表现，同时，空间经济学的先驱并没有找到合适的模型将空间与经济两个元素进行有机结合，因此对空间经济的研究就长期被排除在主流经济学研究之外。

不过，随着计算机技术和数理分析技术的不断进步和交叉融合，经济学家已经尝试将空间维度正式纳入现代经济学的分析框架中，近年来，空间经济学、空间计量经济学得到了快速的发展。促成这种发展的最重要原因在于空间经济学在模型化和实证研究方面取得了长足的进步。在模型化方面，藤田、克鲁格曼和维纳布尔斯合作的《空间经济学：城市、区域和国际贸易》成为了空间经济研究领域的集大成之作，并掀起了经济学研究中的第四次革命，简称空间经济理论革命。在实证研究方面，经济计量学与空间统计进行了有效的结合，形成了空间计量经济学；在拓宽传统计量经济学理论分析的基础上，为空间经济学提供了科学的实证研究工具。空间经济学打破了传统计量经济学模型的一些固有假设（解释变量和 Gauss-Markov 固定、样本相互独立等条件）；当然，空间计量经济学并没有全部摒弃经典统计与计量经济学的实证研究技术，而是对这些技术进行修改使其适用于空间数据的分析。此外，一些集成了空间分析模块的软件快速发展也为空间经济学的实证研究提供了坚实保障。

空间数据往往是从相邻区域或者某一指定的研究区域进行收集的，因此简单地假设这些数据是相互独立的并不完全符合客观规律，仅仅利用传统统计研究方法进行实证分析也是不够的。通常我们可以这样认为：点，用来代表在给定的地理尺度上不存在或几乎不存在任何空间延伸的要素或时间；线，用来代表具有线状延伸或定向移动特征的要素或现象；面，用来代表被研究对象的空间延伸或所覆盖的区域。

空间数据的关键问题之一是可变区域单元问题（简称 MAUP），该问题又由尺度效应（Scale Effect）和区划效应（Zoning Effect）组成（Wong & Lee，2008）。尺度效应指采用不同的地理尺度或者不同空间分辨率水平的情况下，对数据进行空间分析所得到的结果产生的不一致；区划效应指采用不同的区划系统对区域内的单元进行划分而导致的空间数据分析结果不一致。可变区域单元问题会对空间数据分析中变量之间相关性的度量产生较大影响，通常来说较大的地理尺度上的空间数据之间要比较小的地理尺度上的空间数据变量之间的相关性更强。尽管空间统计分析的学者前赴后继地致力于解决此问题，但是到目前成果依然十分有限。因此，本书在给出相关的实证分析结论时会明确相关的技术标准。

1. 点要素的性质

根据前述概念，点要素通常用来表示在空间上并不具有延伸性的地理要素，但是其对空间尺度较为敏感。例如，一座大学在省会城市的地图上仅仅通过一个点来表示，但是如果将空间尺度设定为该所大学所在的行政区，那么这所学校就成为一个面要素。但是，有时点是用来描述具体事件（发生流感、重大交通事故、自然灾害）的位置；本节定义的点也是基于这种理念，将2009~2018年发生过财务危机的企业用点的形式进行表示。点的位置一般需要通过坐标来标注（通常是经纬坐标、x-y坐标以及东北方位坐标等），它取决于所采用的坐标系或者地理投影方式。除点的地理位置不同外，每个点还具有若干属性，如本书研究企业的若干评价特征、企业财务危机PPfdv值等。在对点数据进行空间分析时，需要确保数据质量（口径一致、准确性高）得到保障，避免因为制图或者位置错误问题导致分析结果失去价值。针对点要素属性数据的统计分布，以下分别从集中趋势和离散趋势进行介绍。

（1）点要素属性数据的集中趋势。点要素属性数据的集中趋势借助了描述性统计学的平均数概念。为了处理地理空间中点要素属性数据，需要将传统统计学中的集中趋势的概念进行拓展，将平均数的概念拓展为地理中心。由于这些属性数据具备空间特征，因此必须考虑点位置的坐标，如果所有的点要素具有相同的权重，那么就可以将简单平均中心作为测度空间集中趋势的指标；但是如果所有的点要素具有不同的权重，那么就需要计算加权平均中心作为测度空间集中趋势的指标。由于研究区域边界、投影坐标系统不同以及存在的可变区域单元问题，计算点要素数据的简单平均中心和加权平均中心就会存在差异。

　　平均中心是指一组点要素的中心位置或者平均位置，一般需要在坐标系确定后，通过计算 x 坐标（东）和 y 坐标（北）坐标值的平均值来求出平均中心，计算公式如下：

$$(\overline{x}_{mc}, \overline{y}_{mc}) = \left(\frac{\sum\limits_{i=1}^{n} x_i}{n}, \frac{\sum\limits_{i=1}^{n} y_i}{n} \right) \tag{6-1}$$

　　式中，$\overline{x}_{mc}$ 和 $\overline{y}_{mc}$ 分别代表平均中心的坐标；x_i 和 y_i 分别是点 i 的坐标，n 为点数。

　　加权平均中心是在平均中心的基础上按照不同的特征对点要素加以区分。因此，计算加权平均中心需要将点要素属性数据考虑进来，这些属性也被称作特征；一般来说，每个点要素拥有不止一个评价特征，而具体采用哪个特征作为加权的依据则需要根据研究问题的性质进行确定。加权平均中心的计算公式如下：

$$(\overline{x}_{\omega mc}, \overline{y}_{\omega mc}) = \left(\frac{\sum\limits_{i=1}^{n} \omega_i x_i}{\sum\limits_{i=1}^{n} \omega_i}, \frac{\sum\limits_{i=1}^{n} \omega_i y_i}{\sum\limits_{i=1}^{n} \omega_i} \right) \tag{6-2}$$

　　式中，$\overline{x}_{\omega mc}$ 和 $\overline{y}_{\omega mc}$ 为加权平均中心的坐标值，ω_i 为点 i 的权重。

　　中位数中心不像经典统计学中的中位数一样可以通过数据计算出唯一的精确值，对一组点要素而言，其拥有不同的定义。按照英国的传统，中位数中心是指能够将研究区域划分为相同点数的四部分的中心位置，并且这个中心位置并不唯一。而在北美，中位数中心是指到该区域内各点的距离总和最小（刘耀林，2016）。从数学上定义目标函数为：

$$\text{Min} \sum_{i=1}^{n} \sqrt{(x_i - u)^2 + (y_i - v)^2} \tag{6-3}$$

　　式中，u 和 v 分别表示中位数中心的 x 坐标和 y 坐标，如果采用加权形式，从数学上定义目标函数为：

$$\text{Min} \sum_{i=1}^{n} \omega_i \sqrt{(x_i - u)^2 + (y_i - v)^2} \tag{6-4}$$

需要得到最优的中位数中心，通常可以将平均中心作为初始位置，然后进行不断地搜索迭代，近似的位置可以通过以下公式得出：

$$u_t = \frac{\sum\limits_i \dfrac{\omega_i x_i}{\sqrt{(x_i - u_{-1})^2 + (y_i - v_{t-1})^2}}}{\sum\limits_i \dfrac{\omega_i}{\sqrt{(x_i - u_{-1})^2 + (y_i - v_{t-1})^2}}} \qquad (6-5)$$

$$v_t = \frac{\sum\limits_i \dfrac{\omega_i y_i}{\sqrt{(x_i - u_{t-1})^2 + (y_i - v_{t-1})^2}}}{\sum\limits_i \dfrac{\omega_i}{\sqrt{(x_i - u_{t-1})^2 + (y_i - v_{t-1})^2}}} \qquad (6-6)$$

（2）点要素属性数据的离散趋势。点要素属性数据的离散趋势可以通过标准距离和标准差椭圆来描述点要素在平均中心周边的分散情况以及是否表现出一定的方向性。标准距离越长以及标准差椭圆越大，说明点要素越分散。

点要素标准距离的计算公式为：

$$SD = \sqrt{\frac{\sum\limits_{i=1}^{n} (x_i - x_{mc})^2 + \sum\limits_{i=1}^{n} (y_i - y_{mc})^2}{n}} \qquad (6-7)$$

同样地，可以根据采取某属性数据对标准距离进行加权处理，得到加权标准距离，其计算公式为：

$$SD = \sqrt{\frac{\sum\limits_{i=1}^{n} \omega_i (x_i - x_{mc})^2 + \sum\limits_{i=1}^{n} \omega_i (y_i - y_{mc})^2}{n}} \qquad (6-8)$$

根据不同的属性计算的加权标准距离不同，通常可以平均中心为中心，然后以加权标准为半径画圆（标准距离圆），对不同的属性位置和空间离散情况进行直观而简单的比较。

标准差椭圆是对标准距离圆的拓展，因为有些情况下的点要素分布会呈现一定的方向性（线状），可以用来反映点要素的方向偏离情况。标准差椭圆的计算相对比较复杂，主要包含以下步骤：

步骤一：获取点要素的平均中心。

步骤二：对每个点的坐标进行线性变化，$x'_i = x_i - x_{mc}$，$y'_i = y_i - y_{mc}$。

步骤三：计算转角 θ，公式如下：

$$\tan\theta = \frac{\left(\sum\limits_{i=1}^{n} x'^2_i - \sum\limits_{i=1}^{n} y'^2_i\right) + \sqrt{\left(\sum\limits_{i=1}^{n} x'^2_i - \sum\limits_{i=1}^{n} y'^2_i\right) + 4\left(\sum\limits_{i=1}^{n} x'_i y'_i\right)2}}{2\sum\limits_{i=1}^{n} x'_i y'_i} \quad (6-9)$$

步骤四：分别计算沿 x 轴和 y 轴方向的标准差 δx 和 δy，公式如下：

$$\delta x = \sqrt{\frac{\sum\limits_{i=1}^{n} (x'_i \cos\theta - y'_i \sin\theta)^2}{n}} \quad (6-10)$$

$$\delta y = \sqrt{\frac{\sum\limits_{i=1}^{n} (x'_i \cos\theta + y'_i \sin\theta)^2}{n}} \quad (6-11)$$

从表 6-1 可知，加权因子 PPfdv 对平均中心、空间中位数和标准距离的计算结果产生影响，但对标准差椭圆的计算结果不产生影响。

表 6-1　2009~2018 年陷入财务危机企业地理位置集中趋势和离中趋势描述

类型	平均中心	加权平均中心	空间中位数
未以 PPfdv 加权的注册地址	(114.4950, 33.2234)	—	(115.4522, 33.2788)
未以 PPfdv 加权的办公地址	(114.4850, 33.1745)	—	(115.5357, 33.2712)
以 PPfdv 加权的注册地址	—	(114.6129, 33.2546)	—
以 PPfdv 加权的办公地址	—	(114.6368, 33.2127)	—

加权空间中位数	标准距离	加权标准距离	标准差椭圆
—	10.4266	—	转角：74.6375 沿 X 轴标准差：6.6044 沿 Y 轴标准差：8.0683
—	10.2973	—	转角：80.6650 沿 X 轴标准差：6.6265 沿 Y 轴标准差：7.8819

加权空间中位数	标准距离	加权标准距离	标准差椭圆
(115.5768, 33.3216)	—	10.3078	转角: 74.6375 沿 X 轴标准差: 6.6044 沿 Y 轴标准差: 8.0683
(115.6715, 33.3312)	—	10.1550	转角: 80.6650 沿 X 轴标准差: 6.6265 沿 Y 轴标准差: 7.8819

资料来源：ArcView3 软件计算结果。

2. 企业坐标位置确定

要进行点模式分析，就必须获取到点要素的地理位置；因此本书需要将 2009~2018 年出现了财务危机的企业的地理位置在空间上进行标注。具体思路是在 Wind 金融资讯终端获取到上述企业已公布的地址，但是地址类型存在注册地址和办公地址两种，两种地址未必相同；研究假设位于不同区域的上市企业其资源禀赋存在显著差异，在政策支持、资金筹措等方面会受到当地政府和市场环境的显著影响，因此其在空间上会呈现一定的规律性。但是到底选用注册地址还是办公地址却没有准确的答案，因为不同地区的政府对注册在本地还是实际办公在本地都具有一定的政策支持，因此本书对这两种情况都进行分析，以期得到更全面的结论。然后将得到的地址在高德地图中进行解析获取到对应的经度（Longitude）和纬度（Latitude）。最后将获取到的经度和纬度进行转码（使用 R 语言自行编程），转成空间分析软件通用的坐标格式（WGS-084），否则会造成定位错误。

地理坐标系（Geographic Coordinate System）是使用三维球面来定义地球表面位置，以实现通过经纬度对地球表面点位引用的坐标系。一个地理坐标系包括角度测量单位、本初子午线和参考椭球体三部分。在球面系统中，水平线是等纬度线或纬线，垂直线是等经度线或经线。在大地测量学中将地理坐标系统的经纬度分成天文经纬度、大地经纬度和地心经纬度。

中国区域内运用较多的地图软件主要是百度地图、高德地图、腾讯地图以及谷歌地图，但是针对同一位置从不同的地图解析出的经纬度坐标存在差异；或者说同一经纬度坐标在不同的地图上标识的地点存在差别。造成这种现象的主要原因在于不同的地图采用的坐标系不同，腾讯地图、谷歌地图和高德地图采用的是 GCJ-02 坐标系，而百度地图使用的是 BD-09 坐标系，通过 GPS 设备获取的坐标往往使用的是 WGS-084 坐标系。不同的坐标系在定位时可能会存在几十到几百米的偏差，因此在运用空间统计软件进行数据分析时需要使源文件的坐标系统一。就目前而言，WGS-084（World Geodetic System，WGS）是世界上通用的坐标系，被称为世界大地测量系统；GCJ-02 又称火星坐标系，是由中国国测局测量的，该坐标系统的特点是在经纬度中使用混沌算法加入随机偏差；BD-09 坐标系是百度地图专用的坐标系，其在 GCJ-02 的基础上再一次进行变化，用于保护隐私。表 6-2 基于注册地址的 2009 年陷入财务危机企业的谷歌地图经纬度坐标和转换后的 WGS-084 经纬度坐标，其中 X 和 Y 分别表示经度和纬度（下同）。表 6-3 是基于办公地址的 2009 年陷入财务危机企业的谷歌地图经纬度坐标和转换后的 WGS-084 经纬度坐标。

表 6-2　基于注册地址的 2009 年陷入财务危机企业（部分）经纬度坐标

股票代码	谷歌经度	谷歌纬度	X	Y
600130	121.434842	29.672124	121.4303506	29.67444061
000585	110.26387	19.995557	110.2596155	19.99767076
600115	121.774717	31.167173	121.770367	31.16923009
600149	116.666681	39.583522	116.6608078	39.5824411
200030	125.226737	43.846655	125.2203498	43.84429749
000030	125.226737	43.846655	125.2203498	43.84429749
600185	113.54961	22.111801	113.5445273	22.11471899
600701	126.625097	45.741692	126.6191645	45.73976036
000576	113.109771	22.605294	113.1043097	22.60797854
000750	110.310789	25.260857	110.3061643	25.26365861

续表

股票代码	谷歌经度	谷歌纬度	X	Y
600898	117.016765	36.664748	117.010851	36.66443677
000004	113.94092	22.511343	113.9360481	22.5143639
900913	112.560049	37.781134	112.5537849	37.7806165
600617	112.560049	37.781134	112.5537849	37.7806165
000818	120.827606	40.75029	120.822404	40.74879485
600817	108.963395	34.191814	108.9586765	34.19338058
002002	119.538922	32.362349	119.5338382	32.36452021
000036	114.094042	22.54111	114.0889159	22.5437917
600340	116.330341	39.237163	116.324285	39.23602968
000995	102.583628	37.938639	102.5819661	37.93838333
000586	103.964835	30.737654	103.9626478	30.74030183
000856	118.460379	39.27307	118.4542129	39.27185722
600728	113.363472	22.978611	113.3579864	22.98119878
000918	120.168766	30.242877	120.1641145	30.24523361
000587	128.884571	47.71077	128.8775626	47.70855913
600608	121.665575	31.280594	121.6612931	31.28269459
000509	106.08104	30.792331	106.0770326	30.79464132
900939	121.562011	31.106236	121.5577801	31.10847379
000922	130.389005	46.817632	130.3810577	46.81529596
600984	109.007137	34.49127	109.0022131	34.49256153
600080	108.37572	34.21959	108.8711358	34.22121544
600722	116.838834	38.304477	116.8330441	38.30391865
600462	113.903417	22.515046	113.8985546	22.51810068
600699	121.649622	29.876471	121.6454838	29.87905287
000017	114.124864	22.574536	114.1197732	22.57722917
600608	121.665575	31.280594	121.6612931	31.28269459
600892	114.107087	22.557559	114.1019707	22.56024081
600698	112.54192	26.940699	112.6366449	26.94425058
000892	107.402793	29.700181	107.398156	29.70265803
900902	121.446874	31.293578	121.4422698	31.29542969

续表

股票代码	谷歌经度	谷歌纬度	X	Y
600604	121.446874	31.293578	121.4422698	31.29542969
600678	104.075931	30.651651	104.0734073	30.65406274

资料来源：xGeocoding 软件获取以及 R 语言编程转换。

表 6-3 基于办公地址的 2009 年陷入财务危机企业（部分）经纬度坐标

股票代码	谷歌经度	谷歌纬度	X	Y
600130	121.434842	29.672124	121.4303506	29.67444061
000585	110.344512	20.01831	110.3401126	20.0203209
600115	121.328077	31.187506	121.3235377	31.18945385
600149	116.70642	39.524054	116.7004475	39.52291849
200030	125.226737	43.846655	125.2203498	43.84429749
000030	125.226737	43.846655	125.2203498	43.84429749
600185	113.55601	22.236031	113.5509349	22.23900734
600701	126.703108	45.750823	126.6969736	45.74876079
000576	113.109759	22.606356	113.1042976	22.60904037
000750	108.364054	22.814658	108.3599861	22.81734844
600898	117.016765	36.664748	117.010851	36.66443677
000004	113.94092	22.511343	113.9360481	22.5143639
900913	112.560049	37.781134	112.5537849	37.7806165
600617	112.560049	37.781134	112.5537849	37.7806165
000818	120.827606	40.75029	120.822404	40.74879485
600817	113.861232	34.699104	113.8553159	34.70031119
002002	113.258055	23.050762	113.2527341	23.05347408
000036	114.094042	22.54111	114.0889159	22.5437917
600340	116.45834	39.95639	116.4521798	39.95505163
000995	102.583628	37.938639	102.5819661	37.93838333
000586	104.06786	30.54577	104.0653539	30.54823173
000856	118.50454	39.026673	118.4985744	39.02572987
600728	113.3612	23.12468	113.3557079	23.12720906
000918	121.428963	31.193092	121.424334	31.19496081

续表

股票代码	谷歌经度	谷歌纬度	X	Y
000587	116.471408	39.911251	116.4652956	39.90994706
200505	110.320837	20.032666	110.3164891	20.03473335
000505	110.320837	20.032666	110.3164891	20.03473335
600076	113.908461	30.662004	113.9029982	30.66462725
000697	108.72614	34.315968	108.7214368	34.31739679
600727	117.750517	38.105789	117.7443286	38.10507031
600313	116.372105	39.909165	116.3658825	39.90777989
002075	118.763232	32.061707	118.7580091	32.06374802
600234	114.065923	22.532104	114.0608017	22.53480904
600591	121.454824	31.231618	121.4502448	31.23351282
200018	116.519001	39.785032	116.5130803	39.78387427
000034	116.302997	40.051302	116.2968994	40.05003038

资料来源：xGeocoding 软件获取以及 R 语言编程转换。

　　通过比对表 6-2 和表 6-3 可知，部分上市企业的办公地址和注册地址保持一致，但是大部分上市企业的办公地址和注册地址不一样；因此将两种地址进行区分具有一定的研究价值。笔者分别从办公地址和注册地址在全国地图上对 2009~2018 年（703 家）和 2018 年（173 家）陷入企业财务危机的企业位置进行了标注，并绘制了空间分布图。[①] 通过比较不同省份的点的分布情况，可以发现两种情况下点的空间分布规律并不相同。

　　依据第四章和第五章对 2019 年将陷入财务危机企业的预测结果，笔者分别从注册地址和办公地址对 145 家企业进行了坐标整理，然后利用 Arcgis 10.2 软件在地图上对这些企业进行了标注，同时对企业财务危机的 PPfdv 值采用了数量符号系统进行了区分，区分依据和警示灯的取值区间保持一致。

---

① 需要分布图可以联系笔者：Wenyoudong@ jxufe. edu. cn.

二、样方分析

样方分析法（也称网格分析法），是通过考察点密度的方式来对点的分布特征进行衡量，通常需要观察每个样方内的点的数量，然后将观测到的点分布与理论上的随机模式中的点的分布密度进行比较，从而得出点的分布较随机分布是更集中还是更分散。通常来说，样方可以是正方形，也可以是圆形或者六边形等其他几何形状。点的分布模式可以区分为聚集模式、随机模式以及分散模式。在聚集模式下，所有或者大部分的点会落在一个或者其中几个样方中；在分散模式下，各样方中的点数基本相同。为了得出点的分布规律，可以使用K-S检验和方差—均值比率两种方式对观测模式与期望模式进行比较。

K-S检验可以通过对两个分布之间的差异进行分析从而判断样本的观测结果是否来自指定分布的总体。原假设是两个分布的频数分布非常相似，不存在显著的区别。在显著性水平为0.05的情况下，单样本检验和双样本检验的临界值计算公式分别为：

$$D_{\alpha=0.05}=\frac{1.36}{\sqrt{n}} \tag{6-12}$$

$$D_{\alpha=0.05}=1.36\sqrt{\frac{n_1+n_2}{n_1 n_2}} \tag{6-13}$$

如果计算出来K-S检验的D统计量大于临界值，说明在0.05的显著性水平下，两种分布之间存在显著差异。由于泊松分布是一种能够比较好地反映随机过程的分布，因此可以将观测点模式的分布与泊松分布进行比对来确定观测点分布是否与随机模式存在差异。当检测得出观测点模式与随机模式存在差异后，可以通过目测的方式判断具体是属于聚集模式还是分散模式。

运用方差—均值比率可以更好地区分观测点模式是属于聚集模式还是分散模式，因为泊松分布的方差和均值都为1，如果观测点模式与随机模式比较接近，那么其方差—均值比率应该接近1；如果方差—均值比率大于 1，说明观测点模式更趋向于聚集，因为相对较大的方差意味着部分样方中的点个数较多；如果方差—均值比率小于 1，说明观测点模式更趋向于分散，因为相对较小的方差意味着各样方中的点个数相当。检验的原假设是方差—均值比率与 1 不存在显著差异，检验统计量 t 的计算公式为：

$$t(df=n-1)=\frac{|(\sigma/\lambda)-1|}{\sqrt{2/(n-1)}} \tag{6-14}$$

式中，n 为样方数，n>30，则视为大样本，计算的 t 统计量可以认为近似服从标准正态分布，在显著性水平为 0.05 的情况下，标准临界值为 1.96。

在样方分析中，比较重要的参数是需要设置样方数的多少，有学者总结出当样方的数量约为 r/2 时，其中 r 为观测点的个数，正方形样方的尺寸可以达到最优（Wong & Lee，2008），本书以此为指导原则并根据实际情况进行微调。

从表 6-4 可以得知，除 2011 年陷入财务危机的企业在空间分布上呈现随机模式，其余年度以及 2009~2018 年度所有陷入财务危机的企业在空间分布上都呈现聚集模式。图 6-1 展示了在 256 个样方情况下，2009~2018 年所有陷入财务危机企业的样方分析情况，可以看出，这些企业呈现聚集状态。

表 6-4　基于注册地址的 2009~2018 年陷入财务危机企业的样方分析

年份	样方数	平均点数	方差	方差—均值	t 统计量	K-SD 统计量	模式判断
2009	30	2.0357	11.7156	5.755	17.471	0.4051	聚集
2010	30	2.32143	12.0038	5.1709	15.3248	0.3662	聚集
2011	30	1	1.1667	1.1667	0.6346	0.0654	随机
2012	30	1.3571	3.5867	2.6429	6.0362	0.2426	聚集
2013	30	1.4643	5.3202	3.6332	9.6753	0.3402	聚集
2014	30	1.1429	11.7796	10.3071	38.3743	0.5097	聚集
2015	30	1.8214	8.7181	4.7864	13.9122	0.4096	聚集
2016	40	2.075	9.9694	4.8045	16.8003	0.3744	聚集

续表

年份	样方数	平均点数	方差	方差一均值	t 统计量	K-SD 统计量	模式判断
2017	60	2.1	28.3167	13.4841	67.8062	0.5275	聚集
2018	80	2.2338	52.4372	23.4748	138.544	0.5292	聚集
2009~2018	256	2.7039	92.2147	34.105	376.729	0.6561	聚集
2019	80	1.8831	26.4249	14.0325	80.3378	0.5492	聚集

资料来源：根据程序运行结果整理。

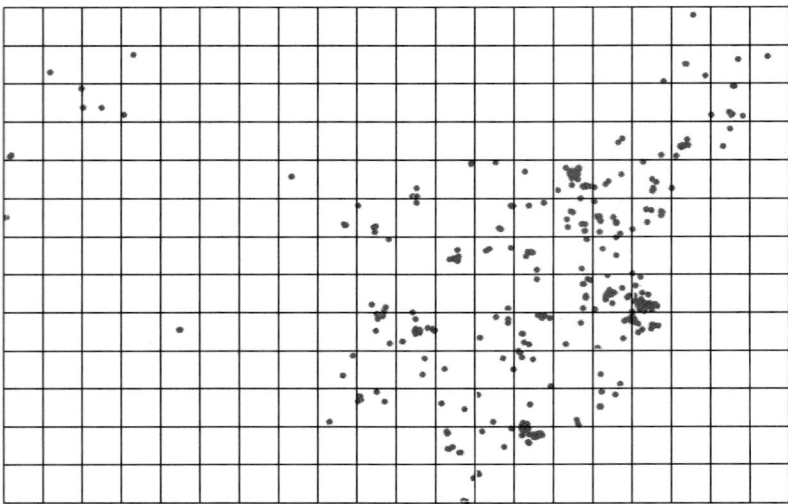

图 6-1　基于注册地址的 2009~2018 年陷入财务危机样方分析

从表 6-5 可以得知，陷入财务危机的企业在空间分布上没有呈现随机模式。图 6-2 展示了在 256 个样方情况下，2009~2018 年所有陷入财务危机企业的样方分析情况可以看出，这些企业呈现聚集状态。

表 6-5　基于办公地址的 2009~2018 年陷入财务危机企业的样方分析

年份	样方数	平均点数	方差	方差一均值	t 统计量	K-SD 统计量	模式判断
2009	30	2.0357	13.8916	6.8239	21.3985	0.4051	聚集

续表

年份	样方数	平均点数	方差	方差—均值	t 统计量	K-SD 统计量	模式判断
2010	30	2.32143	11.5753	4.9863	14.6465	0.3304	聚集
2011	30	1	1.7667	1.7667	2.9194	0.1321	聚集
2012	30	1.3571	2.3929	1.7632	2.804	0.2069	聚集
2013	30	1.4643	2.8811	2.1081	4.2196	0.1784	聚集
2014	30	1.1429	7.6531	5.3571	16.0092	0.4032	聚集
2015	30	1.8214	3.4767	2.0451	3.9796	0.1506	聚集
2016	40	2.075	9.0509	4.9071	18.3259	0.3974	聚集
2017	60	2.1	28.7833	13.7063	69.0131	0.5109	聚集
2018	80	2.2338	53.8219	23.9544	141.507	0.5436	聚集
2009~2018	256	2.7039	115.615	42.7594	475.213	0.6715	聚集
2019	80	1.8831	12.4669	6.6203	34.646	0.4583	聚集

资料来源：根据程序运行结果整理。

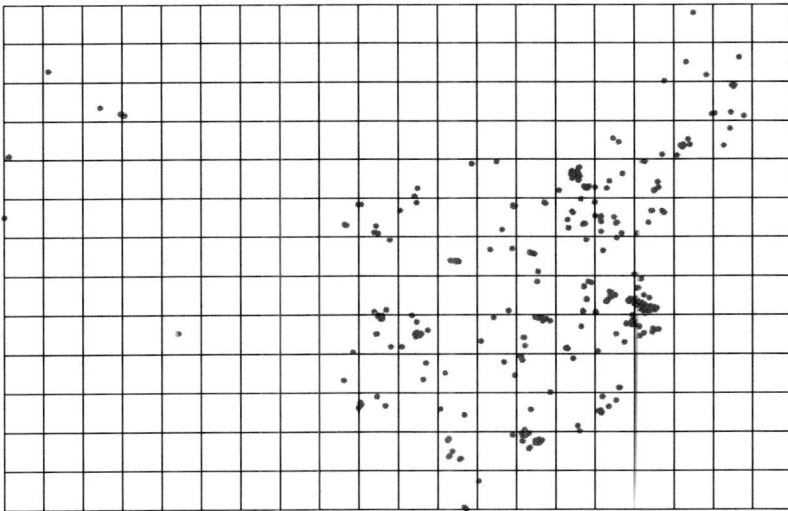

图 6-2　基于办公地址的 2009~2018 年陷入财务危机样方分析

三、多阶邻点分析

仅仅使用样方分析方法对点要素进行空间分析是不够的，多阶邻点分析是基于点和点之间的距离进行空间集聚程度的刻度，而不是像样方分析是对点密度的刻度；但是两者之间的共同点是都需要与随机模式进行比较。

定义最近邻点统计量（也称 R 统计量或 R 比率），是观测点分布的最近邻点平均距离（r_{obs}）与随机分布的最近邻点平均距离（r_{exp}）的比值。前者大于后者，说明观测点的分布比随机模式更分散，反之则更聚集。因此定义当 $R=0$ 时，说明点分布呈现完全的聚集模式；当 $R=1$ 时，说明点分布呈现随机模式；当 $R=2.149$ 时，说明点分布呈现出最完美的三角网分散模式。对 R 进行统计检验的公式为：

$$Z_R = \frac{r_{obs} - r_{exp}}{SE_r} \tag{6-15}$$

当显著性水平为 0.05 的情况下，需要比较 Z_R 的绝对值是否大于1.96，如果大于则可以从统计意义上确认观测模式与随机模式存在显著差异。

表 6-6 中观测平均距离表是观测点之间最近邻的平均距离，期望平均距离是指随机模式下点分布的最近邻的平均距离，两者是指一阶最近邻分析下的平均距离。修正 R 和修正标准化值是指对研究区域的边界划分而导致失真进行修正，但是这种修正仅对一阶最近邻分析有效。列表中并不包含二阶最近邻分析下的平均距离值，只提供了二阶 R^2 和二阶标准化值。

表 6-6 基于注册地址的 2009~2018 年陷入财务危机企业的多阶邻点分析

年份	观测平均距离	期望平均距离	修正 R	修正标准化值	二阶 R^2	二阶标准化值
2009	76.527	141.959	0.4522	-6.8151	0.671	-6.8445
2010	84.0349	133.971	0.5314	-6.1992	0.7768	-4.9208
2011	121.306	195.677	0.4865	-4.5597	0.7083	-4.4006

续表

年份	观测平均距离	期望平均距离	修正 R	修正标准化值	二阶 R²	二阶标准化值
2012	105.18	173.863	0.4877	-5.1448	1.0011	0.0197
2013	83.5733	173.853	0.3875	-6.1511	0.6229	-6.4051
2014	105.236	171.62	0.4958	-5.1337	0.5839	-7.1598
2015	70.0108	150.077	0.3874	-7.1848	0.6289	-7.3012
2016	54.4507	119.827	0.3918	-9.0648	0.6231	-9.2889
2017	30.9974	97.0331	0.2834	-13.3891	0.5658	-13.2149
2018	30.062	82.2006	0.3304	-14.4937	0.5307	-16.8598
2009~2018	9.186	40.831	0.214	-36.9282	0.274	-52.5084
2019	34.775	89.6255	0.9516	-13.2769	0.5423	-15.081

资料来源：根据程序运行结果整理。

从表6-6可以得知，在一阶最近邻分析下所有年度的R都小于1，因此呈现聚集模式，并且2017年、2018年、2009~2018年、2019年4种情况下聚集程度更强；二阶最近邻分析的结论和一阶最近邻分析的结论相似，但是二阶最近邻分析否定了2012年观测点呈现聚集模式的结论，认为2012年的样本企业在空间分布上呈现随机模式。

从表6-7可以得知，在一阶最近邻分析和二阶最近邻分析下所有年度的R和R²都小于1，因此呈现聚集模式。

表6-7　基于办公地址的2009~2018年陷入财务危机企业的多阶邻点分析

年份	观测平均距离	期望平均距离	修正 R	修正标准化值	二阶 R²	二阶标准化值
2009	76.8692	141.959	0.4542	-6.7899	0.61	-8.1125
2010	76.5462	132.936	0.4885	-6.8245	0.6554	-7.6548
2011	101.454	195.677	0.4068	-5.2666	0.7486	-3.9744
2012	80.8453	173.863	0.3749	-6.2782	0.5999	-6.7946
2013	63.0328	167.382	0.3061	-7.2531	0.6277	-6.5679
2014	78.3186	169.461	0.3747	-6.4519	0.481	-9.0435
2015	73.1334	150.077	0.4047	-6.9822	0.5038	-9.7627

续表

年份	观测平均距离	期望平均距离	修正 R	修正标准化值	二阶 R^2	二阶标准化值
2016	55.7155	117.641	0.4095	-8.9765	0.4676	-13.3629
2017	38.815	95.4804	0.3613	-12.1412	0.498	-15.5252
2018	33.6433	81.7213	0.3722	-14.0999	0.4061	-21.4587
2009~2018	8.3745	40.4224	0.1971	-38.1208	0.3119	-50.2695
2019	34.6688	89.0052	0.3489	-13.3429	0.5301	-15.5914

资料来源：根据程序运行结果整理。

综合表6-6和表6-7可以得出这样的结论，即上市企业的注册地址相比办公地址在空间分布上更分散，大部分上市企业会选择资源禀赋较好的地区办公，因此其办公地址在空间分布上会更聚集。

除样方分析和多阶邻点分析外，还可以使用 K 函数分析方法对不同空间尺度上的聚集程度做出判断。但由于 K 函数需要主观设定空间步长，如果设置不当会占用大量的计算资源从而消耗大量的计算时间；此外，如果所考察的空间过程存在异质现象，那么 K 函数分析方法就可能会失效。因此，不再使用 K 函数分析法对陷入财务危机企业的空间分布特征进行分析。

四、空间自相关分析及显著性检验

如果仅仅使用样方分析法、多阶邻点分析法和 K 函数法对点模式的空间分布规律进行分析，将所有的点认为是同质的，但事实情况并非如此。因为任何一个观测点都具有若干属性，对于本书的研究问题，其最重要的属性是企业危机 PPfdv 值，如果不将这个属性考虑进去，那么我们得到的空间分布特征只是基于地理位置的研究结论。因此，本书不仅要考虑陷入财务危机企业的地理位置如何，也要考虑其发生财务危机的严重程度，要解决这一问题，就需要借助空间自相关分析方法。空间自相关分析方法的本质是在同时兼顾观测点的属性和位置的情况下，对点分布的空间模式进行测度。具体来说，需要测算空间自相关系数来检验和测度观测点的位置聚集和分散程度如何。

点的空间自相关性和地理学第一定律是符合的，都认为在地理位置上接近的点如果同时发生某件事件，那么这些事件会具有一定程度的相似性。特征相似的点地理位置离得越近，说明它们之间存在较为显著的空间自相关；而地理位置离得较近的点之间不存在相似性，则说明它们之间不存在空间自相关性。

适于对空间自相关程度测度的指标主要有两个，分别是 Geary's 比率（又称 Geary'C）和 Moran's I 指数。两种测度指标可以同时使用如下约定的符号：s_{ij} 表示点 i 和点 j 之间属性的相似性，ω_{ij} 表示点 i 和点 j 之间位置的毗邻性，x_i 表示点 i 的属性值，n 表示观测点的总数。

一般来说，空间自相关系数（SAC）的一般表达式为：

$$SAC \approx \frac{\sum_{i=1}^{n}\sum_{j=1}^{n} s_{ij}\omega_{ij}}{\sum_{i=1}^{n}\sum_{j=1}^{n}\omega_{i}} \tag{6-16}$$

对于 Geary's 比率：$s_{ij} = (x_i - x_j)^2$。

而对于 Moran's I 指数：$s_{ij} = (x_i - \bar{x})(x_j - \bar{x})$。

计算 Geary's 比率的完整表达式为：

$$C = \frac{(n-1)\sum_{i=1}^{n}\sum_{j=1}^{n}\omega_{ij}(x_i - x_j)^2}{2\sum_{i=1}^{n}\sum_{j=1}^{n}\omega_{ij}\sum_{i=1}^{n}(x_i - \bar{x})^2} \tag{6-17}$$

计算 Moran's I 指数的完整表达式为：

$$I = \frac{n\sum_{i=1}^{n}\sum_{j=1}^{n}\omega_{ij}(x_i - \bar{x})(x_j - \bar{x})}{\sum_{i=1}^{n}\sum_{j=1}^{n}\omega_{ij}\sum_{i=1}^{n}(x_i - \bar{x})^2} \tag{6-18}$$

Geary's 比率和 Moran's I 指数中的大部分计算项可以根据观测点的属性值进行快速计算，但是权重指标 ω_{ij} 不能直接获得。通常的做法是依据地理学第一定律，将两点之间的距离的倒数作为两点之间的权重，这样计算的权重也被称为反距离权重；随着两个点之间距离的增加，它们之间关系的重要性就会呈现线性衰减。但是并不是所有的地理线性都适于这种关系，针对非线性的情况，可以引入距离衰减参数 α 来进行调节。而该参数的取值需要根据研究对象的具体特征以及相关研究经验来定，但是大量的研究成果表明，当该参数取值为 2 时可以适于许多地理现象。

Geary's C 的取值范围一般位于 0 到 2 之间，当 0<Geary's C<1 时，说明观测点的某特征呈现聚集模式；当 Geary's C≈1 时，说明观测点的某特征呈现随机模式；当 1<Geary's C<2 时，说明观测点的某特征呈分散模式。当 Moran's I≈-1/（n-1）时，说明观测点的某特征呈现随机模式；当 Moran's I>-1/（n-1）时，说明观测点的某特征呈聚集模式；当 Moran's I<-1/（n-1）时，说明测点的某特征呈分散模式。聚集模式可以认为观测点之间存在正的空间自相关，分散模式可以认为观测点之间存在负的空间自相关。

Geary's 比率和 Moran's I 指数的 z 检验统计量分别为：

$$Z_c = \frac{C-E(C)}{\sqrt{VAR(C)}} \tag{6-19}$$

$$Z_I = \frac{I-E(I)}{\sqrt{VAR(I)}} \tag{6-20}$$

根据以上原理，对 2009~2018 年陷入财务危机的企业进行空间自相关分析，得到表 6-8 和表 6-9。

表 6-8　基于注册地址的 2009~2018 年陷入财务危机企业 PPfdv 值空间自相关分析

年份	Moran's I 指数	预期指数	方差	Z 得分	空间自相关
2009	0.0743	-0.0179	0.0014	2.4327	聚集模式（正）
2010	0.027	-0.0156	0.0023	0.875	聚集模式（正）
2011	-0.0957	-0.0345	0.0124	-0.5497	分散模式（负）
2012	0.1547	-0.027	0.0044	2.7422	聚集模式（正）
2013	-0.0277	-0.025	0.001	-0.0704	分散模式（负）
2014	-0.0506	-0.0256	0.0025	-0.5001	分散模式（负）

续表

年份	Moran's I 指数	预期指数	方差	Z 得分	空间自相关
2015	−0.0218	−0.02	0.0055	−0.024	分散模式（负）
2016	−0.0616	−0.0122	0.0011	−1.4702	分散模式（负）
2017	0.0046	−0.008	0.0004	0.5682	聚集模式（正）
2018	−0.0105	−0.0058	0.0001	−0.3356	分散模式（负）
2009~2018	0.044	−0.0014	0.00003	8.0984	聚集模式（正）
2019	0.1329	−0.0069	0.0019	3.1622	聚集模式（正）

资料来源：根据程序运行结果整理。

从表6-8可以得知，如果将企业财务危机PPfdv值考虑进来，那么得出的分析结论与样方分析、多阶邻点分析的结论不同，不同的年度呈现的空间自相关模式不同，聚集模式和分散模式数量均半；但是只有聚集模式（2010年、2017年除外）才能通过显著性检验（假设显著性水平为0.05，临界值为1.96）。由于单独的年度中观测样本点太少，因此应重点看10年内发生过财务危机企业的PPfdv值空间自相关情况，很明显，PPfdv值呈现强烈的空间正相关，表现出强烈的聚集状态。

表6-9　基于办公地址的2009~2018年陷入财务危机企业PPfdv值空间自相关分析

年份	Moran's I 指数	预算指数	方差	Z 得分	空间自相关
2009	0.0299	−0.0179	0.0011	1.4133	聚集模式（正）
2010	−0.0298	−0.0156	0.0016	−0.3539	分散模式（负）
2011	−0.1071	−0.0345	0.0132	−0.6307	分散模式（负）
2012	0.2626	−0.027	0.0083	3.1717	聚集模式（正）
2013	−0.071	−0.025	0.0058	−0.6045	分散模式（负）
2014	−0.0253	−0.0256	0.0024	0.0079	聚集模式（正）
2015	−0.0573	−0.02	0.00465	−0.548	分散模式（负）
2016	−0.0605	−0.012	0.0009	−1.6097	分散模式（负）
2017	0.0042	−0.008	0.0004	0.5954	聚集模式（正）
2018	0.0127	−0.0006	0.0001	1.6338	聚集模式（正）

续表

年份	Moran's I 指数	预期指数	方差	Z 得分	空间自相关
2009~2018	0.0248	-0.001	0.000028	4.9559	聚集模式（正）
2019	0.0157	-0.0069	0.0034	0.3891	聚集模式（正）

资料来源：根据程序运行结果整理。

从表6-9可以得知，基于办公地址的2009~2018年陷入财务危机企业PPfdv值空间自相关比基于注册地址的2009~2018年陷入财务危机企业PPfdv值空间自相关更容易聚集，但是只有2012年和2009~2018年两种情况下，Moran's I指数通过了统计检验。同注册地址的2009~2018年陷入财务危机企业PPfdv值空间自相关分析结论一样，如果从10年的时间段内来衡量陷入财务危机企业财务危机PPfdv值，其呈现强烈的空间正相关，表现出明显的聚集状态。

第二节 面模式分析

一、空间权重矩阵

按照陷入财务危机企业所属省份来进行区域分析，就属于空间分析三种模式中的面模式分析。点模式分析中的Geary's C和Moran's I指数（全局指标）假定数据在空间内是均质的，在整个研究区域内自相关的变化相对稳定。但是，有时候未必是稳定的，因此有必要用局部G统计量和局部空间关联指标（局部指标）来进一步分析数据的空间分布特征。

空间权重矩阵是定义空间关系和结果的矩阵。计算空间权重矩阵需要定量地界定邻接区域，常用的定义空间关系的方法有两种，一种是"车"式，另一种是"后"式。前者是通过判断两区域单元是否有相邻边而界定的，后者除按照相邻边还可以按照是否有共同顶角点来界定，因此，后者比前者的界定条件更为宽泛。此外，还可以使用随机矩阵、质心距离矩阵、最近距离矩阵来定义邻接区域。

在正式进入全局空间自相关和局部空间自相关分析之前，对空间自相关统计量和有关符号约定如下：如果研究的观测点属性为二元定类变量，则最适合的统计量是连接数统计量；如果研究的观测点属性为定距或定比尺度变量，则依然使用 Moran's I 指数和 Geary's C 比率。

符号约定如下：

$\omega_{i.} = \sum_{.} \omega_{ij}$，表示对给定的第 i 行的所有权重单元值进行求和。

$\omega_{j.} = \sum_{.} \omega_{ij}$，表示对给定的第 j 列的所有权重单元值进行求和。

$W = \sum_{.} \sum_{.} \omega_{ij}$，表示对权重矩阵中的所有权重单元值进行求和。

此外，在对空间自相关统计量进行显著性检验时，通常会使用以下两个参数对权重的构造进行概括：

$$S_1 = \frac{1}{2} \sum_i \sum_j (\omega_{ij} + \omega_{ji})^2 \qquad (6\text{-}21)$$

$$S_2 = \sum_i \left(\sum_j \omega_{ij} + \sum_j \omega_{.i} \right)^2 \qquad (6\text{-}22)$$

二、全局空间自相关分析及显著性检验

Moran's I 指数和 Geary's C 比率是常用的全局空间自相关统计量，两者具有一些相同的特征，但是它们的统计性质有所差异。大部分的学者以及地理信息系统软件偏向于使用 Moran's I 指数，因为它的数值分布特征较 Geary's C 比率的数值分布特征更为理想。两者对空间自相关判断的依据类似，如果研究区域内相邻区域单元的值相似，那么就判定为存在较强的空间正相关；反之，如果研究区域内相邻区域单元的值不相似，那么就判定为存在较强的空间负相关。

Moran's I 指数的计算公式为：

$$I = \frac{n \sum \sum \omega_{ij}(x_i - \overline{x})(x_j - \overline{x})}{W \sum (x_i - \overline{x})^2} \qquad (6-23)$$

Moran's I 指数取值一般在-1 到 1 之间，其中-1 表示存在极强的空间负自相关；1 表示存在极强的空间正自相关。但在实证研究中，如果空间不存在自相关，则 Moran's I 指数的期望值为：$\frac{-1}{n-1}$。对于 Moran's I 指数，常用的空间权重矩阵是二元矩阵或者随机矩阵。在整个研究区域中，如果相邻区域单元的值相似（"低—低"、"高—高"聚集）情况更多，则 Moran's I 指数便趋向于正；相反，如果相邻区域单元的值相似（"低—低"、"高—高"聚集）情况更少，Moran's I 指数便趋向于负。

Moran's I 指数的方差为（正态假设）：

$$\sigma^2(I) = \frac{n^2 S_1 - n S_2 + 3W^2}{W^2(n^2-1)} \qquad (6-24)$$

Moran's I 指数的方差为（随机假设）：

$$\sigma^2(I) = \frac{n[(n^2-3n+3)S_1 - nS_2 + 3W^2] - k[(n^2-n)S_1 - 2nS_1 + 6W^2]}{(n-1)(n-2)(n-3)W^2} \qquad (6-25)$$

Geary's C 比率的计算公式为：

$$C = \frac{(n-1) \sum \sum \omega_{ij}(x_i - x_j)^2}{2W \sum (x_i - \overline{x})^2} \qquad (6-26)$$

和 Moran's I 指数一样，Geary's C 比率的空间权重矩阵使用二元矩阵或者随机矩阵居多。Geary's C 比率的取值范围在 0 到 2 之间，其中 0 表示存在完全的空间正自相关，2 表示存在完全的空间负自相关。同 Moran's I 指数不一样的是，当不存在空间自相关时，Geary's C 比率的取值始终为 1，不受 n 的影响。

Geary's C 比率的方差为（正态假设）：

$$\sigma^2(C) = \frac{(2S_1 + S_2)(n-1) - 4W^2}{2(n+1)W^2} \qquad (6-27)$$

Geary's C 比率的方差为（随机假设）：

$$\sigma^2(C) = \frac{\begin{aligned}&(n-1)S_1\left[n^2-3n+3-(n-1)k\right]-\\&0.25(n-1)S_2\left[n^2+3n-6-(n^2-n+2)k\right]+W^2\left[n^2-3-(n-1)^2k\right]\end{aligned}}{n(n-2)(n-3)W^2}$$

(6-28)

同时，Moran's I 指数和 Geary's C 比率可以通过以下的公式进行转换：

$$C = \left\{\frac{(n-1)\sum\sum\omega_{ij}(x_i-x_j)^2}{2n\sum\sum\omega i_j(x_i-\bar{x})(x_j-\bar{x})}\right\} \times I$$

(6-29)

此外，广义 G 统计量也可用来衡量空间自相关程度，相比于 Moran's I 指数和 Geary's C 比率的优势在于，其可以测定探测到整个研究区域是否存在热点或者冷点（在空间聚集分析中，热点表示较高值的局部聚集，冷点表示较低值的局部聚集）。广义 G 统计量的计算公式为：

$$G(d) = \frac{\sum\sum\omega_{ij}(d)x_ix_j}{\sum\sum x_ix_j}$$

(6-30)

广义 G 统计量中的权重是通过距离函数来计算的，如果两个观测点之间的距离小于 d 则权重记为 1，反之则记为 0，因此该矩阵也是一个二元对称矩阵。由于本节分析的是面模式，因此距离的计算不像点模式那样直接和简单；需要根据研究区域单元的现象的实际情况，使用质心距离和最近距离来定义面状要素的邻接性。一般来说，中等大小的广义 G 统计量说明高值和中等值存在空间关联，而较小的广义 G 统计量说明低值与低于平均水平的值存在空间关系。

广义 G 统计量的期望为：

$$E(G) = \frac{W}{n(n-1)}$$

(6-31)

广义 G 统计量的方差为：

$$D(G) = E(G^2) - [E(G)]^2$$

(6-32)

其中，

$$[E(G)]^2 = \frac{1}{(m_1^2 - m_2)^2 n^4}[B_0 m_2^2 + B_1 m_4 + B_2 m_1^2 m_2 + B_3 m_1 m_3 + B_4 m_1^4] \quad (6-33)$$

式中，B_1，B_2，B_3，B_4 是由 S_1，S_2，W 等组成的相关系数。

针对企业财务危机 PPfdv 值的全局自相关分析，由于企业数据是属于点模式的，因此如果要进行面模式分析，本书对点数据按省域进行整理。

整理思路有两条：第一，对各省份近十年陷入财务危机企业的数量进行汇总，得到 PPfdvcount 值作为面要素的待研究属性值；第二，对各省份近十年陷入财务危机企业的 PPfdv 值求平均，得到 PPfdvmean 值作为面要素的待研究属性值（见表6-10）。

表6-10 上市企业财务危机 PPfdv 值整理计算结果

省份	PPfdvcount	PPfdvmean	省份	PPfdvcount	PPfdvmean
安徽省	14	2.3274	辽宁省	27	2.08
北京市	80	2.3076	内蒙古自治区	7	2.2602
福建省	12	2.2492	宁夏回族自治区	8	2.1646
甘肃省	11	2.278	青海省	5	1.927
广东省	60	2.1532	山东省	46	2.0547
广西壮族自治区	20	2.0367	山西省	29	2.012
贵州省	3	2.4166	陕西省	11	2.1257
海南省	20	2.0677	上海市	62	2.2352
河北省	13	2.0715	四川省	36	2.2181
河南省	13	2.3227	天津市	14	2.1177
黑龙江省	19	2.2919	西藏自治区	4	2.1529
湖北省	22	2.1374	新疆维吾尔自治区	21	2.0411
湖南省	18	2.0265	云南省	9	1.7567
吉林省	12	1.798	浙江省	32	2.2336
江苏省	53	2.2608	重庆市	14	2.1102
江西省	8	2.063			

在 ArcView 3.0 软件中对 Moran's I 和 Geary's C 建立二元权重矩阵，

对广义 G 统计量建立质心距离矩阵，并且在分析中设置距离为 600，软件运行结果如表 6-11 所示。

表 6-11　上市企业财务危机 PPfdv 值全局空间自相关分析结果

全局空间自相关指标一	Moran's I		
结果	Moran's I	期望值	Z 值	结论
PPfdvcount	0.0478	−0.0333	0.7138	空间正自相关
PPfdvmean	−0.145	−0.0333	−0.9822	空间负自相关
全局空间自相关指标二	Geary's C		
结果	Geary's C	期望值	Z 值	结论
PPfdvcount	0.7073	1	−1.9358	空间正自相关
PPfdvmean	1.0583	1	0.3859	空间负自相关
全局空间自相关指标三	广义 G 统计量		
结果	广义 G 统计量	期望值	Z 值	结论
PPfdvcount	0.3093	0.2581	1.1258	空间正自相关
PPfdvmean	0.2631	0.2581	1.1629	空间负自相关

从表 6-11 可知，三种全局自相关指标对 PPfdvcount 和 PPfdvmean 进行空间自相关分析得出的结论是一致的，即认为 PPfdvcount 存在空间正自相关趋势，而 PPfdvmean 存在空间负自相关趋势。但是只有 PPfdvcount 的 Geary's C 统计量在显著性水平 0.1 的情况下可以通过统计检验。

三、局部空间自相关分析及显著性检验

Moran's I 指数、Geary's C 比率和全局 G 统计量是对整个研究区域进行描述的综合指标，其假设整个区域内的空间自相关水平完全一致。而事实情况并非完全如此，有可能研究区域中的某一部分地区存在正的空间自相关，而另一部分地区存在负的空间自相关。因此可以对前述的全局空间自相关指标进行一定的修正，再从局部层面探测和评估空间自相关现象。由此引入局部空间关联指标（LISA）的概念，具体是指局部层面的 Moran's I 指数和 Geary's C 比率。

区域单元 i 的局部 Moran's I 统计量计算公式为：

$$I_i = Z_i \sum_j \omega_{ij} Z_j \qquad (6-34)$$

其中，z_i 和 z_j 是对应的 x 值与均值的离差，因此 z_i 就是 x_i 的 z 值。较高的局部 Moran 值意味着相似值的集聚，较低的局部 Moran 值意味着相异值的集聚。此时的权重矩阵一般是行标准化矩阵，但也可以取其他形式的空间权重矩阵。

区域单元 i 的局部 Geary's C 统计量计算公式为：

$$C_i = \sum_j \omega_{ij} (z_i - z_j)^2 \qquad (6-35)$$

相应地，C_i 值越大，说明区域单元 i 和其相邻单元属性值的差异就越大。但是比起局部 Moran's I 统计量而言，其分布性质并不理想。

此外，还可以通过局部 G 统计量来对空间自相关情况进行评估，局部 G 统计量是分别针对各区域单元计算的旨在表明所关注区域单元的值与其周边以距离 d 定义的相邻单元的值之间关联性的统计量。局部 G 统计量计算表示式如下：

$$G_i(d) = \frac{\sum_j \omega_{ij}(d) x_j}{\sum_j x_j} \qquad (6-36)$$

其方差计算公式为：

$$\mathrm{Var}(G_i) = E(G_i^2) - [E(G_i)]^2 \qquad (6-37)$$

式中，

$$E(G_i) = \frac{1}{\left(\sum_j x_j\right)^2} \left[\frac{W_i(n-1-W_i)\sum_j x_j^2}{(n-1)(n-2)} \right] + \frac{W_i(W_i-1)}{(n-1)(n-2)} \qquad (6-38)$$

局部空间自相关及显著性检验结果将在下一节和 Moran 散点图一并给出。

四、Moran 散点图

Moran 散点图是基于 Moran's I 统计量和回归思想的一种有效的目视诊

断工具。若所有单元的空间自相关水平与全局 Morans' I 所反映的水平相似，那么散点图上各单元的分布将十分靠近回归线。若观测单元之间有表现出异常低或者异常高的局部空间自相关水平，那么代表这些观测单元的点就会远低于或者高于回归线。正因如此，Moran 散点图可以帮助发现那些与相邻单元关系异常的观测单位。

散点图中存在的回归模型表达式如下：

$$z = a + IWz \tag{6-39}$$

式中，z 是 z_i（数据值与均值的离差）的矢量，W 是行标准化空间权重矩阵，a 为截距项，I 代表斜率的回归系数。

在 OpenGeoda 软件中首先对 PPfdvcount 和 PPfdvmean 建立空间权重矩阵（基于 Threshold Distance），然后调用空间分析模块的 Univeriate Local Moran's I 分析功能后分别得到各自的显著性地图、聚集地图和 Moran 散点图。

图 6-3 给出了上市企业财务危机 PPfdvcount 值 LISA 散点图；图 6-4 给出了上市企业财务危机 PPfdvmean 值 LISA 散点图。[①]

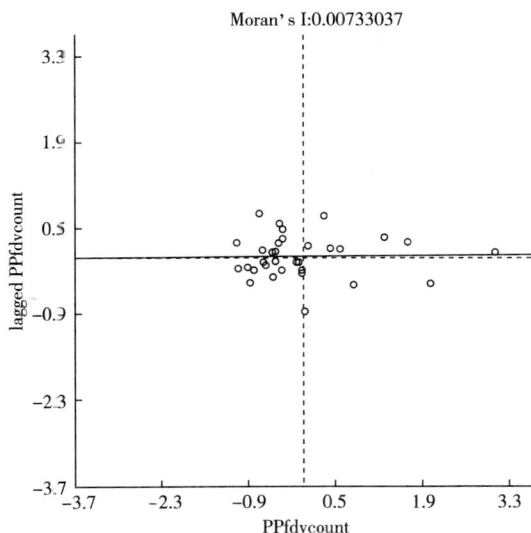

图 6-3　上市企业财务危机 PPfdvcount 值 LISA 散点图

---

① 需要 LISA 聚集图可以联系笔者，邮箱同前。

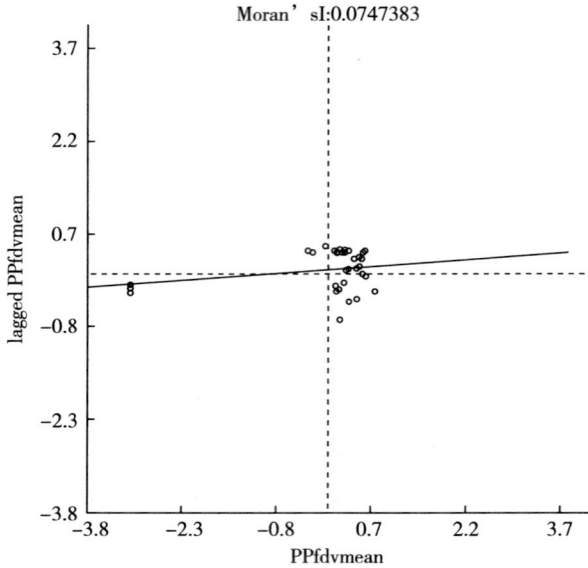

图 6-4　上市企业财务危机 **PPfdvmean** 值 LISA 散点图

从图 6-3 可以看出，上市企业财务危机 PPfdvcount 值局部空间自相关情况并不明显，只有 10 个省份通过了显著性检验，呈现空间自相关。其中呈现"高—高"聚集态势的省份是辽宁省、山东省、江苏省和湖北省，说明属于这 4 个省份的上市企业容易陷入财务危机，形成了聚集。而在所有省份中拥有陷入财务危机企业数排在前四的省市分别是北京市、上海市、广东省和江苏省，所以只有江苏省可能是因为自身拥有较多数量的陷入财务危机企业而形成了聚集。呈现"低—高"聚集态势的省份是内蒙古自治区、河北省、天津市、安徽省；呈现"高—低"聚集态势的省份是四川省和广东省。

从图 6-4 可以看出，上市企业财务危机 PPfdvmean 值局部空间自相关情况并不明显，只有 9 个省份通过了显著性检验，呈现空间自相关。其中呈现"高—高"聚集态势的省份是陕西省、河南省、河北省、山东省；呈现"高—低"聚集态势的省份是海南省、广东省、福建省、浙江省。

第三节　地统计插值分析

一、探索性数据分析

探索性数据分析（Exploratory Data Analysis，EDA），是指对已有的数据（特别是调查或观察得来的原始数据）在尽量少的先验假定下进行探索，通过作图、制表、方程拟合、计算特征量等手段探索数据的结构和规律的一种数据分析方法。

以下分别使用多种探索性数据分析工具对2009~2018年陷入财务危机企业进行分析，这里使用的数据是点要素数据，和前文一样会将企业的地址区分为注册地址和办公地址。以下分别从 Voronoi 图、趋势分析三维透视图、半变异函数/协方差云图三个方面展开分析。

1. Voronoi 图

Voronoi 图是在观测样点周围绘制一系列多边形，使得多边形内任何位置距该样点的距离都比该多边形到其他点的距离要近。Voronoi 多边形创建后，相邻的观测点便具有相同的连接边。Voronoi 图的类型有多种，如简单模式、平均值模式、众数模式、聚类模式、熵模式、中位数模式、标准差模式和四分位距模式。本书根据实际情况，选择聚类模式的 Voronoi 图对企业危机 PPfdv 值的空间分布特征进行探索。聚类模式的 Voronoi 图是指将所有的多边形单位分成五种等级区间，如果某个多边形单位的等级区间和其周边的单元的等级区间都不同，则这个单位用颜色最浅的灰色表示，以区别于其他单位（见图6-5、图6-6）。

从图6-5和图6-6可知，经过 Arcgis 10.2 软件处理后，将 PPfdv 值分成了5个等级区间，第一个等级区间为 0.8181~1.6966、第二个等级区间

图 6-5　基于注册地址的上市企业财务危机 **PPfdv** 值 **Voronoi** 图

图 6-6　基于办公地址的上市企业财务危机 **PPfdv** 值 **Voronoi** 图

为 1.6966~2.1646、第三个等级区间为 2.1646~2.414、第四个等级区间为 2.414~2.5466、第五个等级区间为 2.5466~2.7962，各个等级区间的颜色依次加深。基于注册地址和办公地址的上市企业财务危机 PPfdv 值 Voronoi 图（聚类模式）存在些许差异，总体来看，异常多边形单元的比重并不大，表现出了空间自相关的趋势。

2. 趋势分析三维透视图

趋势分析三维透视图为用户提供三维视角对数据集的全局趋势进行分析，X 轴代表自东向西走向、Y 轴代表自南向北走向，Z 值代表属性值

（PPfdv 值）（见图 6-7、图 6-8）。

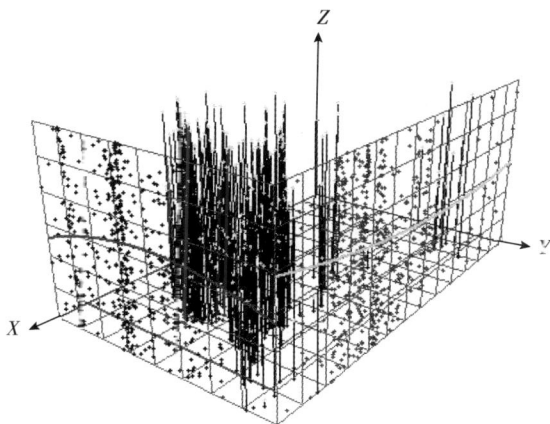

图 6-7　基于注册地址的内陆地区上市企业财务危机 PPfdv 值趋势分析三维透视图

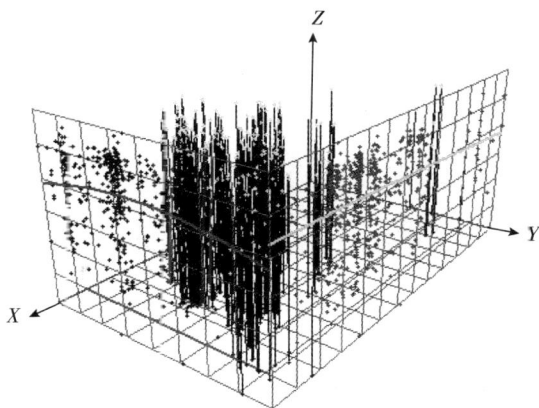

图 6-8　基于办公地址的内陆地区上市企业财务危机 PPfdv 值趋势分析三维透视图

比较图 6-7 和图 6-8 可知，无论是基于注册地址还是基于办公地址，上市企业财务危机 PPfdv 值趋势分析在 Y 轴上的表现是两边低中间高，这意味着位于南方和北方地区的陷入财务危机的观测点企业的财务危机 PPfdv 值相对较低，财务危机严重程度更高；而位于中部地区的陷入财务危机的观测点企业的财务危机 PPfdv 值相对较高，财务危机严重程度更低。同时，基于注册地址的上市企业财务危机 PPfdv 值趋势分析在 X 轴上的表现是东低西高，这意味着从注册地址来看，位于东部地区的陷入财务危机的观测点企业的财务危机 PPfdv 值相对较低，财务危机严重程度更高；而位于西部地区陷入财务危机的观测点企业的财务危机 PPfdv 值相对较高，财务危机严重程度更低。尽管基于注册地址的上市企业财务危机 PPfdv 值趋势分析在 X 轴上的表现也是东低西高，但是相比办公地址情况下的东高西低趋势不明显。

3. 半变异函数/协方差云图

半变异函数/协方差云图表示的是所有观测点对的理论半变异值和协方差，并用点对之间的距离的函数来表示的图形。半变异函数/协方差云图可以用来检验空间自相关和方向变化，只有存在空间相关时，空间插值才有实际意义。如果半变异函数中的点对是一条水平直线，则意味着观测点数据可能不存在空间自相关关系（见图 6-9 至图 6-12）。

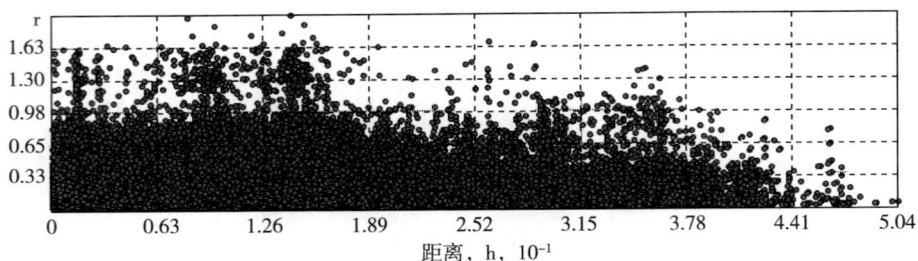

图 6-9　基于注册地址的上市企业财务危机 PPfdv 值半变异函数图

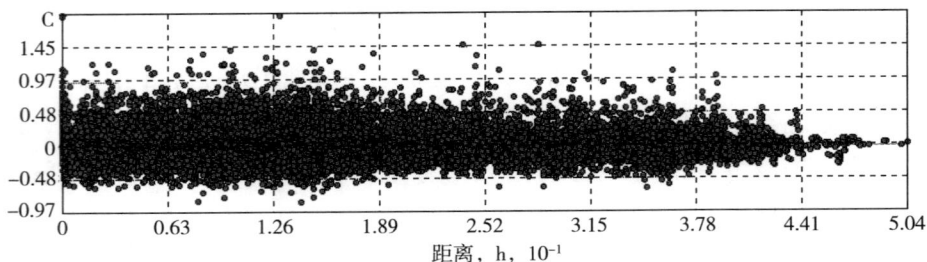

图 6-10　基于注册地址的上市企业财务危机 PPfdv 值协方差图

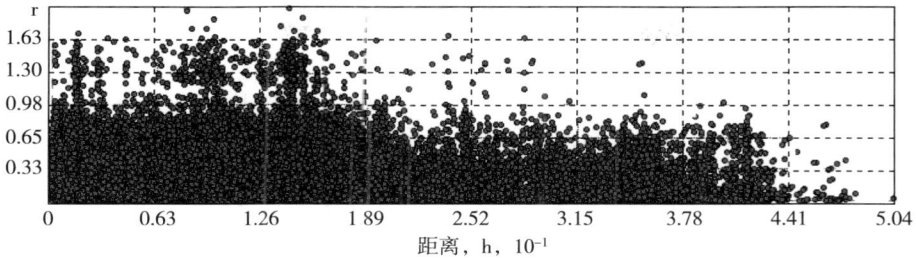

图 6-11 基于办公地址的上市企业财务危机 **PPfdv** 值半变异函数图

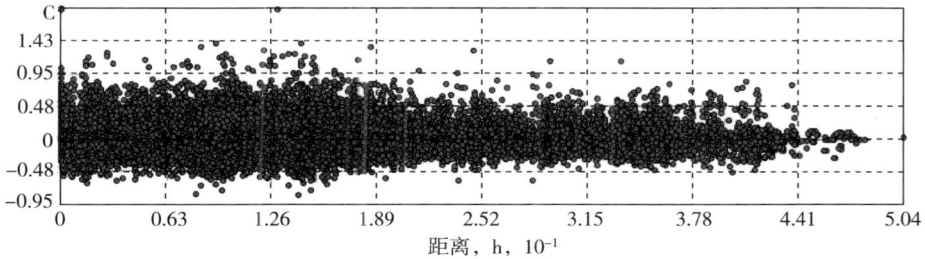

图 6-12 基于办公地址的上市企业财务危机 **PPfdv** 值协方差图

从图 6-9 至图 6-12 可以得知，无论是基于注册地址还是办公地址，上市企业财务危机 PPfdv 值的半变异函数和 PPfdv 值的分布规律类似；理论上存在空间自相关关系的点对的半变异函数值会随着距离的增大而逐渐增大达到一个稳定值，同时协方差会随着距离的增大而逐渐减小。图 6-9 至图 6-12 反映的实际情况基本上吻合存在空间自相关关系的规律，同时也佐证了表 6-7 和表 6-9 的实证研究结果。因此，可以对内陆地区上市企业财务危机 PPfdv 值进行空间插值分析。

二、地统计插值分析

地统计插值分析属于空间插值分析中的一种，除地统计插值分析，还有确定性插值分析方法。地统计插值分析主要使用的是克里金插值方法

（空间局部插值法），是以变异函数理论和结构分析为基础，在有限区域内对区域化变量进行无偏最优估计的一种方法。克里金方法是根据未知样本点有限邻域内的若干已知样本点数据，在考虑了样本形状、大小和空间方位，与未知样本点的相互空间位置关系，以及变异函数提供的结构信息后，对未知样本点进行的一种线性无偏最优估计。空间插值分析方法根据是否能够保证创建的表面经过所有的采样点，可细分为精确性插值和非精确性插值，其中地统计插值中的克里金插值方法属于非精确性插值；而确定性插值中的反距离权重法插值、径向基函数（RBF）插值法属于精确性插值，确定性插值中的全局多项式插值和局部多项式插值则属于非精确性插值。

克里金插值分析方法运用过程中需要注意样本数尽量大于 80，并且每一种距离间隔分类中的样本对数尽量多于 10 对；此外，克里金插值的效果好坏也会依赖参数设置，因此调参过程非常重要。克里金插值的类型较多，主要包括普通克里金插值法、简单克里金插值法、泛克里金插值法、协同克里金插值法、对数正态克里金插值法、指示克里金插值法、概率克里金插值法和析取克里金插值法等。不同的克里金插值法使用的基础条件并不同，本书数据存在一定的主导趋势，考虑使用泛克里金插值方法。

研究软件使用 Arcgis 地统计分析模块中的地统计向导进入泛克里金分析程序，选择趋势的移除阶数为常数（默认），选出输出表面类型为预测，常规属性中除核函数（下一节将比对不同核函数的插值效果）选项外其余选项保持默认，变量选择半变异函数，同时开启偏基台值、块金值的计算，设置步长数为 12，步长大小为 0.2503，搜索邻域设置最大相邻要素数为 5、最小相邻要素数为 2。所有参数设置完毕后，运行程序读取结果。

三、模型诊断

如果插值分析选择输出表面类型为预测误差，那么对不同核函数参数设置情况下的模型诊断主要是对不同模型的平均值、均方根、平均标准误差等指标进行比对，然后得出评价结果。最优模型的评判标准如下：平均值接近于 0，均方根最小，平均标准误差最接近于 1。图 6-13 至图 6-15 为当核函数为指数函数时的插值分析过程图。

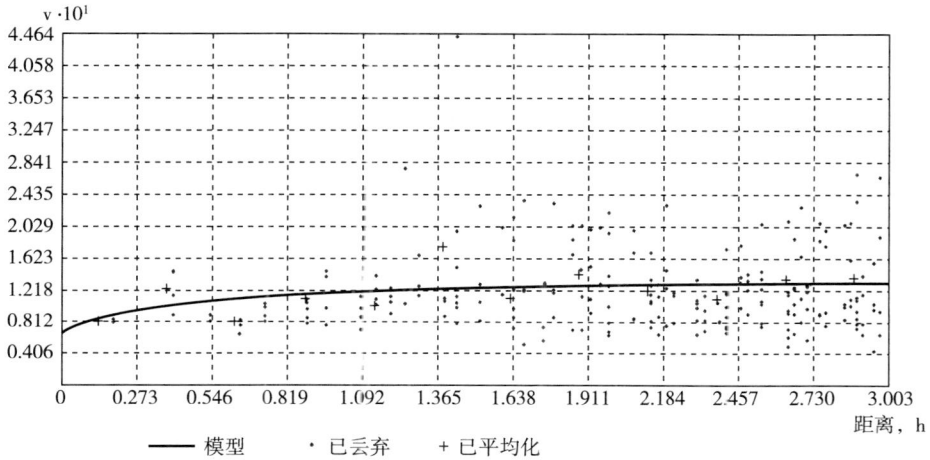

图 6-13　基于注册地址的 PPfdv 值泛克里金插值半变异函数图

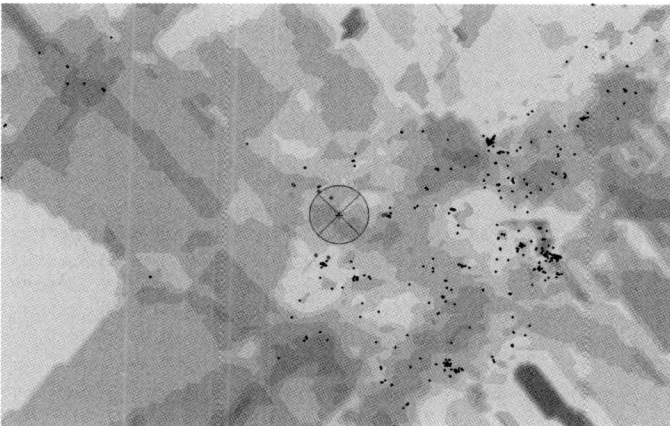

图 6-14　基于注册地址的 PPfdv 值泛克里金插值搜索邻域图

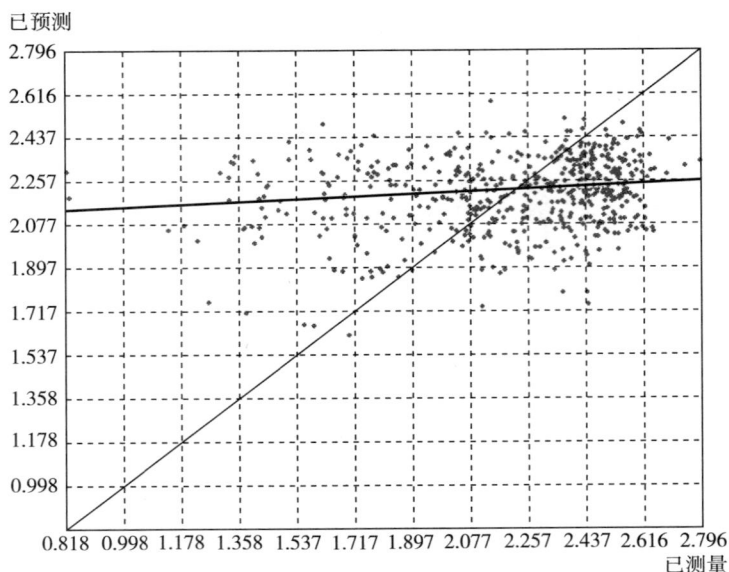

图 6-15　基于注册地址的 PPfdv 值泛克里金插值交叉验证图

插值分析模型得出的预测误差平均值为-0.0056，均方根为0.347，平均标准误差为0.3200，再依次设置核函数为Polynomial5、高斯函数、Epanechnikov、四次式、常数等，得到模型输出的平均值、均方根、平均标准误差等指标（见表6-12）。

表 6-12　基于注册地址的 PPfdv 值泛克里金插值模型诊断结果

核函数类型	平均值	均方根	平均标准误差
指数函数	-0.0056	0.347	0.3200
Polynoimal5	-0.0047	0.3467	0.3199
高斯函数	-0.005	0.3467	0.3196
Epanechnikov	-0.0049	0.3467	0.3199
四次式	-0.0046	0.3467	0.3198
常数	-0.0045	0.3466	0.3198

从表6-12可以得知，在其他参数一致的情况下，使用常数核函数对企业财务危机PPfdv值进行泛克里金插值效果更好。此外，对基于办公地址的PPfdv值使用不同的核函数进行泛克里金插值，模型的预测误差诊断结果基本保持不变：平均值为-0.0082、均方根为0.3746、平均标准误差为5.2134。比较而言，基于注册地址的PPfdv值泛克里金插值分析的模型性能更好。

第四节　本章小结

本章是OEFD企业财务危机空间维度评价板块，主要工作是从空间统计分析的角度对企业财务危机PPfdv值分别进行点模式、面模式和地统计插值分析，得出以下结论。

第一，仅仅考虑地理位置的分布，样方分析结果表示陷入财务危机的企业大部分年度在空间分布上呈现聚集模式。多阶邻点分析结果表明上市企业的注册地址相比办公地址在空间分布上更分散，大部分上市企业会选择资源禀赋较好的地区进行办公，因此其办公地址在空间分布上会更聚集。空间自相关分析和显著性检验说明，无论基于注册地址还是办公地址，2009~2018年陷入财务危机企业PPfdv值呈现强烈的空间正相关，表现出明显的聚集模式。

第二，全局空间自相关分析以及显著性检验的结果表明，三种全局自相关指标对PPfdvcount和PPfdvmean进行空间自相关分析得出的结论是一致的，即认为PPfdvcount存在空间正自相关趋势，而PPfdvmean存在空间负自相关趋势。局部空间自相关分析以及显著性检验、Moran散点图的结果表明，上市企业财务危机PPfdvcount值局部空间自相关情况并不明显，只有10个省份通过了显著性检验，呈现空间自相关。上市企业所属省份

PPfdvmean 值局部空间自相关情况并不明显，只有 9 个省份通过了显著性检验，呈现空间自相关。说明针对企业这种微观实体进行空间分布规律的探索，采取点模式分析方法会更适用，若采用适于面板数据分析的面模式分析方法的效果并不好。

第三，地统计插值分析主要展示了探索性数据分析工具及泛克里金插值分析法的运用。基于注册地址和办公地址的上市企业所属省份 PPfdv 值 Voronoi 图（聚类模式）存在些许差异，总体来看，异常多边形单元的比重不大，表现出了空间自相关的趋势。无论是基于注册地址还是基于办公地址，上市企业财务危机 PPfdv 值趋势分析在 Y 轴上（南北走向）的表现是两边低中间高；同时在 X 轴（东西走向）上的表现是东低西高。半变异函数和协方差图佐证了企业财务危机 PPfdv 值存在空间自相关。泛克里金插值分析方法对 PPfdv 值能够较好地建立预测表面，并且基于常数核函数的预测模型性能更出色。

综合以上结论可知，在点模式分析下，2009～2018 年陷入财务危机企业在空间分布上呈现强烈的聚集趋势，无论是基于注册地址还是办公地址的分析。但是在面模式的全局空间自相关分析中，只有对不同的省份统计其从 2009～2018 年陷入财务危机企业的数量得到的 PPfdvcount 值才会在空间分布上呈现聚集趋势。同时在局部空间自相关分析中发现，并不是拥有陷入财务危机企业数量最多的省份才会表现出高—高聚集态势，二者之间并无必然联系。此外，通过泛克里金插值，可以使用半变异函数对企业财务危机的 PPfdv 值进行较好的预测，而不需要借助评价特征。

第七章
总结与展望

第一节　研究结论和对策建议

一、研究结论

本书尝试探究企业财务危机评价新径，在使用变量降维图技术对评价特征进行选择的基础上，独立构建了基于"门诊医疗"思路的 OEFD 企业财务危机评价方法。OEFD 方法对企业财务危机的评价维度分为平面维度和空间维度，对应了微观层面和宏观层面的企业财务危机评价。

OEFD 平面维度评价的功能定位是对企业财务危机进行预警，包括分类预判和回归测度两个递进子层，具体来说，分类预判是通过本书构建的人工智能评价模型对企业是否会陷入财务危机以及陷入财务危机的具体类型做出分类预测：如果某企业的预测结果为"否"，则评价终止；如果某企业的预测结果为"是"，则对其进行回归测度。回归测度是通过本书构建的人工智能评价模型对其财务危机 PPfdv 值进行预测，并评估其严重程度。OEFD 空间维度评价的功能定位是对 OEFD 平面维度评价中预测将会陷入财务危机企业的空间分布规律进行分析，将各企业的财务危机 PPfdv 值作为其空间属性值，然后利用地统计分析的一系列方法剖析其空间分布集聚趋势，判断其是否存在空间自相关并进行插值分析。按照企业财务危机评价新径的"企业财务危机评价特征体系搭建和特征选择—OEFD 企业财务危机平面维度评价—OEFD 企业财务危机空间维度评价"的研究路线，得出以下结论。

1. 企业财务危机评价特征体系搭建和特征选择

企业财务危机评价特征体系搭建和特征选择的研究内容分布在第三章。对企业财务危机评价特征进行了界定。关联财务风险的四个组成部分（筹资风险、投资风险、资金回笼风险、盈余分配风险）的主要影响因素，在科学性、直接性、综合性等原则下鉴别某一特征是否适于企业财务危机评价。搭建了包含盈利能力、偿债能力、营运能力、成长能力以及其他特征五个方面共计 34 个特征的企业财务危机评价特征体系。然后利用变量降维图技术进行特征选择，得到了重要性程度较高的 13 个特征，比对未做特征选择数据集和进行了特征选择数据集的模型预测结果后发现，预测模型经过特征选择后不仅使特征空间维度降低 67.74%，加快了计算机的运行速度，减少了时间消耗，其预测精度反而总体得到了提升。研究发现，财务比率中的总净资产收益率和平均净资产收益率、非财务比率中的前十大股东持股比例对企业是否陷入财务危机具有决定性的作用，影响程度最深，人力投入回报率、投入资本回报率对企业是否陷入财务危机具有次要的影响。总体来看，对于企业是否陷入财务危机，如果用包含产生直接影响的评价特征数来评判的话，企业的盈利能力最重要，其后是成长能力和偿债能力，较后是其他特征和营运能力。

2. OEFD 企业财务危机平面维度评价

OEFD 企业财务危机平面维度评价包括企业财务危机分类预判和企业财务危机回归测度两个递进子层，可以实现对企业财务危机的预报和警示（预警），研究内容分别分布在第四章和第五章。

对于企业财务危机分类预判，借助了传统统计学习分类模型、支持向量机以及智能优化算法与支持向量机组合的评价模型、极限学习机以及智能优化算法与极限学习机组合的评价模型等多种模型进行分类预判。

　　研究发现，智能优化算法可以提升机器学习算法的分类预判性能，但仅限于纵向比较，不适于横向比较。智能优化算法可以帮助统计学习算法找到全局最优解，但也会造成程序收敛速度较慢，运行的消耗时长增加。同样的一种智能优化算法，对模型分类预判性能的最终提升效果还取决于统计学习算法本身的性能。比较 T-1 年的企业财务危机评价特征数据集和 T-2 年的企业财务危机评价特征数据集的预测效果可知，前者的分类预判性能更优。比较二分类预判任务（有无财务危机）和三分类预判任务（有无财务危机以及财务危机的具体类型），前者的分类预判性能更优。本书构建的智能优化算法优化支持向量机模型能够使用 T-2 年的企业财务危机评价特征数据集对企业是否会陷入财务危机进行有效的提前预判，使企业能够提前一年部署抵抗和消除财务危机的策略，具有重要的现实意义。使用训练好的支持向量机模型预测了 2019 年陷入财务危机的企业名单，比对沪深交易所已经公布的 6 家 ST 和 *ST 名单可知，模型成功预测出了 4 家企业。并且发现 2019 年将陷入财务危机企业所属的行业主要是制造业，科学研究和技术服务业，交通运输、仓储和邮储业，租赁和商务服务业。

　　对于企业财务危机回归测度，使用第二章搭建的企业财务危机评价特征体系并结合投影寻踪综合评价法对企业财务危机的严重程度进行测度，计算出了企业财务危机 PPfdv 值，同时借助传统统计学习回归模型、反向传播神经网络以及智能优化算法与反向传播神经网络组合的评价模型对企业财务危机 PPfdv 值进行回归测度。

　　研究发现，PPfcv 值可以对企业财务危机的严重程度进行评估，取值区间为 0.8181~2.7962，该值越大说明企业的财务危机严重程度越低，反之则说明企业的财务危机严重程度越高。通过和历年股市行情走势比对发现，本书提出的针对陷入财务危机企业的财务危机 PPfdv 值可以有效地反映企业财务危机的严重程度，并且测度结果与股市的市场行情高度相关，二者之间存在紧密的联系。根据 OEFD 企业财务危机平面维度评价预警信息表可知，不同的企业财务危机警度（红色、橙色、黄色、蓝色）所对应的警情（评价特征）不同。红色警度的警情最多，评价特征覆盖了盈利能力、偿债能力、营运能力、成长能力和其他特征，但是盈利能力、偿债能力、成长能力缺失是主要原因。使用训练好的鱼群算法优化反向传播神经网络对 2019 年将陷入财务危机的 145 家企业的 PPfdv 值进行预测，发现大部分企业的警度为橙色，财务危机严重程度较高。

3. OEFD 企业财务危机空间维度评价

OEFD 企业财务危机空间维度评价的研究内容分布在第六章，从空间统计的角度对企业财务危机 PPfdv 值进行点模式、面模式和地统计插值分析。

研究发现，如果仅仅考虑地理位置的分布，样方分析结果表示陷入财务危机的企业大部分年度在空间分布上呈现聚集模式。多阶邻点分析结果表明上市企业的注册地址相比办公地址在空间分布上更分散，大部分上市企业会选择资源禀赋较好的地区进行办公，因此其办公地址在空间分布上更聚集，而事实上国家规定企业的注册地址和办公地址需要保持一致。空间自相关分析和显著性检验说明，无论基于注册地址还是办公地址，2009~2018 年陷入财务危机企业 PPfdv 值呈现强烈的空间正相关，表现出明显的聚集模式。针对企业这种微观实体进行空间分布规律的探索，采取点模式分析方法会更适用，若采用适于面板数据分析的面模式分析方法其效果并不好。无论是基于注册地址还是基于办公地址，上市企业财务危机 PPfdv 值趋势分析在 Y 轴上（南北走向）的表现是南北低中部高；同时在 X 轴（东西走向）上的表现是东低西高。半变异函数和协方差图佐证了企业财务危机 PPfdv 值存在空间自相关的结论，泛克里金插值分析方法能够较好地对企业财务危机 PPfdv 值建立预测表面，并且基于常数核函数的预测模型性能更出色。

基于以上研究结论，本书验证了所构建的基于"门诊医疗"思路的 OEFD 企业财务危机评价方法的有效性，该方法严格遵循了"先分类预判后回归测度"和"先平面评价后空间评价"的逻辑顺序，使用智能优化算法优化了支持向量机和反向传播神经网络等优秀的统计学习算法，并进行了模拟预测。

从微观角度而言，通过 OEFD 企业财务危机平面维度评价，企业可以利用较少的企业财务危机评价特征数据，使用训练好的智能优化算法优化的支持向量机对自身是否会陷入财务危机进行有效的分类预判，如果模型的输出结果为"是"，则可以使用智能优化算法优化的反向传播神经网络对企业财务危机的 PPfdv 值进行测度，得到 PPfdv 值，然后根据 OEFD 企业财务危机平面维度评价预警信息表对警度进行划定，剖析警情，然后制定相应的应对策略，提前做好财务危机防御措施。从宏观角度而言，通过 OEFD 企业财务危机空间维度评价，国家有关部门可以对历年陷入财务危机企业的空间分布规律进行探索，对高度聚集的区域给予及时的关注和管理。

二、对策建议

根据企业财务危机评价的预警理论、委托代理理论、投资组合理论、风险管理理论、博弈理论、商业周期理论和 OEFD 企业财务危机评价得出的有关结论，本书首先系统提炼出了企业财务危机发生的机理，然后分别从微观和宏观的视角给出相应的对策建议。

1. 企业财务危机发生的机理

企业财务危机发生的原因多种多样，主要可以分成外部因素和内部因素两种。内部因素可以进一步细分为财务活动本身引起的财务危机和经营活动导致的财务危机。外部因素主要是指政治（Politics）、经济（Economy）、社会（Society）和技术（Technology）等自身无法控制的宏观因素，不管是外部因素还是内部因素，所导致的后果是类似的，即资金周转困难，企业难以维持存续发展。

最有可能使企业遭受财务危机的外部因素是经济衰退，从第五章测度的企业财务危机 PPfdv 值可知，企业危机的严重程度与历年的股市行情保持高度相关，企业财务危机 PPfdv 值警示灯整体呈现红色的时间段正好位于市场行情低迷的 2010～2014 年，到了 2015 年后警示灯则以蓝色、黄色和橙色为主，对应于 2015 年后的股市整体回暖。并且在 2015 年企业财务危机 PPfdv 值警示灯以蓝色和黄色为主，红色和橙色警示灯几乎不存在；但是 2016 年企业财务危机 PPfdv 值警示灯则以橙色为主，对应着股市行情的回落；2017 年和 2018 年股市行情的见好也使得企业财务危机 PPfdv 值警示灯转变为蓝色和黄色。这种现象说明上市企业在市场经济条件下会受到商业周期的影响。当整体经济呈现下行趋势时，经济就处于衰退中，当衰退进程继续加快时，衰退就有可能变成萧条；当产业和就业逐渐回暖，经济就处于复苏阶段，当复苏进程继续加快时，复苏就有可能再次变成繁荣，这种过程周而复始。

作为外部影响因素的金融市场动荡和通货膨胀，使得企业容易遭受财务危机。资金于企业而言，相当于流淌于人类肌体中的血液，资金的供应状况直接影响着企业的融资和投资等多方面的活动。投融资市场深受金融市场动荡的影响，如金融危机会直接导致股票市场低迷，一些企业不得不通过抵押股票进行贷款，由于市场行情的萎缩，抵押品的价值被严重抽干，使得企业被迫陷入财务危机。同时，金融市场的变幻莫测会造成企业在进行证券投资时容易亏损，无法及时地将有价证券按照合理价格转换成现金，从而导致筹资活动失败。金融市场的动摇极易造成通货膨胀，而通货膨胀会给企业造成多方面严重的损失。利率的上升导致企业的融资成本激增，资金供应容易出现紧张局面，企业筹资渠道变窄，利润虚增，企业资金流失。企业为了应对通货膨胀，往往会调整收入和成本，同时使用金融衍生品进行套期保值，降低企业的损失。

此外，经济产业政策也会对企业造成深刻的影响，如果企业不能根据产业政策及时变更企业发展战略，则很可能陷入被动局面。经济结构是指产业结构和生产力区域分布结构，企业所处的地域和行业不同，所面临的产业结构调整和地域生产力布局变动就会不同，对企业财务管理所提出的要求也不同。不同的产业结构对资金规模的要求不同，有的要求企业短期融资能力较强，而有的要求企业的长期融资能力较强。企业必须及时知悉国家或地区关于经济产业政策的调整，并作出有效的反馈，跟上调整和变动趋势，调整投资方向。否则企业将会面临融资困难，从而丧失获取高额利润的机会。同时，社会舆论、技术的更新迭代等因素也可能使企业陷入被动局面，企业必须予以高度重视。

企业的外部环境往往属于系统性的风险因素，企业没有办法改变，只能在保持信息对称的状态下及时适应环境的变化，做出相应的调整。相比外部环境，企业更应该将关注点落实在企业的内部环境中，尤其是企业的战略管理、制度缺陷、财务管理和经营风险。

企业的战略管理是指企业围绕着战略的制定、实施与控制而采取的一系列手段与措施的全过程。根据第五章 OEFD 企业财务危机平面维度评价预警信息表可知，当企业陷入财务危机时，尤其是红色警度释放的警情信息显示企业的盈利能力、偿债能力和成长能力出现了重大的问题，总净资产净利率、投入资本回报率、人力投入回报率、销售净利率等评价特征出现了明显的异常。本书梳理和研究了历年陷入财务危机企业的实际情况发现，造成这种局面的原因大多数是因为企业实施了失败的多元化经营、并购扩张、跨国经营等战略。企业进行多元化发展可以扩大企业的业务范围，拓宽资金造血领域，多元化发展战略可以区分为同心多元化战略和复合多元化发展战略。同心多元化战略是指企业利用现有的技术和设备，开发出与现有产品或服务不同的新产品或新服务，并没有跳出原有行业的范围，因此企业可以较为得心应手地发展新业务。但是在这种战略背景下，企业在市场竞争中仍有可能处于不利地位，导致企业的盈利预期不能实现，拖垮原有资金链的有序运行。复合多元化战略是指企业通过收购、合资、兼并等方式发展与现有业务完全不相同的新产品或新服务，跳出了原有行业的发展框架，尽管该战略可以帮助企业向不同的产业和细分市场进行渗透，有利于分散经营风险，综合利用各种资源提高企业效益。但是该战略容易造成企业组织机构的冗杂，增加企业的运行成本，同时加大了管理上的难度，导致原有业务造成重大的冲击，使得企业在各细分业务领域都不处于领先地位。如果企业一味地追求多元化，并且在多元化发展过程中遭遇发展瓶颈，企业原有的业务发展也会遭遇重创。

随着全球经济发展兼容并包的趋势越发明显，跨国经营的发展战略被越来越多的上市企业所运用。上市企业在积累了一定的资本和投资经验会将目光投向海外，寻求蓝海市场，但是在进行跨国投资时，由于企业不能对国外的政治、经济、文化等客观因素进行全面而深刻的了解，从而导致项目评估不够谨慎或者过于乐观，在事业的推进过程中，缺乏有效的财务控制意识，导致海外投资失利，财务资源优势消失殆尽，致使国内母公司陷入被动。

企业经营风险是导致企业陷入财务危机最重要的内部因素，企业经营风险是指企业在生产经营方面存在的问题而给企业财务成果带来的不确定性的影响。经营风险主要会受到产品需求、产品售价、产品成本和固定成本比重的影响。当企业息税前利润变动率变动幅度比销售变动率变动幅度更大时，说明企业的经营杠杆系数较大，企业所面临的经营风险就越高。若企业通过增加销售额、降低产品单位变动成本和固定成本仍不能降低企业的经营杠杆系数说明企业陷入财务危机的可能性就变大。同时，营销问题是摆在企业面前最现实的问题，营销好坏直接关系企业的产品或服务能否转换成利润。生产、销售和财务被视为企业的三项最基本功能，在20世纪20年代以前，卖方市场是主导经济结构，因此企业比较注重生产管理。随着市场经济的不断推进，企业越发地重视市场营销，企业的管理重心也从生产转向了市场营销。但是在20世纪70年代之后，资本市场和经济滞胀再一次使企业管理的重心从市场营销转向了以财务管理为主的新阶段（李伯圣，2008）。

从 OEFD 企业财务危机平面维度的评价结果可知，将企业财务危机评价特征区分为财务类评价特征和非财务类评价特征后发现，陷入财务危机企业的财务类评价特征往往表现较差，反映出了企业的财务管理存在不当的问题。本书梳理和研究了历年陷入财务危机企业的财务管理状况后发现，过度运用财务杠杆是主要原因之一，财务杠杆高说明企业使用负债从事经营活动的程度高，因此财务危机爆发的最直观表现是企业在债务到期后不能进行偿还，从而引发了一连串损害企业的后果。负债经营对于现代企业而言是很常见的，但是负债经营是一把"双刃剑"，运用恰当，可以使企业的业务得到快速发展；运用不恰当，反而会给企业带来沉重的偿债负担，削弱企业的偿债能力，当债务逾期时，企业的生产经营活动将会受到重创。另外，只要企业涉及贷款，那么其和银行之间的斡旋就必不可少，优质企业在寻求贷款时往往容易得到青睐，而不被看好的企业在寻求贷款时，银行往往会拒贷。我国绝大多数上市企业都会存在资金借贷需求，因此资金不足往往是制约企业发展的重要原因。如果企业的实际控制人信奉"不借贷款就无财务风险"的财务管理理念，那么其可能会错失掉一些投资机会，但是过度举债，就会造成资产负债率居高不下，从而使企业长期面临较高的财务风险。此外，为了在更大力度上支持市场营销，企业通常会允许销售的产品或者服务接受一定程度的赊销，但是过于宽松的赊销政策无形中增加企业的机会成本、管理成本和坏账成本。应收账款拖延时间越长，企业的资金链越容易断裂而导致面临财务危机的风险逐渐增加。

2. 企业财务危机的对策建议

从微观角度而言，单个企业一定会存在财务风险，但是否会陷入财务危机甚至破产则需要企业提高财务风险防范意识，有效地建立起财务危机的内部控制体系。根据本书构建的 OEFD 企业财务危机平面维度的评价结果和总结的企业财务危机预警信息表，同时运用企业财务危机的有关理论，对单个企业提出以下对策建议。

第一，企业必须结合自身的实际情况，同时根据自身所处的行业背景和业务领域构建出一套适合自身的财务危机内控体系。使用财务危机内控体系进行财务危机管理的要点主要有两个：一是企业财务危机预警系统的建设；二是财务危机发生的处理。对于企业财务危机预警系统，企业可以通过 OEFD 企业财务危机预警板块进行实时预警，当企业的财务报表公布后可以将 13 个财务危机评价特征输入到经智能优化算法优化的支持向量机模型中得到分类预判结果，如果显示企业在未来的第 T 年将陷入财务危机后，再使用经智能优化算法优化的反向传播神经网络模型中对企业财务危机的严重程度进行测度，得到对应的警度，通过预警信息表提供的警情剖析自身存在的问题，并及时进行自查和调整战略部署。企业采用 OEFD 企业财务危机预警板块进行财务危机预警的效果还依赖于企业是否建立了完善的企业信息系统。

第二，企业针对 OEFD 企业财务危机预警板块输出的不同警度信息，采取的应对措施也应不同。红色警度的财务危机严重程度最高，说明企业面临着较为严重的财务困境，需要引起企业股权持有者和管理者的高度重视，对一些取值非常低的高优特征和取值非常高的低优特征予以足够的重视，从生产、销售和财务管理、人资管理等各个环节进行分析，查明问题的引致路径，从而达到降低财务风险和消除财务危机的目的。针对黄色警度，说明企业的偿债能力遭受到了挤压，企业应认真审视自身的资本结构，适当降低资产负债率，及时收回应收账款，压缩赊销政策的空间。在制定企业财务危机的应对策略时，应重点剖析企业财务危机爆发的时间点，确认其处于潜伏期、发作期和恶化期的哪个阶段，然后采取不同的挽救措施。

第三，具体而言，企业在进行财务危机内部控制时应做到恰当授权、职务分离、正确记录和良好监督。恰当授权可以使企业在面临财务危机时不会因为管理人员的相互推诿而错过挽救的最佳时机；职务分离能够在最大程度上及时识别和纠正企业存在的潜在风险因素，尤其是财务数据保持良好的勾稽性可以使职业经理人更有效地进行风险防范；正确记录是企业使用财务数据进行财务危机预警的基本前提；良好监督是企业实现复式记账的客观要求。企业应重点加强对现金流、应收账款和存货的内部控制。

从宏观角度而言，根据本书构建的 OEFD 企业财务危机空间维度评价的思路，沪深交易所和国家的有关管理部门可以对已经公布的陷入财务危机的上市企业和使用 OEFD 企业财务危机进行平面维度评价模型给出的即将陷入财务危机的预测名单进行重点监控，将衡量企业财务危机严重程度的 PPfdv 值作为企业的空间属性值，通过对企业的地理坐标位置在地图上进行标识，使用 Arcgis 等空间分析软件进行空间分布规律的探寻，可以得到一些有价值的结论。

沪深交易所和国家的有关管理部门可以使用地统计分析的样方分析、多阶邻点分析、空间自相关分析和探索性分析工具对陷入财务危机企业的空间集聚趋势和东西、南北走向趋势进行了解，将每一年和阶段性年度的分析结果进行对比分析后可以发现陷入财务危机企业的危机严重程度在空间上是否存在聚集和自相关趋势。存在高度的聚集态势或者显著的空间自相关，沪深交易所和国家的有关管理部门应根据具体的企业名单，对其陷入财务危机的根源进行深度剖析，明确其是由自身的客观原因造成财务危机的产生还是区域性的金融、产业政策导致的财务危机，如果是后者，则需要同当地管理部门根据具体情况对企业进行扶持。如果在不考虑企业财务危机评价特征具体数据取值的情况下，可以使用泛克里金插值方法对重点监控企业的 PPfdv 值进行预测，对于模型输出的 PPfdv 值，再运用空间自相关分析和探索性分析工具对陷入财务危机企业的空间分布规律进行分析，最后根据实际情况对可能会陷入非常严重的财务危机的企业进行合理的适时干预和管理。

第二节　未来展望

本书基于智能优化算法、地统计分析、企业财务危机评价的相关理论，在阅读现有文献和参考相关研究成果的基础上，使用智能优化算法和地统计分析方法对企业财务危机评价新径进行研究，并得出了一些结论。为企业财务危机评价的实证研究提供了一种较新的路径，同时也为企业客观预测自身财务危机提供了技术支撑。但是，囿于能力不足以及对某些深层次的分析方法理解不够深刻，在引用的过程中可能存在些许偏差，因此只是做了一些探索性的研究。针对企业财务危机评价研究的课题还可以从以下几方面努力：

第一，人工智能背景下的统计学习模型相比经典的统计模型具有得天独厚的优势，但是统计学习模型的预测效果严重依赖训练样本的质量，质量的高低会影响训练样本的效果，从而对测试样本的预测造成影响。本书的财务危机样本企业是基于万得金融咨询终端和锐思数据库获取到的官方数据后进行选择的，未陷入财务危机样本企业是通过分层抽样的方式进行选择的，因此具有一定的主观性。鉴于此，如果能够采取更科学的方式对未陷入财务危机样本企业进行选择而又不会导致样本数据不均衡的问题，将会提升模型的学习能力，给出更稳健和更理想的预测结果。

第二，在企业财务危机评价特征体系的构建上具有一定的主观性，尽管已经咨询了相关的专业人士并且阅读了大量的文献后才搭建了原始评价特征体系，但是仍然不能保证已经兼顾到了所有的评价特征，因此如果能够对每一项财务危机评价特征进行更细致的机制研究将会提升模型准备工作的质量。还有一些比较优秀的统计学习算法和智能优化算法未被囊括到实证研究分析中来。

第三，笔者正在开发一套适于单个企业的财务危机分类预判和回归测度的企业财务危机预警 GUI 界面评价系统，从而将本书的研究成果转化为实际的产品服务于企业，由于时间和精力问题，只完成一半左右的工作量。

第四，在后续的研究中，可以将实证分析过程同企业财务风险控制进行紧密结合，针对不同类型的财务危机，剖析财务危机发生的背景、原因、传导机制以及影响范围，从而制定出科学合理的财务风险管理对策。

参考文献

［1］ Abate G D. On the link between volatility and growth：A spatial econometrics approach ［J］. Spatial Economic Analysis, 2016, 11 (1)：1-19.

［2］ Aghababazadeh R, Mirhabibi A R, Rand B, et al. Synthesis and characterization of nanocrystalline titanium nitride powder from rutile and anatase as precursors ［J］. Water Science, 2016, 30 (1)：19-40.

［3］ Aghaei C A, Saeedi A. Using bayesian networks for bankruptcy prediction：Empirical evidence from Iranian companies ［M］. Social Science Electronic Publishing, 2013：450-455.

［4］ Altman E I. Financial ratios, discriminant analysis and the prediction of corporate bankruptcy ［J］. Journal of Finance, 1968, 23 (4)：589-609.

［5］ Amoah B, Giorgi E, Heyes D J, et al. Geostatistical modelling of the association between malaria and child growth in Africa ［J］. International Journal of Health Geographics, 2018, 17 (1)：7.

［6］ Anselin L. Spatial econometrics：Methods and models ［J］. Economic Geography, 1988, 65 (2)：160-162.

［7］ Awais M, Arshad M, Shah S H H, et al. Evaluating groundwater quality for irrigated agriculture：Spatio-temporal investigations using GIS and geostatistics in Punjab, Pakistan ［J］. Arabian Journal of Geosciences, 2017, 10 (23)：510.

［8］ Basile R, Mínguez R. Advances in spatial econometrics：Parametric vs. semiparametric spatial autoregressive models ［M］. The Economy as a Complex Spatial System, 2018.

［9］ Beaver W H. Empirical research in accounting: Selected studies 1966 financial ratios as predictors of failure ［J］. Journal of Accounting Research, 1966（4）: 71-111.

［10］ Beaver W H. Financial ratios as predictors of failure ［J］. Journal of Accounting Research, 1966（9）: 71-111.

［11］ Bhattacharjee A, Holly S, Jesús Mur. Contemporary developments in the theory and practice of spatial econometrics ［J］. Spatial Economic Analysis, 2018, 13（2）: 139-147.

［12］ Bivand R, Piras G. Comparing implementations of estimation methods for spatial econometrics ［J］. Journal of Statistical Software, 2013, 63（18）: 1-36.

［13］ Booth S A. Crisis management strategy: Competition and change in modern enterprises ［M］. London: T. J. Press, 1993: 123-124.

［14］ Chang J F, Huang Y M. PSO based time series models applied in exchange rate forecasting for business performance management ［J］. Electronic Commerce Research, 2014, 14（3）: 417-434.

［15］ Chen T, Guestrin C. XGBoost: A scalable tree boosting system ［A］. Acm Sigkdd International Conference on Knowledge Discovery & Data Mining, 2016.

［16］ Chong Y P, Ya D Z, Hui R Z, et al. The application of geostatistics inversion to prediction of compact and thin sand body in Sulige gas field ［J］. Geophysical & Geochemical Exploration, 2017, 41（1）: 16-21.

［17］ Dai H, Chen X, Ye M, et al. A geostatistics-informed hierarchical sensitivity analysis method for complex groundwater flow and transport modeling ［J］. Water Resources Research, 2017, 53（5）.

［18］ Dai Q, Liu J B. Study on the multi-feature remote sensing data classification based on ACO rule mining algorithm ［J］. Geographical Research, 2009, 28 (4): 1136-1145.

［19］ De Jong K A. An analysis of the behavior of a class of genetic adaptive system ［D］. Ph. D Dissertation, Universtiy of Miehigan, 1975.

［20］ Dorigo M, Maniezzo V, Colorni A. Ant system: Optimization by a colony of cooperating agents ［J］. IEEE Transaction on Systems, Man and Cyberetics-Part B, 1996, 26 (1): 29-41.

［21］ Dou X X. Artificial neural network models based financial risk forewarning management and analysis of listed company ［J］. Applied Mechanics and Materials, 2013 (446-447): 1381-1386.

［22］ Fingleton B. Spatial econometrics, economic geography, dynamics and equilibrium: A "third way"? ［J］. Environment & Planning A, 2016, 32 (8): 1481-1498.

［23］ Fish K E, Johnson J D, Dorsey R E, et al. Using an artificial neural network trained with a genetic algorithm to model brand share ［J］. Journal of Business Research, 2004, 57 (1): 79-85.

［24］ Fishman D A. ValuJet flight 592: Crisis communication theory blended and extended ［J］. Communication Quarterly, 1999, 47 (4): 345-375.

［25］ Friedman J H, Tukey J W. A projection pursuit algorithm for exploratory data analysis ［J］. IEEE Trans. Comput, 1974 (C-23): 881-890.

［26］ Geisser S. The predictive sample reuse method with applications ［J］. Publications of the American Statistical Association, 1975, 70 (350): 320-328.

［27］ Giovanis E. A study of panel logit model and adaptive neuro-fuzzy inference system in the prediction of financial distress periods ［J］. World Academy of Science, Engineering and Technology, 2009, 64 (9).

［28］ Goldberg D E. Genetic algorithms in search, optimization, and machine learning ［M］. Addsin-Wesley Publishing Company, INC, 1989.

［29］ Gomezrubio V, Bivand R S, Rue H. Estimating spatial econometrics models with integrated nested laplace approximation ［DB/OL］. https: //doi. org//o. 48550/arXiiu. 170301273, 2017 (3): 1-39.

［30］ Holland J H. Adaptation in natrual and artificial systems ［M］. Ann Arbor: University of Michigan Press, 1975.

［31］ Hong Z, Wang L, Xia Q, et al. Empirical analysis of financial early warning based on cash flow ［C］. IEEE International Conference on Information Management & Engineering, 2010.

［32］ Hu C, Chen Y, Hu L, et al. A novel random forests based class incremental learning method for activity recognition ［J］. Pattern Recognition, 2018 (78): 277-290.

［33］ Huang G B, Zhu Q Y, Siew C K. Extreme learning machine: Theory and applications ［J］. Neurocomputing, 2006, 70 (1): 489-501.

［34］ Jin C. Software reliability prediction based on support vector regression using a hybrid genetic algorithm and simulated annealing algorithm ［J］. Iet Software, 2011, 5 (4): 398-405.

［35］ Jing L, Qing W M, Wen H L, et al. Spatial variability analysis of soil nutrients based on GIS and geostatistics: A case study of Yisa Township, Yunnan, China ［J］. Journal of Resources and Ecology, 2014, 5 (4): 348-355.

［36］ Jungho J, John R. A change detection model based on neighborhood correlation image analysis and decision tree classification ［J］. Remote Sensing of Environment, 2005, 99 (3): 326-340.

［37］ Karaboga D, Akay B. A comparative study of artificial bee colony algorithm ［J］. Applied Mathematics and Computation, 2009, 2 (14): 108-132.

［38］ Karaboga D. An idea based on honey bee swarm for numerical optimization ［R］. Computers Engineering Department, Engineering Faculty, Erciyes

University, 2005.

[39] Kassa Y, Zhang J H, Zheng D H, et al. A GA-BP hybrid algorithm based ANN model for wind power prediction [C]. Smart Energy Grid Engineering. IEEE, 2016.

[40] Kennedy J, Eberhaert R C. Swarm Intelligence [M]. USA: Academic Press, 2001.

[41] Kethireddy S, Tchounwou P, Ahmad H, et al. Geospatial interpolation and mapping of tropospheric ozone pollution using geostatistics [J]. International Journal of Environmental Research and Public Health, 2014, 11 (1): 983-1000.

[42] Khanmohammadi S, Tutun S, Kucuk Y. A new multilevel input layer artificial neural network for predicting flight delays at JFK airport [J]. Procedia Computer Science, 2016 (95): 237-244.

[43] Kim S Y, Upneja A. Predicting restaurant financial distress using decision tree and Adaboosted decision tree models [J]. Economic Modelling, 2014 (36): 354-362.

[44] Kirkpatrick S, Gelatt C, Vecchi M. Optimization by simulated annealing [J]. Science, 1983 (220): 671-680.

[45] Krause A, Bitter C. Spatial econometrics, land values and sustainability: Trends in real estate valuation research [J]. Cities, 2012, 29 (16): S19-S25.

[46] Krishnapuram B, Carin L, Figueiredo M A T, et al. Sparse multinomial logistic regression: Fast algorithms and generalization bounds [J]. IEEE Transactions on Pattern Analysis & Machine Intelligence, 2005, 27 (6): 957-968.

[47] Kumar D, Meghwani S S, Thakur M. Proximal support vector machine based hybrid prediction models for trend forecasting in financial markets [J]. Journal of Computational Science, 2016: S1877750316301144.

［48］ Lerbinger O. Corporate use of research in public relations ［J］. Public Relations Review, 1977, 3 （4）: 11-19.

［49］ Levine A S, Frank R H, Dijk O. Expenditure Cascades ［J］. Social Science Electronic Publishing, 2010 （1）: 55-73.

［50］ Li B, Li T, Yu M, et al. Can equalization of public services narrow the regional disparities in China? A spatial econometrics approach ［J］. China Economic Review, 2017 （44）: 67-78.

［51］ Li G. Empirical study on financial risk identification of Chinese listed companies based on ART-2 and SOFM neural network model ［C］. Intelligent Human-Machine Systems and Cybernetics （IHMSC）, 2013 5th International Conference on. IEEE, 2013.

［52］ Li L, Wang L, Yu L. Research of financial risk warning model of listed companies in the Supply Chain environment ［C］. China Control and Decision-making Conference, 2012.

［53］ Lin B, Pu H, Zhou L. Methods to improve BP network ［C］. International Conference on Control & Automation, 2019.

［54］ Lin J W, Hwang M I, Becker J D. A fuzzy neural network for assessing the risk of fraudulent financial reporting ［J］. Managerial Auditing Journal, 2013, 18 （8）: 657-665.

［55］ Ling Q H, Song Y Q, Han F, et al. An improved evolutionary random neural networks based on particle swarm optimization and input-to-output sensitivity ［J］. Cognitive Systems Research, 2017 （7）: 121-127.

［56］ Liu C, Jiang Q. Mixed financial forecasting index system construct and financial forecasting study on the C4.5 decision tree ［C］. 2009 International Conference on Management and Service Science, Wuhan, 2009.

［57］ Liu R, Chen Y, Wu J, et al. Integrating entropy-based naïve bayes and GIS for spatial evaluation of flood hazard ［J］. Risk Analysis, 2017, 37 （4）: 756-773.

［58］ Ma W，Zhu X，Wang M. Forecasting iron ore import and consumption of China using grey model optimized by particle swarm optimization algorithm ［J］. Resources Policy，2013，38（4）：613-620.

［59］ Magniez F，Nayak A，Santha M，et al. Improved bounds for the randomized decision tree complexity of recursive majority ［J］. Random Structures & Algorithms，2016，48（3）：612-638.

［60］ Markowitz H. The utility of wealth ［J］. Journal of Political Economy，1952，60（2）：151-158.

［61］ Mcfadden H D. Specification Tests for the Multinomial Logit Model ［J］. Econometrica，1981，52（5）：1219-1240.

［62］ Mishra S P，Dash P K. Short-term prediction of wind power using a hybrid pseudo-inverse legendre neural network and adaptive firefly algorithm ［J］. Neural Computing and Applications，2017，31（7）：2243-2268.

［63］ Mitroff I. Managing crises before they happen：What every executive and manager needs to know about crisis management ［J］. Future Survey，2001，19（1）：103-105.

［64］ Moura P，Laber E，Lopes H，et al. LSHSIM：A locality sensitive hashing based method for multiple-point geostatistics ［J］. Computers & Geosciences，2017：S0098300416306902.

［65］ Niu D. Financial risk early-warning based on RS-SVM hybrid model ［J］. Proceedings of SPIE—The International Society for Optical Engineering，2009（7490）：74902I-74902I-7.

［66］ Olatomiwa L，Mekhilef S，Shamshirband S，et al. A support vector machine-firefly algorithm-based model for global solar radiation prediction ［J］. Solar Energy，2015（115）：632-644.

［67］ Pan Q，Wang X. Independent travel recommendation algorithm based on analytical hierarchy process and simulated annealing for professional tourist ［J］. Applied Intelligence，2017（1）：1-17.

[68] Partridge M D, Boarnet M, Brakman S, et al. Editorial: Introduction: Whither spatial econometrics? [J] . Journal of Regional Science, 2015 (52) .

[69] Rui M L, Fei X, Jian H S, et al. Analysis of field-scale spatial correlations and variations of soil nutrients using geostatistics [J] . Environmental Monitoring and Assessment, 2016, 188 (2): 126.

[70] Rumelhart D E. Learning internal representations by error propagation [J] . Parallel Distribted Porcessing Explorations in the Microstructures of Cognition, 1986 (1) .

[71] Sheikhan M, Mohammadi N. Neural-based electricity load forecasting using hybrid of GA and ACO for feature selection [J] . Neural Computing & Applications, 2012, 21 (8): 1961-1970.

[72] Shen C W. A Bayesian networks approach to modeling financial risks of e-logistics investments [J] . International Journal of Information Technology & Decision Making, 2014, 8 (4): 0900359.

[73] Shen H, Cui J, Zhou Z, et al. BP-neural network model for financial risk warning in medicine listed company [M] . Fourth International Joint Conference on Computational Sciences & Optimization. IEEE, 2011.

[74] Shi Yuhui, Eberhart R C. Empirical study of particle swarm optimization [C] . Proc. Congress on Evolutionary Computation, Piscataway, NJ: IEEE Service Center, 1993: 1945-1950.

[75] Siskos J, Zopounidis C. The evaluation criteria of the venture capital investment activity: An interactive assessment [J] . European Journal of Operational Reasearch, 1987, 31 (3): 304-313.

[76] Song J, Romero C E, Yao Z, et al. A globally enhanced general regression neural network for on-line multiple emissions prediction of utility boiler [J] . Knowledge-Based Systems, 2017 (118): 4-14.

[77] Sun B, Chen S, Wang J, et al. A robust multi-class adaboost algo-

rithm for mislabeled noisy data ［J］. Knowledge - Based Systems, 2016, 102 (5): 87-102.

［78］Sun W, Liu M, Liang Y. Wind speed forecasting based on FEEMD and LSSVM optimized by the bat algorithm ［J］. Energies, 2015, 8 (7): 6585-6607.

［79］Sun W, Sun J. Daily PM2. 5 concentration prediction based on principal component analysis and LSSVM optimized by cuckoo search algorithm ［J］. Journal of Environmental Management, 2016 (188): 144.

［80］Sun X, Sun W, Wang J, et al. Using a Grey - Markov model optimized by Cuckoo search algorithm to forecast the annual foreign tourist arrivals to China ［J］. Tourism Management, 2016 (52): 369-379.

［81］Wang L L, et al., Spatial distribution of housing price based on geostatistics ［J］. Journal of Geomatics, 2015, 40 (5): 52-54.

［82］Wang S C, et al. Dynamic bayesian network model for the enterprise financial risk warning ［C］. International Conference on Electronic Commerce & Business Intelligence. IEEE Computer Society, 2009.

［83］Wong W S, Lee J. ArcView GIS 与 ArcGIS 地理信息统计分析 ［M］. 张学良, 译. 北京: 中国财政经济出版社, 2008.

［84］Wu S H. A novel company financial risk warning method based on BP neural network ［C］. International Conference on Intelligent Computation Technology & Automation. IEEE, 2015.

［85］Xiao H H, Duan Y M. Application of the bat algorithm to optimize the BP neural network ［J］. Applied Mechanics & Materials, 2015 (721): 531-534.

［86］Yan G, Yan W, You Y. Pre - warning study on the secondary vocational school financial risk using SVM combined with PCA ［J］. Journal of Chongqing University of Science & Technology, 2014, 16 (4): 143 - 146 + 161.

［87］Yang X, Kuang Q, Zhang W, et al. A terrain-based weighted random forests method for radar quantitative precipitation estimation: A TWRF method for QPE ［J］. Meteorological Applications, 2017, 24 (3): 404-414.

［88］Yang Xinshe. Cuckoo search via Levy flights ［C］. Natrue & Biologically Inspired Computing. World Congress on IEEE, 2009: 210-214.

［89］Yang Xinshe. Nature-inspired metaheuistic algorithms ［M］. Luniver Press, 2010.

［90］Yu S, Wei Y M. Prediction of China's coal production-environmental pollution based on a hybrid genetic algorithm-system dynamics model ［J］. Energy Policy, 2012 (42): 521-529.

［91］Zeng Z C, Lei L, Strong K, et al. Global land mapping of satellite-observed CO_2 total columns using spatio-temporal geostatistics ［J］. International Journal of Digital Earth, 2017, 10 (4): 426-456.

［92］Zhang H, Chang M, Wang J, et al. Evaluation of peach quality indices using an electronic nose by MLR, QPST and BP network ［J］. Sensors & Actuators B Chemical, 2008, 134 (1): 332-338.

［93］Zhang P B, Yang Z X. A novel adaboost framework with robust threshold and structural optimization ［J］. IEEE Transactions on Cybernetics, 2016 (99): 1-13.

［94］Zhen Chen, Wei (David) Fan. A multinomial logit model of pedestrian-vehicle crash severity in North Carolina ［J］. International Journal of Transportation Science and Technology, 2018.

［95］Zhu X, Ni Z, Cheng M, et al. Selective ensemble based on extreme learning machine and improved discrete artificial fish swarm algorithm for haze forecast ［J］. Applied Intelligence, 2017 (3): 1-19.

［96］包子阳, 余继周. 智能优化算法及其 MATLAB 实例 ［M］. 北京: 电子工业出版社, 2016.

［97］鲍韦韦, 刘婷, 邹康, 张立毅, 王金海. 人工蜂群算法的研究

综述［J］．山西电子技术，2012（2）：90-91.

［98］畅铁民．企业危机管理［M］．北京：科学出版社，2004.

［99］陈婧宇．中国民营上市公司财务风险预警研究［D］．上海交通大学，2010.

［100］陈明．MATALAB神经网络原理与实例精解［M］．北京：清华大学出版社，2013.

［101］陈唯实，闫军，张洁，李敬．基于支持向量机的机场智能驱鸟决策［J］．北京航空航天大学学报，2018，44（7）：1547-1553.

［102］程华，李艳梅，罗谦，李川．基于C4.5决策树方法的到港航班延误预测问题研究［J］．系统工程理论与实践，2014，34（S1）：239-247.

［103］程兰芳，黄皓．供给侧改革背景下中国产业结构升级研究——基于面板数据的空间计量模型［J］．统计与信息论坛，2018，33（3）：72-79.

［104］单静．财务风险预警研究［D］．东北林业大学，2005.

［105］邓生雄，雒江涛，刘勇，王小平，杨军超．集成随机森林的分类模型［J］．计算机应用研究，2015，32（6）：1621-1624+1629.

［106］丁德臣．混合HOGA-SVM财务风险预警模型实证研究［J］．管理工程学报，2011，25（2）：37-44+36.

［107］方叶林，黄震方，涂玮，吴丽敏．基于地统计分析的安徽县域经济空间差异研究［J］．经济地理，2013，33（2）：33-38.

［108］冯春时．群智能优化算法及其应用［D］．中国科学技术大学，2009.

［109］冯敏．企业财务风险指标体系的构建［J］．西部财会，2005（3）：25-26.

［110］高小雪．基于多元概率比回归模型的上市公司财务危机预警分析［J］．企业经济，2015（4）：188-192.

［111］谷祺，刘淑莲．财务危机企业投资行为分析与对策［J］．会

计研究，1999（10）：28-31.

[112] 郭焕俊，孙丽英．浅谈企业财务风险的评价指标体系［J］．商业研究，2000（4）：24-26.

[113] 何清，李宁，罗文娟，史忠植．大数据下的机器学习算法综述［J］．模式识别与人工智能，2014，27（4）：327-336.

[114] 侯宇．论中小企业财务风险预警机制建设［J］．山西财经大学学报，2012，34（S1）：167-168.

[115] 黄丽．BP神经网络算法改进及应用研究［D］．重庆师范大学，2008.

[116] 金菊良，魏一鸣，丁晶．水质综合评价的投影寻踪模型［J］．环境科学学报，2001（4）：431-434.

[117] 金菊良，魏一鸣，付强，丁晶．农业生产力综合评价的投影寻踪模型［J］．农业系统科学与综合研究，2001（4）：241-243.

[118] 赖成光，陈晓宏，赵仕威，王兆礼，吴旭树．基于随机森林的洪灾风险评价模型及其应用［J］．水利学报，2015，46（1）：58-66.

[119] 兰少峰，刘升．布谷鸟搜索算法研究综述［J］．计算机工程与设计，2015，36（4）：1063-1067.

[120] 李伯圣．企业财务危机管理［M］．北京：社会科学出版社，2008.

[121] 李光荣，李风强．基于几种神经网络方法的公司财务风险判别研究［J］．经济经纬，2017，34（2）：122-127.

[122] 李航．统计学习方法［M］．北京：清华大学出版社，2012：1-2.

[123] 李强．基于地统计的区域气象要素空间插值与分布研究［J］．资源开发与市场，2012，28（5）：384+393-395.

[124] 李霞，干胜道．基于主成分分析的非营利组织财务风险评价研究［J］．湖北社会科学，2016（3）：104-108.

[125] 李祥飞，张再生，刘珊珊．改进布谷鸟搜索SVM在财务风险

评估中的应用［J］．计算机工程与应用，2015，51（23）：218-225.

［126］李晓磊．一种新型的智能优化方法——人工鱼群算法［D］．浙江大学，2003.

［127］李运．机器学习算法在数据挖掘中的应用［D］．北京邮电大学，2015.

［128］廖阳．基于拓展贝叶斯决策模型的云计算类企业财务风险实证［J］．统计与决策，2013（24）：179-182.

［129］林艳红．中国制造业上市公司财务风险评价实证研究［D］．北京化工大学，2010.

［130］刘长平，叶春明．一种新颖的仿生群智能优化算法：萤火虫算法［J］．计算机应用研究，2011，28（9）：3295-3297.

［131］刘刚．企业财务危机识别与预警［D］．吉林大学，2005.

［132］刘小龙．基于 Logistic 模型的中小企业财务危机预警研究［D］．东华大学，2014.

［133］刘小瑜，温有栋，江炳官．"互联网+"背景下高新技术企业的税收风险预警——基于智能优化算法的研究［J］．税务研究，2018（6）：80-86.

［134］刘珣．企业财务危机管理研究［M］．武汉：武汉大学出版社，2017.

［135］刘耀林．土地信息系统［M］．北京：中国农业出版社，2016.

［136］刘艺，曹建军，刁兴春，周星．特征选择稳定性研究综述［J］．软件学报，2018，29（9）：2559-2579.

［137］刘颖超，张纪元．梯度下降法［J］．南京理工大学学报（自然科学版），1993（2）：12-16+22.

［138］陆思源，陆志海，王水花，张煜东．极限学习机综述［J］．测控技术，2018，37（10）：3-9.

［139］马克思．恩格斯．马克思恩格斯全集：第49卷［M］．北京：

人民出版社，1982.

　　［140］孟生旺．神经网络模型与车险索赔频率预测［J］．统计研究，2012，29（3）：22-26.

　　［141］牟会珍．基于灰色系统理论的房地产企业财务风险预警模型构建［D］．武汉理工大学，2009.

　　［142］泮敏，曾敏．基于主成分分析法的上市公司财务风险研究——以我国制造业为例［J］．会计之友，2015（21）：63-68.

　　［143］庞建华，姚鹏．基于Adaboost算法的虹膜合格状态检测［J］．计算机工程与应用，2015，51（14）：191-197+263.

　　［144］彭家中，司建华，冯起，常宗强．基于地统计的额济纳绿洲地下水位埋深空间异质性研究［J］．干旱区资源与环境，2011，25（4）：94-99.

　　［145］平卫英，曾芳伊雯．基于证实性空间分析的经济空间结构研究［J］．统计与决策，2017（7）：99-102.

　　［146］秦全德，程适，李丽，史玉回．人工蜂群算法研究综述［J］．智能系统学报，2014，9（2）：127-135.

　　［147］邱东．大数据时代对统计学的挑战［J］．统计研究，2014，31（1）：16-22.

　　［148］沈沛龙．上市公司财务风险分析与信用评级［J］．中国流通经济，2006（12）：57-60.

　　［149］沈志云．基于Logistic回归分析的财务危机预警模型构建研究［D］．陕西师范大学，2017.

　　［150］汤国安，杨昕．ArcGIS地理信息系统空间分析实验教程（第二版）［M］．北京：科学出版社，2019.

　　［151］陶长琪，彭永樟．制度邻近下知识势能对区域技术创新效率的空间溢出效应［J］．当代财经，2018（2）：15-25.

　　［152］陶长琪，杨海文．空间计量模型选择及其模拟分析［J］．统计研究，2014，31（8）：88-96.

［153］王豪伟．基于主成分分析的民营企业财务风险指标研究［J］．现代商业，2012（14）：268-269.

［154］王沈娟，高晓智．萤火虫算法研究综述［J］．微型机与应用，2015，34（8）：8-11.

［155］王顺久，杨志峰，丁晶．关中平原地下水资源承载力综合评价的投影寻踪方法［J］．资源科学，2004（6）：104-110.

［156］魏和清，李颖．我国绿色发展指数的空间分布及地区差异探析——基于探索性空间数据分析法［J］．当代财经，2018（10）：3-13.

［157］魏晓颖．基于模糊层次分析法的电力公司财务风险评价［D］．华北电力大学，2012.

［158］温有栋，黄婷．BP 算法建模在共享单车出行博弈中的运用［J］．科技广场，2017（4）：25-29.

［159］翁小雄，汪周盼，黄靖翔．基于朴素贝叶斯轨道交通网络客流分配模型［J］．重庆交通大学学报（自然科学版），2018，37（6）：110-113+120.

［160］巫影，陈定方，唐小兵，朱石坚，黄映云，李庆．神经网络综述［J］．科技进步与对策，2002（6）：133-134.

［161］吴星泽．财务危机预警研究：存在问题与框架重构［J］．会计研究，2011（2）：59-65+97.

［162］吴星泽．财务预警的非财务观［J］．当代财经，2010（4）：122-128.

［163］徐晓莉，陈佩佩．基于主成判别分析模型的房地产上市企业财务风险研究［J］．经济研究导刊，2018（24）：121-123.

［164］薛澜，张强，钟开斌．危机管理——转型期中国面临的挑战［M］．北京：清华大学出版社，2003.

［165］杨俊芬．基于随机森林对创业板上市公司财务风险的研究［D］．东北财经大学，2016

［166］杨晓华，杨志峰，郦建强．区域水资源潜力综合评价的遗传投

影寻踪方法［J］．自然科学进展，2003（5）：108-111.

［167］姚衡，王双成．基于贝叶斯网络的企业财务风险研究［J］．新会计，2016（6）：34-36.

［168］尹儒，门昌骞，王文剑，刘澍泽．模型决策树：一种决策树加速算法［J］．模式识别与人工智能，2018，31（7）：643-652.

［169］尹贤平．基于层次分析法的中小企业财务风险评价探讨［D］．江西财经大学，2012.

［170］游皓麟．R语言预测实战［M］．北京：电子工业出版社，2016.

［171］于玉林．会计大百科辞典［M］．上海：上海财经大学出版社，2010.

［172］张翠菊，张宗益．中国省域产业结构升级影响因素的空间计量分析［J］．统计研究，2015，32（10）：32-37.

［173］张红．企业财务风险评价体系研究［D］．吉林财经大学，2011.

［174］张金贵，陈凡，王斌．基于PSO优化SVM制造业公司财务风险预警研究［J］．会计之友，2017（14）：52-56.

［175］张锦宗，朱瑜馨，李生明．ArcGIS地统计分析在甘肃省人口空间分布研究中的应用［J］．西北人口，2010，31（3）：91-94.

［176］张乐．基于层次分析法的中小企业财务风险评价研究［D］．安徽财经大学，2014.

［177］张利娜．基于Logit模型的我国上市公司财务危机预警分析研究［D］．华东师范大学，2012.

［178］张年胜．企业财务风险管理及预警系统研究［D］．华中科技大学，2004.

［179］张启中．中小企业财务风险预警管理研究［D］．武汉理工大学，2005.

［180］张田田．我国上市公司财务风险控制研究［D］．山东财经大

学，2012.

[181] 张晓凤，王秀英．布谷鸟搜索算法综述［J］．计算机工程与应用，2018，54（18）：8-16.

[182] 张兴旺，朱亚萍等．智能诊断技术：MATLAB 应用［M］．北京：航空航天大学出版社，2015.

[183] 张学工．关于统计学习理论与支持向量机［J］．自动化学报，2000（1）：36-46.

[184] 张颖，辜秋琴，张成松．战略性新兴产业上市公司财务风险智能预警研究［J］．财会月刊，2014（20）：19-23.

[185] 赵爱玲．企业财务危机的识别与分析［J］．财经理论与实践，2000（6）：69-72.

[186] 赵远．基于生存分析的上市公司财务风险预警研究［D］．云南财经大学，2011.

[187] 郑和明．民营企业财务风险形成与扩散机制研究［D］．浙江大学，2014.

[188] 郑鹏，李雅宁．企业财务风险预警指标体系改进的研究［J］．天津大学学报（社会科学版），2012，14（6）：502-507.

[189] 周志华．机器学习［M］．北京：清华大学出版社，2017.

[190] 朱荣．企业财务风险的评价与控制研究［D］．东北财经大学，2007.

[191] 朱晓东，袁坤杰，王艳玲．基于隐马尔科夫模型的石油钻井事故预警方法［J］．郑州大学学报（工学版），2018，39（4）：51-57.

附　录

一、各章数据集名称、含义、维数一览

分布	数据集名称	含义	维数
第三章	oneyear2	使用企业财务危机发生 T-1 年的评价特征数据预测 T 年企业财务危机发生与否	34
第三章	oneyear3	使用企业财务危机发生 T-1 年的评价特征数据预测 T 年企业财务危机发生与否及具体类型	34
第三章	twoyear2	使用企业财务危机发生 T-2 年的评价特征数据预测 T 年企业财务危机发生与否	34
第三章	twoyear3	使用企业财务危机发生 T-2 年的评价特征数据预测 T 年企业财务危机发生与否及具体类型	34
第四章	oneyearpdp2	使用企业财务危机发生 T-1 年的评价特征数据（经过 PDP 技术处理）预测 T 年企业财务危机发生与否	13
第四章	oneyearpdp3	使用企业财务危机发生 T-1 年的评价特征数据（经过 PDP 技术处理）预测 T 年企业财务危机发生与否及具体类型	13
第四章	twoyearspdp2	使用企业财务危机发生 T-2 年的评价特征数据（经过 PDP 技术处理）预测 T 年企业财务危机发生与否	13
第四章	twoyearspdp3	使用企业财务危机发生 T-2 年的评价特征数据（经过 PDP 技术处理）预测 T 年企业财务危机发生与否及具体类型	13
第五章	PPfdv	企业财务危机严重程度测度值	1

分布	数据集名称	含义	维数
第五章	PPfdv2	使用 oneyearpdp2 数据集中的评价特征测度的 PPfdv 值	1
第五章	PPfdv3	使用 oneyearpdp3 数据集中的评价特征测度的 PPfdv 值	1
第六章	PPfdvcount	各省份 2009~2018 年陷入财务危机企业的数量	1
第六章	PPfdvmean	各省份 2009~2018 年陷入财务危机企业的 PPfdv 平均值	1

二、2018 年陷入财务危机企业财务危机 PPfdv 值及警示灯（部分）①

代码	PPfdv	警示灯	代码	PPfdv	警示灯
839062	2.4504	黄色	834450	2.3931	黄色
600701	2.4502	黄色	600408	2.3904	黄色
600397	2.4485	黄色	000707	2.3839	黄色
837944	2.4484	黄色	830819	2.3821	黄色
831979	2.4477	黄色	430016	2.3789	黄色
430563	2.446	黄色	834304	2.3753	黄色
600202	2.4445	黄色	830888	2.3729	黄色
833721	2.4427	黄色	835566	2.3676	黄色
870617	2.441	黄色	834671	2.3671	黄色
600778	2.44	黄色	833424	2.3659	黄色
839966	2.4386	黄色	836570	2.3643	黄色
600399	2.4384	黄色	002260	2.3641	黄色
838842	2.4363	黄色	000995	2.3532	黄色
834800	2.4353	黄色	834524	2.3467	黄色
002194	2.4338	黄色	600193	2.3453	黄色

① 其余年份陷入财务危机企业财务危机 PPfdv 值及警示灯的完整数据可联系笔者索取。

续表

代码	PPfdv	警示灯	代码	PPfdv	警示灯
838225	2.4337	黄色	600289	2.3387	黄色
834540	2.4335	黄色	838609	2.3324	黄色
000720	2.4317	黄色	000893	2.3279	黄色
000409	2.4317	黄色	870522	2.3199	黄色
834656	2.4313	黄色	000422	2.2929	橙色
000816	2.4291	黄色	870263	2.2922	橙色
430450	2.4278	黄色	600198	2.2826	橙色
871390	2.4265	黄色	835352	2.259	橙色
600807	2.4256	黄色	002604	2.2516	橙色
835863	2.4251	黄色	831456	2.2512	橙色
834338	2.4231	黄色	836041	2.251	橙色
836002	2.4229	黄色	836484	2.2505	橙色
000737	2.4217	黄色	430196	2.2249	橙色
835413	2.4211	黄色	430235	2.223	橙色
834748	2.4201	黄色	600074	2.2143	橙色
600209	2.4195	黄色	000585	2.1847	橙色
430738	2.4178	黄色	835835	2.1722	橙色
600896	2.4142	黄色	836571	2.1598	橙色
600247	1.6005	红色	834638	1.8856	红色
600610	1.8796	红色			